海南大学法学文丛

我国填海造地物权法律制度研究

唐俐 著

法律出版社
LAW PRESS · CHINA

图书在版编目(CIP)数据

我国填海造地物权法律制度研究 / 唐俐著. -- 北京：法律出版社，2021

(海南大学法学文丛)

ISBN 978-7-5197-5844-8

Ⅰ. ①我… Ⅱ. ①唐… Ⅲ. ①填海造地-物权法-研究-中国 Ⅳ. ①D922.297.4

中国版本图书馆 CIP 数据核字(2021)第 163220 号

我国填海造地物权法律制度研究
WOGUO TIANHAI ZAODI WUQUAN FALÜ ZHIDU YANJIU

唐 俐 著

责任编辑 郑怡萍
装帧设计 凌点工作室

出版发行 法律出版社
编辑统筹 法律教育出版分社
责任校对 王 丰 李景美
责任印制 胡晓雅
经 销 新华书店

开本 A5
印张 10 **字数** 270 千
版本 2021 年 8 月第 1 版
印次 2021 年 8 月第 1 次印刷
印刷 北京建宏印刷有限公司

地址：北京市丰台区莲花池西里 7 号(100073)
网址：www.lawpress.com.cn
投稿邮箱：info@lawpress.com.cn
举报盗版邮箱：jbwq@lawpress.com.cn
销售电话：010-83938349
客服电话：010-83938350
咨询电话：010-63939796

书号：ISBN 978-7-5197-5844-8 **定价**：38.00 元

凡购买本社图书，如有印装错误，我社负责退换。电话：010-83938349

总序

海南大学法学院建立于1988年，其前身是创办于1983年的海南大学法律系。1988年起招收本科生，先后设有国际经济法、法学和经济法三个专业，1999年根据教育部新的专业目录，调整合并为法学本科专业。2007年8月，原海南大学法学院与原华南热带农业大学文法学院法律系合并，成立新海南大学法学院。

经过近三十年的发展，海南大学法学院已经形成了学士、硕士和博士完整层次的人才培养体系，法学学科是一级学科硕士授权点、一级学科博士授权点，海南省重点学科，法学院是第三批高等教育特色专业建设点、全国专业学位研究生教育培养综合改革试点单位、卓越法律人才教育培养基地和中国法学会"海法方阵"八家理事单位之一。目前，法学院设有国家"2011计划"司法文明协同创新中心南方基地、中国法学会法治研究基地"海南省南海政策与法律研究中心"、特区法制研究所、中德法律研究所、金融刑法研究所等科研机构，拥有教职工76人，其中专任教师57人，具有博士学位27人，在读博士9人。

"法治天下、人才第一。"法学院历来十分注重学生综合素质的培养，使其能够成为合格的卓越法律人才。为此，学院力推教学改革，打造精品课程和优秀教学团队，以提升教育质量。学院目前拥有国家级教学团队1个，国家级精品课程、国家级精品资源共享课、教育部研究生重点建设课程各1门；设立了法学综合实验实践教学中心，开设了法律诊所、案例分析、模拟法庭、物证技术以及速录技能等课程，以培养和训练学生的"三基三能"；设立了1个国家大学生校外实践教育基地和55个实践教学基地，以培养学生的实践能力。

教学、科研与社会服务是高等院校的三大基本职能，也是海南大学法学院学科建设的三大方向，其中，科研是提高教师综合素质的途径，也是提升办学水平和教学质量的保障。为了提升学院的科研水平，法学院设立了科研机构，制定了科研激励机制，创造了良好的科研环境。目前，法学院充分利用其所在的地理、学科优势，在南海法律问题、经济特区法治建设、旅游岛法治建设、农村土地政策等方面形成了自己的研究特色。其中，利用海南省南海政策与法律研究中心这一科研机构，打造了“南海区域合作论坛”以及“南海法律高端论坛”等学术交流平台，使其逐渐成为南海法律领域的智库。近年来，法学院超过50%的研究项目和40%的论文、著作、奖项均集中在南海法律研究上，并提交了108份涉海资政研究报告，其中多份获中央领导重要批示，部分报告已转化为国家海洋政策，在南海维权方面发挥重要作用，因而在南海法律研究领域凸显了海南大学法学院的优势和特色。

法学是一门与社会发展紧密相连的社会科学，法学科研总是随着时代的发展而面临新的课题与新的挑战。因此，提高科研水平，拓展研究方向，以适应社会发展和需求，是法学专业的内在要求，也是法学院校发展的基础。但是与国内知名法学院校相比，海南大学法学院的整体科研实力与水平还相对较弱，与学院提出的建设国内一流法学院的目标还存在较大差距。因此，为了提升海南大学法学院整体科研实力，促进海南大学法学院的持续发展，必须打造科研团队，加大科研力度，提高科研水平，扩大学术影响。

海大法学文丛的推出是鼓励海南大学法学院教师潜心学术、投身科研的重要举措，也是展示和反映海南大学法学院科研实力与水平的平台。我虽然已经不再担任海南大学法学院的领导职务，但我仍是海南大学法学院的一员，希望丛书的作者能够多研究问题，出版高质量的学术著作，为法治中国建设做出力所能及的贡献。

海南大学副校长　王崇敏

2016年9月7日

前言

填海造地在为人类提供生存发展空间、缓解人地矛盾、促进经济发展方面发挥了重要作用,但目前我国将填海造地作为海域使用权的一种类型加以规制的填海造地海域使用权制度模式,在理论上和实践中都存在诸多问题。本书以我国填海造地涉及的物权法律制度为研究对象,以填海造地中海域所有权、海域使用权、海域转变为土地后的所有权和使用权消灭和产生等问题为研究中心,通过对大量的数据、案例和法律法规及规范性文件的实证考察,总结出我国填海造地及其物权法律制度存在的主要问题,对现有制度的理论基础进行反思,设计出全新的填海造地权作为填海造地的"基础权利",并对填海造地中相关物权的消灭、产生等提出具体的完善对策。

对填海造地涉及的基本概念需要明确,我国法律法规及规范性文件使用的关于填海造地的用语及含义并不一致,学理上对填海造地、海域、海岸带和滩涂等基本概念也存在争议,第一章明确填海造地是围绕海涂、海岸、海岛、海埂等物体,通过一定的工程技术筑堤围割海域,利用海床和底土的地基进行人工填充,并形成土地的行为。本书研究填海造地所涉及的海域仅指具有国内法上的物权意义属于我国领海和内水范围内的海域,依照不同的标准可以对填海造地进行不同的分类。

通过对国家海洋局(现合并到自然资源部)[1]每年发布的《海域使用管理公报》相关统计数据进行分析可以发现,我国2002—2017年填海造地确权总面积为158 085.85公顷,2002—2015年所征收的填海造地海域使用金额达628.6亿元,占海域使用金总额的比例年均77%左右,填海造地的地价构成主要包括海域使用金和填海工程成本,虽然海域使用金征收标准远比其他用海方式的征收标准高,但填海形成土地的成本却远比相同位置的地价水平低,助长了填海造地之风。2017年国家海洋督查组进行的海洋专项督查反馈意见的相关数据显示,我国违法填海造地的现状堪忧,主要体现为未取得填海造地海域使用权证实施填海造地和化整为零、分散申请及审批填海造地项目。总体上看,填海造地在增加土地供给、增加政府财政收入、维护国家主权等方面发挥了积极作用,但也会造成海岸陆地地貌发生改变、海洋生物多样性退化,以及海洋环境污染、社会矛盾激化、社会资源浪费等诸多生态环境和社会问题。

在理论基础方面,我国现行海域物权制度以国家海域所有权为基础,通过设立海域使用权达到海域分散利用的目的,而填海造地是作为海域使用权的一种类型纳入用益物权的范畴,并受到更多的限制,其理论基础主要涉及国家所有权理论、用益物权理论和物权生态化理论。这些理论虽然为我国填海造地提供了依据,但也存在重大缺陷:一是海域使用权作为填海造地的"基础权利",使作为用益物权性质的填海造地海域使用权包含了对他人所有的海域进行事实上处分的权能,违背

[1] 关于"海洋与渔业局"的说明:(1)广东,全称是"广东省自然资源厅",根据《广东省机构改革方案》,其中"(三)新组建和优化职责的机构:组建省自然资源厅,加挂省海洋局牌子。不再保留省国土资源厅、省海洋与渔业厅"。(2)海南,全称是"海南省自然资源和规划厅",加挂海南省海洋局(简称省海洋局)牌子。(3)山东,山东省情况特殊,仍保留海洋局,管理海域海岛的职能由海洋局负责。(4)上海,全称是"上海市水务局",加挂上海市海洋局牌子。(5)福建,全称是"福建省自然资源厅",但仍保留"福建省海洋与渔业局",只是有关海域海岛的管理职责由"福建省自然资源厅"负责。(6)浙江,全称是"浙江省自然资源厅",加挂省海洋局牌子。

了用益物权的基本原理;二是将填海造地仅局限在海域权利范围内,无法合理解释将海域资源转变为土地资源的真正权利来源;三是填海造地海域使用权转为国有土地使用权的正当性与合理性存在问题。这些理论上的缺陷会导致实践中产生诸多问题。

在立法方面,通过对现行全国性和地方性法律文件的全面梳理、总结,发现目前我国对海域所有权、海域使用权已经有了较为详细的规定,对填海造地中新增土地的所有权归属、海域使用权转化为土地使用权、填海造地新增土地使用权、填海造地中的征收补偿与权利损害赔偿等有了总体规定,地方性法规也作了很多细化规定。但以海域使用权作为填海造地的"基础权利"存在根本性缺陷,并且相关立法体系也不完整,在填海造地海域使用权的取得、海域使用权与土地使用权的衔接、"换证"是否缴纳土地使用权出让金(以下简称土地出让金),以及填海引起的征收补偿和损害赔偿等方面的规定都还存在缺漏和矛盾。填海造地物权配套制度方面主要包括海洋功能区划、围填海规划计划管理、环境影响评价、海域使用论证、海域使用金管理等制度,但实践中,现有公法规制制度发挥的实际作用稍欠。

在司法实践方面,通过对从中国裁判文书网、无讼案例网以及北大法宝司法案例数据库中筛选出的50个案例样本进行分析,发现因填海造地引发的纠纷主要集中在因对滩涂属于土地还是属于海域的不同认识导致的集体土地所有权与海域国家所有权权属争议、因填海造地引起的征收(收回)补偿争议、填海造地造成环境污染导致的财产损害及赔偿争议、没有取得海域使用权或超越海域使用权的范围违法填海造地的纠纷等方面。填海造地涉及海洋资源和土地资源的开发与利用,法院裁判适用的实体法规范当然也涉及海域、土地和环境方面的法律法规,但主要适用《海域使用管理法》的规定。由于许多问题法律层面并无具体规定,填海造地的部门规章和规范性文件以及地方性法规和规范性文件等成为法院裁判的主要依据,凸显了我国现行填海造地法律制度供给不足问题。

针对现有理论的不足,提出应创设全新的填海造地权来替代填海造地海域使用权。填海造地的本质在于将海域资源转变为土地资源,涉及海域和土地两种资源,只有国家基于国家海域所有权人和国家土地所有权人的双重身份才能实施,国家海域所有权和国家土地所有权成为填海造地的"母权",填海造地通过行政许可的方式具体实施。填海造地人通过许可获得填海造地权,其内容主要包括取得对待填海域的使用权、可以实施民事性质的填海造地行为、在海域变成土地后取得新增土地的使用权。填海造地权在权利基础、权利内容和权利客体方面都具有复合性,将其定性为一种新型的用益物权,能合理解释填海造地的权利来源,解决填海造地实践中的各种难题,应通过修改《海域使用管理法》等法律建立填海造地权制度,构建以填海造地权为中心的填海造地权利制度和完善以行政许可为中心的填海造地管理制度,为填海造地提供系统、完善的制度保障。

在用填海造地权取代填海造地海域使用权后,还要完善填海造地过程中原有权利的消灭、补偿和新权利的产生制度。在海域所有权、土地所有权制度的完善方面,要详细区分不同类型,采取国家海域所有权消灭、国家土地所有权产生、集体土地所有权消灭与补偿等不同的措施,特别是要注意特殊情形下保留集体土地所有权的具体措施。在海域使用权利方面,需要完善既有海域使用权的征收、补偿制度,确立公物性质海域上的习惯性利用权利,并创建海域习惯性利用权利的消灭与补偿制度。在生态利益保护方面,需要建立填海造地中海域生态价值的维持与转移制度并创建填海造地生态价值补偿制度。

本书的特点在于:首先,理论上通过用全新的填海造地权取代现有的填海造地海域使用权,将国家海域所有权和国家土地所有权共同作为填海造地的"母权",将填海造地权界定为在权利基础、权利内容和权利客体方面都具有复合性的新型用益物权,从而克服现有理论在解释填海造地的"母权""基础权利"等方面的不足;其次,在具体的制度设计上,论证了填海造地权的取得、行使、消灭等具体内容,在此基础上详细地提出了完善填海造地中海域所有权、海域使用权、海域习惯性利用权利等原有权利的消灭、补偿制度,以及土地所有权、土地使用权等新权利产生的具体措施，为填海造地提供了系统、完备的制度保障；最后，在研究方法上，通过实地调查、统计数据分析、现有立法分析和案例分析等实证分析的方法，使研究变得切实、可靠。

目录

绪　论

一、问题的提出和研究意义

(一)问题的提出

虽然人类主要生存场所是陆地,但对于神秘的海洋,人类很早就开始了探知。15 世纪以前人类对海洋资源的需求不大且开发和利用能力有限,利用大海多半为“渔盐之利”及“舟楫之便”。15 世纪末人类进入大航海时代,海洋遂成为世界交通的重要通道。自 18 世纪人类由农业文明进入工业文明时代以来,人类对包括海洋在内的大自然的索取急剧增加,主要原因在于:一方面,世界人口暴增,联合国数据显示,地球人口自 1800 年以来已经增长 7 倍,2011 年 10 月世界人口突破 70 亿[1];另据联合国人口预测,到 21 世纪末,世界人口将达 110 亿。[2]随着人口的增长,人地矛盾越来越突出,表现为土地资源严重匮乏、各种能源紧缺以及人口环境承载能力达临界点,陆地空间已经无法满足人类正常生产和生活需要,人们对海洋空间和资源的需求越来越大。众所周知,地球由“三分陆地七分海洋”构成[3],海洋面积约为陆地面积的 2.4 倍。浩瀚的海洋为人类生存发展提供了无限可能。另一方

---

〔1〕 See *Population seven billion*: *UN sets out challenges*, BBC News(26 October 2011), http://www.bbc.com/news/world-15459643.

〔2〕 参见孔繁栌:《联合国人口预测:到 21 世纪末世界人口将达 110 亿》,载中国网,http://www.china.com.cn/international/txt/2013-06/16/content_29134047.htm。

〔3〕 地球上陆地和海洋总面积约 510 亿公顷,海洋面积约 360 亿公顷,陆地面积约 1.5 亿平方公里,分别占全球总面积的 71% 和 29%。

面，随着科学技术的迅猛发展，人类对海洋的开发利用能力日益增强、方式逐渐增多。目前海洋空间的利用类型已从传统的渔盐之利、舟楫之便扩展到港口航道、锚地、路桥等现代交通运输用海，开矿、油气开采、船舶工业、电力工业等工业用海，电缆管道、海底隧道和海底场馆等海底工程用海，旅游娱乐、造地工程用海等诸多类型。向海洋索要资源、向海洋索取空间、向海洋索求土地已经不仅仅是人类的梦想，而是一种必须和可能。人类通过填海造地的方式，变海为陆，为工农业生产、城乡建设等提供土地资源。世界上大部分沿海国家或地区都有向海洋索要空间进行围填海造地的历史。例如，荷兰早在11世纪就开始了围填海造地，约7000平方公里的陆地是通过填海造陆形成的，约占国土面积的20%。日本填海造地的历史也可追溯至11世纪，并且连续不断，最近100多年来，日本填海总面积达12万平方公里，通过填海造地使沿海城市面积扩大了约1/3，日本著名的填海工程包括东京湾工程、关西国际机场工程和神户岛开发工程等，其中神户人工岛城市是迄今最大的海上城市。韩国自古以来就重视填海造地，在现代，即便是在世界最大围海造地工程——新万金填海工程引起广泛争议的情况下，也通过采取环保开发模式继续填海造地，韩国交通部《2014年土地统计年报》数据显示，韩国现有国土总面积达10.02万平方公里，比10年前的总面积增加了649平方公里，其主要原因就是填海造地。[4] 新加坡在20世纪60年代国土面积只有581.5平方公里，在过去50多年的时间里，通过填海造地增加了100多平方公里陆地面积，使得现有国土面积达714.3平方公里。美国人少地多，填海造地并不太多，但为了现代城市的发展，在20世纪60年代至80年代的20多年间，纽约、迈阿密、檀香山等新填扩了数百平方公里的城区。[5]

我国是海陆兼备的大国，拥有960万平方公里的陆域国土面积，约300万平方公里的海洋国土面积，其中内水和领海海域面积约3800万

---

〔4〕 参见姚琪琳：《韩国：在争议声中继续填海造地 尽量避免破坏环境》，载消息网，http://ihl.cankaoxiaoxi.com/2014/1210/593458.shtml。

〔5〕 参见胡斯亮：《围填海造地及其管理制度研究》，中国海洋大学出版社2015年版，第151页。

公顷。但我国人口众多,陆地空间资源严重匮乏,尤其是人均耕地面积以及可用于城乡建设的土地资源少,人口资源压力巨大。相关资料显示,我国可用于工业化城镇化开发及其他方面建设的陆地空间仅28万平方公里左右,占全国陆地国土总面积的3%。我国沿海地区占有的国土面积为14%,却承担着28%的耕地保护任务〔6〕,填海造地,不失为沿海地区突破发展“瓶颈”、提供土地资源的一种有效方式。自20世纪90年代中后期开始,特别是进入21世纪以来,随着工业化城镇化的逐步推进,沿海地区更多的是为了港口工业、大型基础设施、工业开发区及滨海旅游区等城镇发展用途进行填海造地。我国目前填海造地范围广、速度快、规模大,国家海洋局发布的《海域使用管理公报》统计数据显示,从2002年到2015年,全国填海造地确权总面积约为1450平方公里,特别是自2009年以来,年平均填海造地确权面积达到130平方公里,填海造地为国家海洋战略实施拓展空间,在区域经济发展以及有效拉动沿海区域就业等方面产生一定的经济效益和社会效益。

纵观各国填海的发展历史和现状,可以发现合理的填海造地可以取得理想的效果,但不合理的填海造地会带来生态环境负效益。填海造地导致各沿海国家海洋环境遭到不同程度的破坏,出现海洋污染、海岸带改变、岛屿消失、湿地减少、生物多样性下降等不利状况,荷兰、日本、韩国等纷纷出台了一些治理填海造成的负面效应的政策和法律法规,并具体实施了一些“退耕还海”、湿地修复、海洋污染治理等措施以恢复海洋生态环境。同样,我国沿海地区填海造地在推动经济发展的同时也存在填海规模增长过快、利益分配不公、海域资源利用粗放、海域生态环境破坏严重、防灾减灾能力明显降低等诸多问题。〔7〕 填海造地需要法律制度进行规范,我国2002年《海域使用管理法》规定了海域的国家所有权并将填海造地作为海域使用权的一类加以规范,对填

〔6〕 参见郭信声:《填海造地系列述评之一 为国家战略实施拓展空间》,载国家海洋局网,http://www.soa.gov.cn/xw/dfdwdt/jgbm_155/201412/t20141201_34309.html。

〔7〕 参见国家发展改革委、国家海洋局《关于加强围填海规划计划管理的通知》(发改地区〔2009〕2976号)。

海造地海域使用权的取得和行使、海域使用权转变为土地使用权以及违法填海造地的相关问题作了规定；沿海各省份也相继出台了海域使用权管理条例（或办法）；国家海洋局等部门也出台了一些有关围填海造地的规范性文件，对填海造地的规划、环境影响评价、可行性论证、审批、实施、海域使用金的收取等公法上的问题作出了规定，同时也涉及填海造地以后海域使用权变为土地使用权的条件、程序等问题，为规制填海造地提供了初步的法律框架。但填海造地物权法律制度并不完善，带来了理论上的争议和实践中的困惑，厘清填海造地的理论问题进而探寻科学合理的填海造地的物权法律制度设计，成为当前我国实现填海造地的经济、社会和环境综合效益最大化，建设海洋强国，实现可持续发展目标的必然选择，也是本书研究的目的所在。

（二）研究意义

填海造地是围绕海岸、海岛、海涂、海埂等物体进行围拦，利用海床和底土的地基进行人工填充，进而形成土地的过程。填海造地在为人类提供生存发展空间的同时带来了一系列环境问题，在21世纪这个海洋利用与开发的世纪，填海造地引发的问题在世界各沿海国家都不容回避。它不仅是一个技术问题，也是一个法律问题，需要以法律制度的形式对填海造地及利用环境的各方当事人的权利义务进行规范，才能更好地实现填海造地的经济价值和减少对环境的损害的目标。正如科尔认为：因为交易成本的存在，合理的财产权界定和分配对于实现社会收益最大化而言是必要的。[8] 在填海造地及环境保护问题上同样如此。

在法律维度中，填海造地可能涉及海洋法、环境法、行政法、土地管理法、物权法等方面的问题。从民法角度而言，我国填海相关制度特别是权利基础制度不完善。一方面，权利的合理配置是资源有效利用的前提，通过合理的物权制度安排以定分止争、协调填海造地过程中的各种权利冲突，这对充分实现海洋、土地资源的有效利用、促进我国经济

---

〔8〕 参见[美]丹尼尔·H.科尔：《污染与财产权：环境保护的所有权制度比较研究》，严厚福、王社坤译，北京大学出版社1999年版，第1页。

发展具有重大的现实意义;另一方面,以填海造地相关物权制度为突破口,厘清填海造地的权利基础、国家海域所有权的行使、海域使用权的范围、填海过程中所涉权利的承接和转换问题,将可持续发展理念引入填海造地所涉物权制度中,贯彻民法的绿色原则,促进物权法律制度与环境法律制度的融合,这对丰富我国的物权制度体系和完善我国自然资源利用制度具有一定理论意义。

二、研究现状

(一)国内研究现状

1. 相关文献的总体状况

目前,学界对填海造地问题从工程学、生态资源学以及管理学的角度已进行了较为深入的研讨,形成了颇为丰硕的成果。相关著作主要包括:《我国海湾开发活动及其环境效应》(吴桑云等 2011)、《中韩围填海环境影响与管理政策研讨会论文集》(王曙光、鲁英宰主编 2012)、《福建省海湾围填海规划环境影响预测性评价》(杨顺良、罗美雪等编著 2008)、《福建省海湾围填海规划环境影响综合评价》(李涛等编著 2008)、《福建省海湾围填海规划生态影响评价》(陈尚、李涛等编著 2008)、《围填海评估方法研究》(于永海、索安宁编著 2013)、《中国海洋可持续发展的生态环境问题与政策研究》(中国海洋可持续发展的生态环境问题与政策研究课题组编著 2013)、《环渤海区域填海造陆对滨海湿地的影响研究》(赵蓓、王斌等编著 2017)。这些著述对填海造地可能涉及的环境效应、生态影响及其评价,以及如何建立海洋生态补偿机制,使海洋生态补偿法制化、海洋生态补偿标准科学化和海洋生态补偿管理规范化等做出了深入的研究,为填海造地海域使用金收取的基础计量以及填海造地所涉物权应有的限制方面提供了理论与实践的借鉴意义。

法学界对此类问题的研讨则多集中于对海域使用权中填海项目用海以及环境法上对填海造地的公法规制等方面。相关专著主要包括:《中国滨海地区法律问题研究》(王冠玺 2016)、《海洋发展战略中填海造地的法律规制研究》(杨华 2014)、《围填海造地及其管理制度研究》

(胡斯亮 2015)、《中国海域物权制度研究》(尹田主编 2004)、《海域使用权研究》(李永军主编 2006)、《海岸带利用中的法律问题研究》(关涛 2007)、《物权法视野中的海域物权制度》(王利明、于青松主编 2008)、《中国海域有偿使用制度研究》(徐祥民等 2009)、《海域使用权权属管理与执法对策》(张惠荣主编 2009)、《生态文明构建与物权制度变革》(叶知年主编 2010)、《自然资源物权法律制度研究》(崔建远主编 2012)、《自然资源物权法律制度研究》(黄锡生 2012)以及各种物权法的著述中有部分简略涉及海域使用权的研究。这些著述中,《海洋发展战略中填海造地的法律规制研究》和《围填海造地及其管理制度研究》直接以填海造地中的相关法律和管理制度作为研究对象,对我国填海造地相关制度做出了较为细致全面的探讨,其余专著大多从法学角度运用物权的基本原理对海域使用权进行了有益的探究,虽然仅少量涉及填海造地的分析,但也对填海造地所涉物权的一般配置研究提供了理论上的借鉴。

学界对填海造地研究发表的相关文献也较多,截至 2019 年 11 月 28 日,据笔者在中国知网“高级检索”之“文献”[9]大类上分别以“填海”、“填海造地”、“围海造地”和“围填海造地”为关键词进行“模糊”搜索,获得文献数分别为 2608 篇、1057 篇、159 篇和 21 篇,以“填海”、“填海造地”、“围海造地”和“围填海造地”作为篇名进行“模糊”搜索,获得文献数分别为 1328 篇、602 篇、152 篇和 30 篇。而实际上,以“围填海造地”作为篇名进行“模糊”搜索于本书的研究而言无统计意义,其已涵盖在“填海造地”中,仅能说明,在研究过程中,大多数文献是以“填海造地”命名的。总体上看,上述这些文献当中,与前述著作相似,多数是从工程学、生态资源学以及管理学的角度对填海造地进行研究论述的,从法学角度对填海造地进行探讨的文献并不多,笔者分别以“填海”、“填海造地”、“围海造地”和“围填海造地”作为篇名,“全文”中包含“法律”进行“模糊”搜索,获得文献数分别仅为 291 篇、105 篇、34 篇和 24 篇。此外,笔者以“海域使用权”为篇名,并且“全文”包含

---

[9] 中国知网“文献”大类下主要包含期刊、硕士博士论文、报纸、国内会议上的作品。

“填海造地”进行模糊搜索,获得文献63篇,主要是关于海域使用权的定价、价格管理、流转、抵押或海域使用权物权制度,其涉及填海造地。下面就已有研究的主要内容及观点进行综述。

2. 已有文献研究的主要内容和观点

(1)关于填海造地的相关概念和范围的研究现状

由于我国现行法律法规并未对填海造地相关概念作统一规定,因此,理论界对于填海造地的相关概念有不同认识,国内相关文献资料一般分别采用“填海造地”“围海造地”“围填海造地”概念或者将上述概念在同一篇文献中混用。金彭年、陈小龙认为,从广义上讲围海造地应属于填海造地的范畴。〔10〕 毛亚敏认为应当用围填海造地作为围海造地与填海造地的统称。〔11〕 倪振峰等对填海造地进行了概念界定。〔12〕填海造地一般是在近岸海域和滩涂上进行,目前,滩涂是土地还是海域,在法律上存在一定的不确定性,学者对此展开了讨论。陈甦、丁慧、叶知年、樊静、解直凤等学者认为潮上带和潮间带属于土地,而潮下带属于海域〔13〕;倪振峰、张洪波等认为潮上带滩涂属于土地,而潮间带滩涂、潮下带滩涂本身就是海洋不可分割的一部分,理应执行海域使用管理制度。〔14〕 此外,还有观点提出应遵循“土地、海域、海岸带”三分法的思路,将沿海滩涂纳入海岸带范畴,把潮上带、潮间带和潮下带滩涂作为一个整体予以保护。〔15〕

---

〔10〕 参见金彭年、陈小龙:《海岸带可持续发展立法刍议——以填海造地为视角》,载《法治研究》2012年第2期。

〔11〕 参见毛亚敏:《围填海造地海域使用权出让法律问题探析》,载《浙江学刊》2013年第3期。

〔12〕 参见倪振峰:《填海造地相关概念的法律解析》,载《探索与争鸣》2012年第9期。

〔13〕 参见陈甦、丁慧:《试论滩涂在法律上的性质》,载《辽宁师范大学学报(社会科学版)》2000年第5期;樊静、解直凤:《沿海滩涂上的物权制度研究》,载《烟台大学学报(哲学社会科学版)》2006年第1期。

〔14〕 参见倪振峰:《填海造地相关概念的法律解析》,载《探索与争鸣》2012年第9期;张洪波:《浅析滩涂的性质》,载《科技信息》2007年第13期。

〔15〕 参见王刚:《沿海滩涂保护法律问题研究》,中国海洋大学2013年博士学位论文,第37页。

(2)关于填海造地的行为性质和权利性质研究

大部分观点认为,填海造地是一种人工添附行为,根据"从物随主物"的物权原理,填海形成的土地所有权应当归属于国家。[16] 基于现行法律法规将填海造地用海作为海域使用权中的一类用海方式,学界普遍认为填海造地的基础性权利是海域使用权。海域使用权是我国物权法上规定的一种用益物权,学界对海域使用权性质存在"典型用益物权和准用益物权"的不同看法。王利明先生认为海域使用权在我国物权体系中应当属于准用益物权。[17] 对于填海权是否属于海域使用权,有观点认为,填海并不是"使用"海,而是"变海为地",填海权并非是海域使用权,而是具有财产内容的非专属性物权[18];也有观点认为,"填海权"不应该属于物权范畴,而应该是带有行政许可性质的准物权或特别物权。[19] 还有观点认为,填海权不是海域使用权的一种,而是介于海域使用权和土地使用权之间的一个阶段性权利,填海权应当独立成为限制围海造地行为的行政许可权利。[20] 对于填海造地的母权、基础性权利及其行为性质的理解,有学者见解独到,认为在现行《海域使用管理法》的视域下将海域所有权作为海域使用权的母权、填海行为定位为添附行为将导致一些理论上的不周延,应将土地所有权作为海域使用权的母权,填海造地作为一种海域使用权,才能避免添附

---

〔16〕 参见杨华、王全弟:《围海造地过程中的权利承接及其法律规制》,载《法学》2010年第7期;谭柏平:《〈海域使用管理法〉的修订与海域使用权制度的完善》,载《政法论丛》2011年第6期;郑瀛:《我国首例填海造地行政诉讼案的法律问题》,载《广东行政学院学报》2005年第4期等文献。

〔17〕 参见王利明:《试论〈物权法〉中海域使用权的性质和特点》,载《社会科学研究》2008年第4期。

〔18〕 参见郑瀛:《我国首例填海造地行政诉讼案的法律问题》,载《广东行政学院学报》2005年第4期。

〔19〕 参见谭柏平:《我国海洋资源保护法律制度研究》,中国人民大学2007年博士学位论文,第95页。

〔20〕 参见杨华、王全弟:《围海造地过程中的权利承接及其法律规制》,载《法学》2010年第7期。

制度适用于围海造地等时带来的理论冲突。[21]

(3)关于填海造地相关权利的取得、变更和衔接问题研究

法律对填海造地海域使用权主体资格并无限制性规定,取得方式主要是行政审批方式,但招标、拍卖和挂牌方式也大量存在。有学者认为围填海造地的出让方式应限制采用“招拍挂”这种民事方式,建立政府主导的围填海造地模式,除了供企业自身使用的围填海造地建设项目外,由政府统一组织实施,所造土地纳入土地储备范围后再出让。[22]

《海域使用管理法》第 32 条规定较模糊,使填海造地后海域使用权转化为土地使用权的衔接问题成为实践的难点,也是学界讨论的重点。多数学者赞同按照“谁投资,谁受益”的原则“换证”,由原海域使用权人通过法定程序取得土地使用权,而对“换证”是否要重新审批、补交土地出让金、出让方式等问题存在不同做法和见解。我国沿海对换证大致有五种做法:一是以海域使用权证直接换发土地使用权证,无需缴纳土地出让金;二是海域使用权变更为土地使用权时部分不需要补缴土地出让金,部分需要缴纳;三是海域使用权变更为土地使用权时需要缴纳土地出让金;四是海域使用权变更为土地使用权时不需要缴纳土地出让金,但是转让土地使用权时需要补缴;五是海域使用权变更为土地使用权时需要重新办理用地审批手续,视情况而定是否缴纳土地出让金。学界对此也有不同的看法:有观点认为海域使用人已经享有了合法的权利,要求权利人重新审批、收费、补缴出让金、强行收购等观点和做法都是不合法的。[23] 也有观点认为填海造地的海域使用权与新增土地使用权不能自动转换,二者属于不同权利范畴,不可混淆,应按法定程序和条件“核发”土地使用权证。[24] 实践中,由于《海域使

---

〔21〕 参见彭诚信、钟建华:《海域的民法界定及其权利归属》,载《社会科学战线》2011 年第 9 期。

〔22〕 参见毛亚敏:《围填海造地海域使用权出让法律问题探析》,载《浙江学刊》2013 年第 2 期。

〔23〕 参见张惠荣、施星平、高中义:《海域使用权与土地使用权相互转化中的法律问题探讨》,载《海洋开发与管理》2008 年第 12 期。

〔24〕 参见赵晓光:《海域转化为土地的不同类型及法律适用——兼谈对〈海域法〉第三十二条的理解》,载《海洋开发与管理》2011 年第 5 期。

用管理法》与相关法律没有衔接造成难以直接换发。[25] 海域和土地两种资源管理制度存在差异,简单地根据"换证"调控使海域使用权变为土地使用权,可能产生不良社会和管理效应,不宜以海域使用权证直接换发土地使用权证。[26] 海域使用权转换为土地使用权后,应区分建设、农业、废弃物处置填海等不同类型来确定土地使用权主体[27],在立法上应制定海域使用管理法实施条例或海域围填管理法对海域使用权转化为土地使用权的途径、方式、程序、限制等方面予以明确规定[28],或者先出台地方性的海域围填管理办法最终为我国制定相关的海域围填管理法提供先进经验。[29]

(4)填海造地对生态环境影响的公法和私法规制方面的研究

填海造地涉及多方面的法律制度,包括海洋功能区划制度、土地规划制度、海域权属管理制度、海域有偿使用制度、环境影响评价制度、海域使用论证制度等,涉及行政法、环境法、海洋法、民法、土地管理法等诸多法律的规制问题。学界对公法方面的规制论述较多,重点在于完善上述各类制度对填海造地行为的规制,对于私法和公法制度的衔接,主要研究体现如下:海域作为公共资源负担着经济和生态双重利益,海域物权虽然系私法物权,但却承载着社会公共利益。[30] 填海造地带来经济效益、社会效益的同时,也带来了生态负效应,造成海洋生态破坏的主因就是围填海。如果只注重围填海造地的经济效益而忽视其对自

[25] 参见杨玉章:《"海洋证"换"土地证"之困》,载《中国土地》2008年第9期。

[26] 参见林继红、蒋明利:《关于海域使用权转为土地使用权的几点想法》,载《浙江国土资源》2010年第5期。

[27] 参见薛山:《填海造地的海洋资源产权价值流失与测度研究》,中国海洋大学2013年博士学位论文,第72~73页。

[28] 参见杨华:《海域使用权变更为土地使用权:实践及规制》,载《法商研究》2011年第3期。

[29] 参见金彭年、陈小龙:《海岸带可持续发展立法刍议——以填海造地为视角》,载《法治研究》2012年第2期。

[30] 参见李志文、马金星:《我国海域物权生态化新探——理念、实践和进路》,载《武汉大学学报(哲学社会科学版)》2013年第2期。

然和生态的负面影响，最终会影响社会经济的持续发展。[31] 目前我国并未将海域资源损失的未来利益及发生的生态损害成本计入填海造地价值补偿构成中，且建设用填海造地海域使用金价值补偿偏低[32]。物权法律制度与环境法律制度的融合，以及在物权法中引入有关环境保护的规则是现代物权法的重要发展趋势。[33] 应整合物的经济价值、生态价值和其他非经济价值，并将环境保护义务纳入物的概念之中[34]，具体到填海造地中，就是将生态文明建设理念融入填海造地的规划和开发中，提高填海造地的生态化程度。[35]

（二）国外研究现状

根据我国法律的规定，海域归国家所有，填海形成的土地归国家所有，填海造地所涉及的海域所有权与土地所有权、海域使用权以及土地使用权系在公有制条件下产生的权利形态，这与完全私权化形态的资本主义国家的所有权和使用权制度不同。国外关注我国填海造地的物权法律制度的著述较少。

而我国学者对国外填海造地的研究集中在韩国、日本、荷兰等国围填海造地的相关立法和实践方面。立法方面，日本《公有水面填埋法》对于水域填埋的申请主体、程序、方式等规定了严格限制条件，并规定了新增陆地的转让问题；韩国颁布了《公有水面埋立法》《公有水面埋立法施行规则》《公有水面埋立法施行令》《关于公有水面埋立事务处理规定》等，并建立和细化了许可制度、费用征收制度等相关制度。日韩两国均规定只要符合法律规定的要件即可以取得填海权，对于填海造地的费用则采用动态的标准，保证相应费用与经济发展水平相一致，

---

〔31〕 参见胡斯亮：《围填海造地及其管理制度研究》，中国海洋大学2011年博士学位论文，第1页。

〔32〕 参见李京梅、刘铁鹰、周罡：《我国围填海造地价值补偿现状及对策探讨》，载《海洋开发与管理》2010年第7期。

〔33〕 参见王利明：《〈物权法〉与环境保护》，载《河南省政法管理干部学院学报》2008年第4期。

〔34〕 参见吕忠梅：《论环境物权》，载《人大法律评论》2001年第1期。

〔35〕 参见黄国柱、朱坦、曹雅：《我国围填海造陆生态化的思考与展望》，载《未来与发展》2013年第5期。

并对违法行为的分类及其处理方法作了详细规定。其填海造地权利的转让、继承，内容与我国相关规定近似，但韩国要求埋立的许可转让或接受权利、义务的人必须得到审批机关的认可并满足特定条件，以保证填海造地权利人的资质和填海工程的持续性。荷兰围海造地历史早，规模大，但迫于生态压力，荷兰围海造地重点已经从早期的防护和围垦向自然资源保护和可持续利用发展，注重建立科学的规划体系，兼顾经济、社会、生态效益，并建立了完备的围海造地评价技术体系。

综上所述，已有研究对填海造地物权的相关问题进行了较为有益的理论和实践方面的探索，但缺乏运用物权的基本理论和原理专门针对填海造地过程中所涉物权法律制度，包括国家海域所有权、国家土地所有权及其上设立的海域使用权和土地使用权等各类物权的取得、权利衔接、权利冲突及平衡、权利限制与保护、权利消灭等制度方面的系统性的研究，方法上缺乏综合法社会学、法哲学和法经济学理论从民法、环境法、行政法、海洋法各个角度的全面解析性的研究，这正是本书研究努力的方向。

三、研究框架

本书将围绕我国填海造地所涉及的物权法律制度这个主题，将填海造地中海域所有权、海域使用权、海域转变为土地中所有权和使用权的权利承接和转换，以及由填海造地引起的征收补偿及损害赔偿问题作为研究对象，以填海造地物权制度的理论基础及引发的主要物权争议为切入点，通过对我国填海造地的实证考察和现行物权法律制度的梳理，发现实践和理论中存在的问题并进行理论反思，最后提出相应的对策。全书主要讲述了以下七个方面的内容。

（一）填海造地概述

主要是对填海造地涉及的基本概念进行分析。首先对我国法律法规及规范性文件中使用的关于填海造地的用语及含义进行分析，进而从学理上对填海造地、海域、海岸带和滩涂等基本概念进行界定，明确填海造地的概念、范围和分类。

(二)我国填海造地的现状考察

梳理我国自然资源部公布的填海造地的确权面积及海域使用金征收的数据以及分析我国违法填海造地的现状,进而对填海造地带来的经济效益、环境和社会效益等进行实证分析,发现我国填海造地所带来的好处和产生的问题,为我国填海造地物权法律制度的完善指引方向。

(三)我国填海造地物权制度的理论基础解析

对我国填海造地物权制度涉及的国家所有权理论、用益物权理论、物权生态化理论等进行阐释,并分析这些理论本身的合理性与争议性及其在具体应用到填海造地中所引发的物权的主要争议,包括海域使用权能否作为填海造地的"基础权利",海域国家所有权能否作为填海造地的"母权",填海造地海域使用权转为国有土地使用权是否有正当性与合理性等问题。

(四)我国填海造地物权法律规制的现状分析

在对我国现行全国及地方性填海造地法律法规进行总体梳理的基础上,围绕填海造地所涉及的主要物权类型——海域所有权、海域使用权、土地所有权和土地使用权的相关规定进行系统梳理,主要针对填海造地所涉的海域国家所有权、填海造地海域使用权取得主体、方式和程序的规定,"海变地"后土地使用权取得主体、取得程序、取得方式、权利期限的规定,以及与填海造地物权制度配套的海洋功能区划、环境影响评价、海域使用论证等制度的现状及存在的缺陷进行深入的剖析。

(五)我国填海造地导致纠纷的司法案例实证考察

通过中国裁判文书网、无讼案例网及北大法宝司法案例数据库搜索并筛选出与填海造地导致权利纠纷相关的案例,采用案例样本总体分析和典型案例引证分析法,剖析目前我国填海造地引起的主要纠纷以及纠纷解决中出现的问题,从而发现我国现行的填海造地物权法律制度供给方面存在的问题。

(六)填海造地物权的理论创新及总体制度架构

在对填海造地物权问题进行理论分析和实证考察的基础上,重新界定填海造地行为性质及内容,提出理论创新的设想。创设填海造地权作为一种独立的新型的用益物权并对其权利制度进行构建，主要包括填海造地权的证成，填海造地权权利创设的具体措施，填海造地权的权利基础、权利取得、权利内容和权利消灭等方面的内容，并在填海造地权视角下重新设计填海造地总体制度构架。

（七）我国填海造地物权制度的完善与创新

针对我国填海造地中物权制度和理念方面存在的主要问题，在明确我国填海造地物权配置的原则及总体要求的基础上，对填海造地中各种物权的取得、效力、消灭、转换、衔接、利益平衡等提出具体对策，特别是明确填海造地的权利基础，改进填海造地中物权取得程序，合理安排填海造地相关权利消灭及产生制度，完善填海造地相关权利补偿制度，并将环境保护义务纳入填海造地物权制度中。

四、研究方法

本书旨在通过建立科学的填海造地物权法律制度，促进填海造地经济效益、社会效益和生态效益的综合实现，保障海域及土地资源的可持续利用，并遵循提出问题→研究文献→调查研究→理论支撑→因素分析→提出对策的思路来展开论述，主要运用以下研究方法：

1. 理论分析法。本书通过对填海造地客体变化、行为性质、所涉物权关系从物权理论上进行溯源，对国家所有权理论、用益物权理论、公共物品理论及可持续发展理论等进行解析，并对相关理论进行反思，进而提出填海造地物权法律制度应有的理论创新。

2. 实证研究法。通过对我国填海造地相关的统计数据进行分析，管窥我国填海造地带来的好处和出现的问题；通过对因填海造地引发的法律纠纷案件数量、分布情况、案件类型，典型案例所涉的案件事实、争议焦点、裁判理由以及裁判结果进行分析，结合相应法律法规提出我国填海造地引发的司法案例中存在的相关问题。

3. 多学科综合研究的方法。填海造地中涉及的海域使用权变为土地使用权，是以不动产为客体的权利，与自然资源密切相关。填海造地过程中各种自然资源的物权配置，不仅涉及法律制度的框架问题，也涉及社会、经济和生态环境的可持续发展问题。因此，通过法学、经济学、管理学、海洋生态科学等多学科综合研究的方法,综合分析填海造地的经济、生态和社会效益,综合诸多法律对填海造地的规制,从私法及私法与公法的融合方面来论述填海造地相关物权制度的完善。

4. 法解释论与立法论相结合的分析方法。解释论与立法论方法相结合是制度性选题采用的基本的研究方法。法解释论是通过解释既存的法律规范而形成的理论,其目的在于正确地理解和适用法律规范;而立法论,则是针对如何设计出合理的法律规范或者如何改进既有的法律规范发表的见解、观点和理论,从而指导或者影响立法实践。我国现行法律法规对填海造地所涉及的物权法律问题已有相应的规范,但不是很完备。因此,本书拟在论述填海造地中物权法律制度时充分利用法解释论与立法论相结合的分析方法,在对现有填海造地中涉及的海域使用权的取得、行使、效力,以及海域使用权与土地使用权衔接制度进行分析的基础上,揭示相关制度的合理性和不足之处,并提出相应的立法建议。

第一章　填海造地概述

第一节　填海造地的界定

研究填海造地物权法律问题,首先需要确定填海造地的对象和范围,进而明确填海造地所涉及的物权类型,各种物权类型中权利的主体、客体和权利内容,以及各种物权权利的设立、变更和消灭等问题。而概念是对相关事物的本质的描述,对“填海造地”的概念及与其密切相关的“海域”“海岸带”“滩涂”等概念的厘清,有助于确认填海造地的对象和范围,为本书的后续研究提供逻辑起点。

一、填海造地的概念

(一)我国法律法规及规范性文件使用的用语及含义

我国现行法律法规并未对填海造地、围海造地等相关概念做出明确统一的界定。我国《海域使用管理法》中没有“填海造地”的字样,只是在第 4 条、第 18 条、第 32 条以及第 42 条中出现了“填海”一词,将其作为海域使用的一种方式加以规定。《海岛保护法》中在界定“填海连岛”的概念时提及“填海造地”一词,但并未对填海造地进行进一步的说明。[1] 其他的一些规范性文件有“围海造地”、“填海造地”和“围填

---

〔1〕 参见《海岛保护法》第 57 条第 4 项规定:“填海连岛,是指通过填海造地等方式将海岛与陆地或者海岛与海岛连接起来的行为。”

海造地”的不同提法。

我国国家海洋局2002年至2008年发布的《海域使用管理公报》中采用“围海造地用海”一词，与“渔业用海、交通运输用海、旅游娱乐用海”等并列为九大类用海类型之一，2008年国家海洋局《关于印发〈海域使用分类体系〉和〈海籍调查规范〉的通知》（国海管字〔2008〕273号）（已失效）中海域使用分类体系由“海域使用类型体系”和“用海方式体系”构成，其中，用海方式体系中使用“填海造地”这一术语，同时明确了围海的概念。[2] 此后，自2009年《海域使用管理公报》起不再使用“围海造地用海”，而采用“造地工程用海”作为一类用海类型[3]，各年的统计数据也用“填海造地”作为一类用海方式进行统计。自2013年《海域使用管理公报》起又增加了对“填海造地”“围海”等术语的解释，与前述国家海洋局《关于印发〈海域使用分类体系〉和〈海籍调查规范〉的通知》的解释一致。[4] 此外，有的规范性文件使用围填海造地的概念，如2008年国家海洋局《关于改进围填海造地工程平面设计的若干意见》（国海管字〔2008〕37号），2010年国土资源部、国家海洋局《关于加强围填海造地管理有关问题的通知》（国土资发〔2010〕219号）（已失效），2011年12月5日国家发展改革委、国家海洋局联合颁发实施的《围填海计划管理办法》（发改地区〔2011〕2929号）等，但这些规范性文件均未明晰“围填海造地”的概念。

上述查阅到的资料显示，“围海造地用海”是“指在沿海筑堤围割

〔2〕 参见国家海洋局《关于印发〈海域使用分类体系〉和〈海籍调查规范〉的通知》（国海管字〔2008〕273号），该通知规定：填海造地指筑堤围割海域填成土地，并形成有效岸线的用海方式，填海造地包括建设填海造地、农业填海造地、废弃物处置填海造地；围海是指通过筑堤或其他手段，以全部或部分闭合形式围割海域进行海洋开发活动的用海方式，包括盐业、围海养殖、港池、蓄水等。

〔3〕 参见国家海洋局2009年至2015年《海域使用管理公报》附录中的名词解释：造地工程用海指为满足城镇建设、农业生产和废弃物处置需要，通过筑堤围割海域并最终填成土地，形成有效岸线的海域。包括城镇建设填海造地用海、农业填海造地用海和废弃物处置填海造地用海。

〔4〕 参见国家海洋局2013年至2015年《海域使用管理公报》附录中的名词解释。

滩涂和港湾,并形成土地的工程用海"[5]。"造地工程用海"是指"为满足城镇建设、农业生产和废弃物处置需要,通过筑堤围割海域并最终填成土地,形成有效岸线的海域"[6]。"填海造地"指筑堤围割海域填成土地,并形成有效岸线的用海方式。"围海"指通过筑堤或其他手段,以全部或部分闭合形式围割海域进行海洋开发活动的用海方式,包括盐业、围海养殖、港池、蓄水等。[7]

从上述资料对这些术语的界定来看,围海与填海造地具有本质的区别。围海和填海造地各自独立为一类用海方式,围海不包括围海造地,填海造地作为一类单独的用海方式,不仅包括"造地工程用海"类型还包括其他渔业、交通运输业、旅游业用海类型中修建码头、基础设施等的用海。但上述资料对围海造地与填海造地及围填海造地是否是同一概念并未有明确解释。此外,国务院办公厅《关于沿海省、自治区、直辖市审批项目用海有关问题的通知》(国办发〔2002〕36号)在阐释《海域使用管理法》第18条中有关审批权限的问题时,将围海造地作为填海的同义语并列表述为:填海(围海造地)50公顷以下(不含本数)的项目用海由省一级政府审批,其审批权不得下放。[8] 该条同时也说明了围海的审批权限。根据该通知,似乎可以认为围海造地与填海(造地)是同一含义。总体上讲,关于填海造地、围海造地、围填海造地这几个术语的应用在各类规范性文件中比较混乱。海域管理实务相关部门工作人员常使用"围填海造地"一词,按照通常理解,包括围海造地和填海造地。围海造地首先要筑堤围割海域,利用潮汐的作用使泥沙在被围海域自然淤积到一定程度后再填充砂石完成造地工程;填海造地是指造堤坝围割海域后直接填充砂石等造地或不造堤坝而直接

---

〔5〕参见2002年至2008年《海域使用管理公报》。

〔6〕参见2009年之后的《海域使用管理公报》。

〔7〕参见国家海洋局《关于印发〈海域使用分类体系〉和〈海籍调查规范〉的通知》(国海管字〔2008〕273号)以及2013年之后的《海域使用管理公报》中的名词解释。

〔8〕参见国务院办公厅《关于沿海省、自治区、直辖市审批项目用海有关问题的通知》(国办发〔2002〕36号)第1条的规定;该条同时也说明了围海的审批权限,参见该条第2项:"围海100公顷以下(不含本数)的项目用海,由省、自治区、直辖市、设区的市、县(市)人民政府分级审批……"

堆填造地。围海造地的特点是造地工程周期长,成本低;填海造地的特点是工程周期短,成本高。[9]

(二)填海造地概念的界定

目前学界对于填海造地的概念认识同样是模糊的,国内多数相关文献资料并未区分填海造地、围海造地、围填海造地,同一篇文章中几个概念混用的情形较为常见。有观点认为,用围填海造地作为围海造地与填海造地的统称是比较合适的,当然根据需要在立法中也可以分别使用围海造地或填海造地的概念。[10] 也有观点认为,实务中的围海造地和填海造地从本质上来说都是一种使用近海海域造地的行为,最终都改变了海域固有的自然属性,因此从广义上讲,围海造地应属于填海造地的范畴。[11] 本书赞同后一种观点,按照前述实务部门对填海造地和围海造地的解释,围海造地和填海造地虽然在填埋海域的程序和技术上有一定区别,但最终都要通过人为的填充方式将海域变为土地,而非围海以后通过泥沙淤积自然形成土地,重点在于"造地",围海造地与围海有重大区别,不属于围海的用海方式。如前所述,我国法律上规定的围海用海方式,主要用于盐业、围海养殖、港池、蓄水等海洋开发利用,并不形成土地。围海造地属于改变海域的自然属性使得"海变地",将围海造地纳入广义的填海造地的范畴符合逻辑,同时也可以明显区别于围海的用海方式,避免在概念上将"围海造地"与"围海"混淆。有学者从地貌学角度进行了界定,认为"填海造地是指在现代海岸带内,平均高潮位以下,旨在创造长期可利用的土地所做的人工工程"[12],包括滩涂围垦和海水区域的填海。有学者从合法程序着眼,将

---

[9] 参见金彭年、陈小龙:《海岸带可持续发展立法刍议——以填海造地为视角》,载《法治研究》2012 年第 2 期。

[10] 参见毛亚敏:《围填海造地海域使用权出让法律问题探析》,载《浙江学刊》2013 年第 3 期。

[11] 参见金彭年、陈小龙:《海岸带可持续发展立法刍议——以填海造地为视角》,载《法治研究》2012 年第 2 期。

[12] 参见于海波、莫多闻、吴建生:《深圳填海造地动态变化及其驱动因素分析》,载《地理科学进展》2009 年第 7 期。

"填海造地"一词界定为:"以人为的方式改变海岸线、滩涂、海岛、陆地四者之间的自然形态、数量关系和生态格局,利用滩涂、港湾或者其他海岸为基础,或者以修建人工岛的方式,通过筑堤围割海域,按照国家法律法规规定进行填充,最终形成土地的行为。"[13] 也有学者将之界定为:围绕海岸、海岛、海涂、海埂等物体进行围拦,利用海床和底土的地基进行人工填充,进而形成土地的过程。笔者综合各界的观点,将填海造地界定为:围绕海涂、海岸、海岛、海埂等物体,通过一定的工程技术筑堤围割海域,利用海床和底土的地基进行人工填充,并形成土地的行为。当然,这只是从地貌学角度对填海造地的描述,对填海造地行为的法律性质等还要做深入的分析。

二、与填海造地范围相关的概念解析

(一)海域

填海造地是在海域范围内进行的,因此首先要明确海域的概念、范围及其法律性质。

1. 海域的概念和范围

地球上广大连续水体总称为海洋。全球海洋面积约为 362 亿公顷,占地球表面积的 70.9%。海是洋的边缘或附属部分,只占海洋面积的 11%。[14] 地理学上一般认为,海域是海洋的一定范围或一定区域,包括水上和水下。1982 年《联合国海洋法公约》将海洋划分为沿海国管辖海域和公海,国家管辖海域包括领海、毗连区、专属经济区、大陆架,以及实行群岛制度国家的群岛水域等,其中,领海的法律地位等同于陆地领土,沿海国家对其具有完全的主权,但对专属经济区和大陆架区域,沿海国家仅具有勘探和开发自然资源的主权权利,以及对海洋科研,海洋污染,人工岛屿、设施和结构的建造与管理、使用等的管辖

---

〔13〕 倪振峰:《填海造地相关概念的法律解析》,载《探索与争鸣》2012 年第 9 期。

〔14〕 参见邓绶林主编:《地学辞典》,河北教育出版社 1992 年版,第 340 ~ 341 页。

权。[15] 公海是国家管辖海域以外的全部海域,公海海底又称为国际海底区域。我国纵跨渤海、黄海、东海和南海四大海域,其中,渤海为中国的内海,黄海、东海和南海是太平洋的边缘海,总面积达 47 300 万公顷,但根据《联合国海洋法公约》的规定和我国《专属经济区和大陆架法》的主张,可属我国管辖的海域面积包括内海、领海、毗连区、专属经济区和大陆架在内共约 300 万平方公里,属于公法意义上的海域(《联合国海洋法公约》规定的沿海国管辖海域范围),习惯上称为"海洋国土"或"蓝色国土",我国《渔业法》《矿产资源法》《海上交通安全法》《海洋环境保护法》等均适用于这些区域。[16] 按照我国《海域使用管理法》第 2 条第 1 款的规定,海域指的是中华人民共和国内水、领海的水面、水体、海床和底土。毗连区、专属经济区、公海和大陆架不属于我国《海域使用管理法》调整的范围。我国拥有具有完全主权的内水和领海 3800 万公顷,此种意义上的海域属于私法意义上的海域。

对于本书所要研究的填海造地所涉及的海域,应当如何界定?根据《联合国海洋法公约》的规定,虽然专属经济区和大陆架属于沿海国可利用海域,但对可否以填海造地的方式加以利用没有明确规定,按照该公约第 56 条的规定,专属经济区所属国家具有勘探、开发、使用、养护、管理海床和底土及其上覆水域自然资源的权利,对人工岛屿、设施和结构的建造使用、科研、环保等的管辖权利。[17] 该公约第 60 条又规定:沿海国在专属经济区内应有专属权利建造并授权和管理建造、操作和使用人工岛屿、设施和结构。[18] 该公约第 80 条规定:"大陆架上的人工岛屿、设施和结构　第六十条比照适用于大陆架上的人工岛屿、设施和结构。"从技术上看,在专属经济区的茫茫大海之上建造人工岛屿、设施和结构,有可能以填海造地的方式进行,但"人工岛屿、设施和结构不具有岛屿地位。它们没有自己的领海,其存在也不影响领海、专

[15] 参见《海洋大辞典》编辑委员会编、严宏谟主编:《海洋大辞典》,辽宁人民出版社 1998 年版,第 664 页。

[16] 参见尹田主编:《中国海域物权制度研究》,中国法制出版社 2004 年版,第 2 页。

[17] 参见《联合国海洋法公约》第 56 条 1.(a)、(b)的规定。

[18] 参见《联合国海洋法公约》第 60 条第 1 项的规定。

属经济区或大陆架界限的划定”[19]。从文义解释上理解，在专属经济区内和大陆架之上，沿海国可以建造、授权和管理建造、操作和使用人工岛屿、设施和结构等专属权利，但该权利属于主权意义上的权利，不具有国内法上的物权意义。本书题目——《我国填海造地物权法律制度研究》中，填海造地所涉及的海域仅指具有国内法上的物权意义，属于我国领海和内水范围内的海域，即属于我国38万平方公里的领海及内水的海域。从平面界定，其中内水，是指中华人民共和国领海基线向陆地一侧至海岸线的海域；领海，是我国根据主权划定的邻接我国领土及内水以外，即领海基线向外延伸12海里宽度的海域。从立体空间看，包括水面及其上下垂直空间的水体、海床和底土。

2. 海域的民法界定

对于海域的法律属性，在我国《海域使用管理法》颁布之前及《物权法》颁布过程中，学界对之有较为热烈和广泛的讨论，焦点集中于“海域是否是民法上的物”。依一般民法理论，“民法上的物是指民事主体能够实际控制或支配的具有一定经济价值的物质资料”[20]。属于民法上的物的特征，学者的论述基本一致，史尚宽先生认为：“第一，物必须有体；第二，物必须特定；第三，物必能够支配。”[21]梁慧星先生认为物的特征包括：可为权利客体，须为有体，须为人力所支配，须独立为一体，能满足人们生活的需要。[22]作为物权客体的物必须存在于人身之外，能够为人力所支配和控制，具有价值，能满足人类一定的生产生活需要，主要为有体物，无形财产在例外情况下（如法律有特别规定）也可以作为物权的客体。[23]大体上看，民法上的物一般应为有体物、具有特定性和稀缺性、能为人类所支配。据此，学界关于海域是否属于

〔19〕参见《联合国海洋法公约》第60条第8项的规定。

〔20〕郭明瑞、房绍坤、唐广良：《民商法原理（一）》，中国人民大学出版社1999年版，第156页。

〔21〕史尚宽：《物权法》，中国政法大学出版社2000年版，第12页。

〔22〕参见梁慧星、陈华彬：《物权法》，法律出版社1997年版，第29页。

〔23〕参见王利明：《物权法研究（上卷）》（修订版），中国人民大学出版社2007年版，第58～59页。

民法上的物产生争论。海域不是民法上的物的观点大多集中在如下几点论述：不具有特定性和稀缺性、不能为人所控制，并非民法意义上的物。认为海域是民法上的物的主要论点在于：随着社会经济的发展和科技的进步，现代民法上的特定物并非一定要物理上特定，只要观念特定，并且可以支配，能够采取一定方式予以公示即可。[24] 随着人类利用自然能力的加强，海域已可以通过标明经纬度加以特定化，海域包含水面、水体、海床和底土，海床和底土在一定空间和时间的范围内是特定的，同时海域具有巨大的经济价值、具有稀缺性、能为人类所利用和支配并且可以通过登记予以公示。最终海域属于民法上的物并且为不动产的观点得到了我国立法的承认，我国《海域使用管理法》第 3 条规定："海域属于国家所有，国务院代表国家行使海域所有权。"这一条文确立了国家的海域所有权。而后，《民法典》物权编第 247 条重申了海域的国家所有权，并在"用益物权"这一分编规定了海域使用权，将"海域"作为了用益物权的客体。正如尹田先生所言，要论证海域是民法上的物不难，要论证海域不是民法上的物也不难，关键是为什么要做这种论证，或者说，关键是制度应当如何安排才是合理的。笔者更赞同将海域作为民法上的物看待，在民法史上，不同历史阶段不同国家对物的范围的规定是不同的，也是处于变动状态中的，有进有出，譬如：在古代罗马，人们所称的物，是指除自由人之外而存在于自然界的一切东西，后来罗马法逐渐把物限定为一切人力可以支配、对人有用，并能构成人们财产组成部分的事物。[25] 罗马法上的物包含了奴隶，不限于有体物，无体物和各类财产权也包括在内，但不包含电热光磁等能量。现代法上，人们对物的认识扩张，物的范围发生变化。在古代社会，人们利用海洋的能力较为低下，不能将其视为一个民法上的物，但随着社会的进步，以前不可以成为民法上的物的某些自然力，如光电热气，甚至空气、月球、火星均有可能成为民法上的物。海域（海洋）是一种客观存在，是水面、水体、底土等组合呈现在人们视觉之中，能真实地感知其为

〔24〕 参见谢在全：《民法物权论（上册）》，中国政法大学出版社 1999 年版，第 58 页。
〔25〕 参见周枏：《罗马法原论（上册）》，商务印书馆 2000 年版，第 298 页。

一个整体。这是一个空间资源的概念，是对传统民法中“物”的概念的延伸与发展。[26]

沿海国家民事法律上对海域的界定也主要在于其主权控制范围内的内水和领海，但表述各不相同。英国、美国以及澳大利亚称为“水下土地”，其法律将内水和领海海域的底土视为所有权的客体。美国1953年《水下土地法》和《外大陆架土地法》规定沿海各州拥有领海水下土地及资源所有权，而联邦政府对领海以外的大陆架土地及资源拥有权力。[27] 其将“水下土地”界定为指各州辖区内可航行的非潮汐水域下面的所有土地，上限为平均高潮线，并不断受冲积层、冲蚀作用和残积物的影响而变更；海侧边界以距离各州岸线起3地理英里为界或各州海上边界为界；以前的水下土地［平均高潮线到海岸线（低潮线）海侧3海里范围］，后经人工填充、围海造田而造成的土地，按“水下土地”对待。[28] 法国《关于海洋国有地产》第63—1178号法律（1963年11月28日）中规定，领海的地表层和地下层、未来的冲积地、淤积地，以及海浪冲击作用下人为减少的土地，属于海洋国有地产。同时法国法律还规定，供游艇停泊的水面也是国有海洋地产。[29]

虽然随着现代科技的发展和观念的改变，海域可以作为民法上的物来看待，但从自然属性上讲，海域仍然具有与传统民法上的物不同的特性，并且海域除了其经济价值，还具有重要的生态价值、社会价值、军事价值等，与一般民法上的物的利用也有所区别。因此，在制度安排上不容忽视，本书将在第六章中详细论述。

---

〔26〕 参见卞耀武、曹康泰、王曙光主编：《中华人民共和国海域使用管理法释义》，法律出版社2002年版，第29页。

〔27〕 这两部法律规定州享有自海岸线起3海里的海域的水下土地，3海里之外的水下土地属于联邦所有。1988年美国将领海的宽度扩展到12海里，但州享有的水下土地的范围并未随着领海范围的扩展而扩展，沿岸州仍只享有3海里的水下土地所有权。

〔28〕 参见美国《水下土地法》第一章“定义”第2节；国家海洋局海域管理司编：《国外海洋管理法规选编》，海洋出版社2001年版，第502～508页。

〔29〕 参见尹田：《中国海域物权制度研究》，中国法制出版社2004年版，第5页。

(二)海岸线、海岸带和滩涂

填海造地大多在海岸带范围内进行,海岸带包括一部分滨海陆地和近岸海域,因此,不仅海岸带和海岸线的确定与填海造地的界定密切相关,而且海岸带内滩涂性质的确定对填海造地的界定也存在较大影响。滩涂究竟属于海域还是属于滨海陆地,不同的界定不仅涉及不同的管理部门和管理制度,而且可能导致权属方面的争议。如果滩涂属于土地,则可能存在国家所有权和集体所有权;如果属于海域,则仅存在国家所有权。对滩涂的填埋以及沿海村民对滩涂的使用可能存在不同的法律性质,产生不同的法律后果。因此,有必要对海岸线、海岸带和滩涂的相关情况做一检讨。

1. 海岸线

从地理学意义上看,海岸线被定义为陆地表面与海洋表面的交界线〔30〕,即陆地与平均海平面的交线,理想状态下,海岸线是与世界水陆边界一致的,但是由于受到潮汐的周期性与风暴的不定期性的影响,水陆边界并不是一成不变的,而是处于摆动状态。因此,实际上海岸线不是一条线,而是具有一定宽度的向沿海岸延伸的条带。为测绘、统计使用上的方便,在实践中,地图上通常采用较为固定的线即指示岸线代替水陆边界线来指示海岸线的位置。一般地图上的海岸线是现代平均高潮线。为满足航海安全的需要,麦克特航海用图上的海岸线是理论最低低潮线。立法方面,世界大多数海洋国家以平均大潮高潮线为界,少数国家以平均低潮线为界。例如,1962 年韩国出台的《公有水面围填法》采用法律的形式将其海陆分界线定义为平均大潮线。根据《地形图图式》《中国海图图式》的国家标准规定,我国采通行做法,以平均大潮高潮时水陆分界的痕迹线为海岸线。〔31〕

---

〔30〕 See Boak E. H. & Turner I. L. ,*Shoreline definition and detection*: *A review*,Journal of Coastal Research,2005,21(4),p. 688 – 703.

〔31〕 参见卞耀武、曹康泰、王曙光主编:《中华人民共和国海域使用管理法释义》,法律出版社 2002 年版,第 29 页。

2. 海岸带

海岸带，是指陆地与海洋的交接地带，是海岸线向陆、海两侧扩展一定宽度的带状区域，由彼此相互强烈影响的近岸海域和滨海陆地组成。〔32〕广义的海岸带包括滨海陆地、滩涂、湿地、河口、海湾、岛屿及大片海域。国际上并无海岸带范围的统一划界标准，各国一般根据开发管理的需要自定。例如，在美国，“海岸带的外界即为美国领海的外界，内界则由各沿岸州各自划定”〔33〕。“我国海岸带和滩涂资源综合调查规定：海岸带的宽幅为离海岸线向陆地延伸 10 公里，向海延伸到 15 公里处”。〔34〕海岸带自然条件优越，蕴含丰富的空间资源、生物资源、化学资源和旅游资源，为人类进行海涂围填、港口建设、养殖捕捞、矿产开发、潮汐能发电、旅游娱乐开发等活动提供了重要场所。

下面以图 1.1 中近代海岸带的图示来讨论海域的范围，从而界定填海造地所涉及的区域。

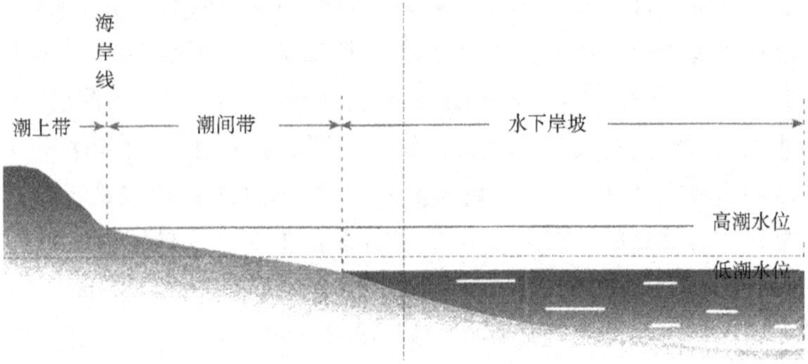

图 1.1　近代海岸带

从图 1.1 来看，显而易见，滨海陆地（潮上带）不属于海域的组成

---

〔32〕参见许力以、周谊主编：《百科知识数据辞典》，载中国工具书网络出版总库 2019 年 1 月 12 日，http://gongjushu.cnki.net/refbook/detail.aspx? recid = R2009010210004792&db = CRFD。

〔33〕参见美国 1972 年颁布的《联邦海岸带管理条例》。

〔34〕沈瑞生、冯砚青、牛佳：《中国海岸带环境问题及其可持续发展对策》，载《地域研究与开发》2005 年第 3 期。

部分，而在低潮水位之下的水下岸坡区域及岸坡之外部分属于海域的范畴应无疑虑，关键在于潮间带属于土地还是海域具有不确定性。从地理学意义上看，潮间带的性质的界定关键是看海岸线的确定。如前所述，海岸线为陆地与平均海平面的交线，若以平均大潮高潮线为准，潮间带属于海岸线向海一侧的延伸，属于近岸海域，应属于海域的范畴。若以平均大潮低潮线为海岸线之界，则潮间带属于海岸线向陆地一侧的区域，当为滨海陆地。而按照《联合国海洋法公约》的规定，为了让各国拥有更广阔的领海，各国可以以平均大潮低潮线作为领海基线。[35] 则低潮线以上的潮间带不属于海的范畴，而应属于陆地。从地理学上看，我国以平均大潮高潮线为海岸线，潮间带应属于近岸海域，但立法方面却较为模糊。由于潮间带与滩涂密不可分，下文将对滩涂的界定以及我国立法对滩涂的性质的相关规定做详细说明。

3. 滩涂

滩涂，在《海洋大辞典》中解释为："由海涂和河滩两部分组成。海涂是指多年的大潮高潮面与理论最低低潮面之间的潮间带范围。河滩地是指河流洪水位与枯水位之间的河道两侧滩地。"[36]《经济法学辞典》中对滩涂的定义为："滩涂，又称潮间带，是河流或海流夹杂的泥沙在地势较平的海岸附近或河流入海处沉积而形成的浅海滩，涨潮时淹没，退潮时露出。"[37]《国土资源实用词典》中对滩涂的界定为："滩涂，也称潮间带。水域周边季节性浸水的土地。是海涂、湖滩和河滩的总称。如沿海大潮高潮位与低潮位之间的潮浸地带，即海水交替涨落的地带，称沿海滩涂……"[38] 也有直接解释为"海涂""浅水海滩""海岸

---

〔35〕 参见《联合国海洋法公约》第5条规定："正常基线　除本公约另有规定外，测算领海宽度的正常基线是沿海国官方承认的大比例尺海图所标明的沿岸低潮线。"

〔36〕 《海洋大辞典》编辑委员会编、严宏谟主编：《海洋大辞典》，辽宁人民出版社1998年版，第597页。

〔37〕 李放、阎青义主编：《经济法学辞典》，辽宁人民出版社1986年版，第592～593页。

〔38〕 封吉昌主编：《国土资源实用词典》，载中国知网2019年1月12日，http://gongjushu.cnki.net/refbook/detail.aspx? db=crfd&RECID=R2014090060000621。

滩地”的。[39] 可见，广义的滩涂为海涂、湖滩和河滩的总称，但目前的滩涂一般多指沿海滩涂，简称为海涂，是为狭义的滩涂，各类词典上均将滩涂认定为潮间带。据中国全国第一次海岸带和海涂资源综合调查报告，1986 年中国全国滩涂总面积为 20779.3 平方千米。[40] 我国海涂资源一般分布在我国沿海省份的海滨地带，属于海岸带的重要组成部分。

我国大多数填海造地是在滩涂之上和近岸海域范围内进行的，因此，滩涂的法律性质的明确具有重要意义。滩涂具有动静结合的自然属性，部分滩涂会随潮汐的变化露出或没于海水之中，目前，我国在立法方面对于沿海滩涂概念的界定尚未明确。我国《宪法》《民法典》中有关于滩涂的法律规定[41]，但并未区分河滩、湖滩和海涂（滩），也未明确其属于土地还是海域。但按照前述法律相关规定，滩涂有国家所有和集体所有两种所有权形式，《海域使用管理法》规定海域仅具有国家所有一种所有权形式，由此可见，我国法律是将滩涂作为土地的一种存在形式。并且《土地管理法实施条例》（2014 年修订版）第 2 条第 4 项规定，“依法不属于集体所有的林地、草地、荒地、滩涂及其他土地”属于全民所有即国家所有，明确表明滩涂属于土地范畴。但引起矛盾的地方在于，《海域使用管理法》中虽然未出现“滩涂”字样，但该法第 2 条对海域和内水进行了界定，并规定了《海域使用管理法》的适用范围，该条中规定，“内水，是指中华人民共和国领海基线向陆地一侧至海岸线的海域”。我国并未采用正常领海基线（平均大潮低潮线），而是采用直线基线法，领海基线与海岸线并不重合。如前所述，我国以平均大潮高潮线作为海岸线，领海基线向陆地一侧至海岸线的区域属于海域（内水），那么潮间带滩涂就应当属于海域的范畴。地方性法规和

---

〔39〕 参见《当代汉语词典》、《新华汉语词典》、《现代汉语大词典》（上册）、《上海大辞典》，载中国知网 2019 年 1 月 12 日，http://epub.cnki.net/kns/brief/default_result.aspx。

〔40〕 参见《海洋大辞典》编辑委员会编、严宏谟主编：《海洋大辞典》，辽宁人民出版社 1998 年版，第 597 页。

〔41〕 参见《宪法》第 9 条，《民法典》第 250 条、第 260 条、第 262 条、第 329 条。

规章在对滩涂范围的界定上也莫衷一是,有界定为潮间带及与之相邻的陆地区域的(潮间带和潮上带)。

实践中,海洋行政主管部门将沿海滩涂(潮间带)界定为海域,即平均高潮线以下低潮线以上的海域,然而国土资源管理部门却将沿海滩涂界定为土地,即沿海大潮高潮位与低潮位之间的潮浸地带。两个部门将沿海滩涂界定为不同的性质,极易导致管理错位、部门利益纷争。在学术领域内,大多数的学者比较倾向于将沿海滩涂的概念分为狭义和广义。部分学者认为,狭义的沿海滩涂只包括除潮上带和潮下带外的潮间带〔42〕;持广义观点的学者认为沿海滩涂应当包括潮上带、潮间带、潮下带三部分。大多数观点认为应当区分沿海滩涂的潮上带、潮间带和潮下带在法律上的不同性质和所有权定位。对于潮上带属于土地,潮下带属于海域学界基本无异议,从学界争议来看,主要是对潮间带滩涂的定性问题未形成一致意见。有学者认为潮间带属于土地,并认为我国土地和海域在法律上的界线,应当是海水的低潮线。法律上的滩涂作为土地的一种形态,应当只是指其位于低潮线以上的部分,其在低潮线以下浅海中的自然延伸部分,在法律上应当属于海域而非土地。〔43〕 部分观点认为,潮间带属于海域,“潮上带滩涂按照土地管理的有关规定执行是可以的,也符合事物的本质属性;而潮间带滩涂、潮下带滩涂受周期性海洋潮汐影响,属典型的海洋生态系统,本身就是海洋不可分割的一部分,理应执行海域使用管理制度”〔44〕。还有观点绕开了对潮间带的法律定性问题,认为学界对其滩涂性质定位还遵循“非土地即海域”的两分法思路,从而使得沿海滩涂的潮上带、潮间带和潮下带分属不同的法律调整,造成了沿海滩涂保护的割裂。其认为要实现沿海滩涂的有效保护,需要打破这种思维窠臼,遵循三分法的思

〔42〕 参见李展平、张蕾:《城郊绿化与造景艺术》,中国林业出版社 2008 年版,第 26 页;张洪波:《浅析滩涂的性质》,载《科技信息》2007 年第 13 期。

〔43〕 参见陈甦、丁慧:《试论滩涂在法律上的性质》,载《辽宁师范大学学报(社会科学版)》2000 年第 5 期;樊静、解直凤:《沿海滩涂上的物权制度研究》,载《烟台大学学报(哲学社会科学版)》2006 年第 1 期。

〔44〕 倪振峰:《填海造地相关概念的法律解析》,载《探索与争鸣》2012 年第 9 期。

路，即将之划分为“土地、海域、海岸带”三种性质，将沿海滩涂纳入海岸带范畴，实现沿海滩涂潮上带、潮间带和潮下带性质定位上的一致，从而将沿海滩涂作为一个整体予以保护。[45] 虽然此种观点将滩涂纳入海岸带，在管理上不失为一种新的思路，但仍然没有解决本质问题，滩涂的范围以及法律属性应当在法律上明确，从而解决实践中涉及不同所有权主体的问题以及由此导致的权利冲突等问题。

总体上讲，滩涂的法律定位，直接影响到对填海造地的行为性质和范围的理解。如果滩涂属于土地，则该部分土地就不是“填海”而造之地，在现行法律框架下也无须取得海域使用权来实施造地行为，其土地所有权并非由海域使用权转化而来，不存在权利转换与承接的问题；如果滩涂属于海域，则填海造地可能引起“海”变“地”的权利客体的变化及权利转换与承接等问题。但由于目前法律规定得较为模糊，使得对滩涂的法律性质还要进一步分析。

第二节　填海造地的类型

依据目前我国填海造地的相关规定及实践中的做法，按照不同的标准，可以对填海造地进行不同的分类，不同类型的填海造地在物权法上的各方法律关系及权利义务等方面可能存在差别，下文对填海造地的类型进行了梳理。

一、依填海造地的主体分类

依据填海造地实施主体的不同可以分为政府（海域所有权人）为主体的填海造地和单位与个人（海域使用人）为主体的填海造地两种。不同主体填海产生的法律关系不同，引起的物权变动也不一样。

---

[45]　参见王刚：《沿海滩涂保护法律问题研究》，中国海洋大学2013年博士学位论文，第37页。

(一)企业法人实施的填海造地

虽然《海域使用管理法》规定单位和个人都可以申请取得海域使用权,但目前,企业法人作为海域使用人进行填海造地的情况比较常见,自然人申请的几乎没有。企业填海造地可以细分为两种类型。一是独立型填海造地,指的是企业法人在取得海域使用权后,将该宗海域全部填埋形成土地。填海造地竣工后,海域使用权证上所标明的用海面积将全部转化为土地,海域使用权人通过"换证"相应转化为国有土地使用权人,注销原有的海域使用权证。二是复合型填海造地,即企业法人取得海域使用权后,将海域的一部分填海造地。填海造地竣工后,海域使用权人申请海域使用权变更登记,将填海转化为土地的部分申请换发国有土地使用权证书,其余部分继续为海域使用权。复合型填海造地的特征是仅在部分海域使用范围造地,并且在申请海域使用权之时就确定了将要填海造地部分的土地用途,填海造地新增土地与其具备海域使用权的剩余海域配合使用,海域使用权人和新增国有土地使用权人为同一主体。这种类型的填海造地常见于渔业、旅游娱乐、交通运输等用海类型中,需要配套使用的基础设施用海中,会涉及将部分海域填海造地后,建设港口码头、仓储、育苗设施、船舶船坞、宾馆饭店等配合用海设施等。

可见,企业法人为主体的填海造地,首先要设立海域使用权(用益物权),海变地后通过"换证"转化为国有土地使用权(建设用地或农业用地的用益物权)。在独立的填海造地类型中,申请办理国有土地使用权证并注销原有的海域使用权证。在复合型填海造地中,原有的部分海域使用权变更为土地使用权。实质上是消灭了原有的海域之上的用益物权,设定了国有土地上的用益物权。其物权变动是旧的海域之上的用益物权消灭,产生新的土地所有权并产生土地之上的新的用益物权。法律关系的主体包括海域所有权人、土地所有权人、海域使用权人和土地使用权人,当然,在此种类型中海域所有权人和土地所有权人同为国家这一个主体,而海域使用权人和土地使用权人也同为一个主体。

（二）政府主导的填海造地

按照我国法律规定，海域属于国家所有，因此，以政府为主体的填海造地是指国家（政府）作为海域所有权人在某些情况下实施的填海造地，比如为了公共利益需要，在符合海洋功能区划的前提下，在按照土地利用总体规划、城市规划等规划为城市建设用地的海域开展填海造地工程。在这种情况下，政府作为填海造地工程的实施主体，直接在未设定其他海域使用权的海域进行填海造地，或者通过收回（征收补偿）原海域使用权人的海域进行填海造地。政府填海造地又可以分为两种情形：一是项目性填海造地，是指在实施填海造地前就确定了填海造地所产生土地的用途和土地（建设用地）使用权主体，由政府委托相关部门（土地储备中心）取得海域使用权实施填海造地并投资建设后，将土地使用权出让或划拨给特定的主体使用，如一些渔业用海、公益性用海。二是成片开发型填海造地，政府在实施填海造地时既没有明确所造土地的具体用途和具体建设项目，也没有确定特定的使用人，政府通过招投标等方式将填海施工任务委托给具有填海资质的施工单位具体负责实施，但相应法律后果由政府承担。这种类型主要见于政府投资的整片开发的填海造地工业园区、开发区、滩涂围垦农业用地项目和区域性填海项目，填海工程完成后，由政府统一将填海形成的新增土地纳入土地储备中心管理，按照土地管理法的相关规定确定建设用地使用权。成片开发型填海的主要目的是缓解土地资源短缺问题，扩大城市发展空间，适当增加土地资源储备面积。

按照《海域使用管理法》的规定，任何单位和个人使用海域都必须取得海域使用权证，那么，即便是所有权人填海，也必须要取得海域使用权证。因此其所涉及的主体同样包括海域所有权人、海域使用权人、土地所有权人和土地使用权人，只是在政府（国家）填海造地中，海域所有权人、使用权人以及新增土地的所有权人均为同一主体，都是国家。而土地使用权人在项目性填海实施前就确定了特定的土地使用权主体；成片开发型填海，则需按照土地管理法的相关规定去确定填海新增土地的使用权人。

二、依填海造地的用途分类

按照2008年国家海洋局发布的《海域使用分类体系》的规定，将海域使用类型与用海方式作为两套体系。海域使用类型体系分为渔业用海、工业用海、交通运输用海、旅游娱乐用海、海底工程用海、排污倾倒用海、造地工程用海、特殊用海以及其他用海等九大类一级类型，下分30种二级类型。用海方式体系是根据用海活动特征及对海域自然属性的影响程度将海域使用的具体方式分为填海造地、构筑物、围海、开放式和其他方式五大类一级用海方式，下分20种二级用海方式。其中填海造地按照不同的用途分为农业填海造地、建设填海造地、废弃物处置填海造地三种类型。

城镇建设填海造地指通过筑堤围割海域，填成土地后用于城镇（含工业园区）建设。[46] 其既可以是单纯的填海造地即造地工程用海，也可以是其他海域使用类型中的一种用海方式。例如，在渔业用海，船舶、电力、海水综合利用等工业用海，港口、路桥等交通运输用海以及旅游基础设施用海中，为了更好地实现用海目的，为上述海域使用类型所需要的码头、仓储设施、工业厂区、宾馆饭店等配套的基础设施的建设进行填海造地。[47] 农业填海造地指通过筑堤围割海域，填成土地后用于农、林、牧业生产。废弃物处置填海造地指通过筑堤围割海域，用于处置工业废渣、城市建筑垃圾、生活垃圾及疏浚物等废弃物，并最终形成土地。[48]

---

〔46〕 参见《关于印发〈海域使用分类体系〉和〈海籍调查规范〉的通知》（国海管字〔2008〕273号）第5.7.1条的规定。

〔47〕 参见《关于印发〈海域使用分类体系〉和〈海籍调查规范〉的通知》（国海管字〔2008〕273号）中的规定。具体为：5.1.1　渔业基础设施用海，填成土地后用于建设顺岸渔业码头、渔港仓储设施和重要苗种繁殖场所等；5.2.4　船舶工业用海，填成土地后用于建设船舶工业厂区等；5.2.5　电力工业用海，填成土地后用于建设电力工业厂区等；5.2.6　海水综合利用用海，填成土地后用于建设海水综合利用工业厂区等；5.3.1　港口用海，填成土地后用于建设堆场、顺岸码头、大型突堤码头及其他港口设施等；5.3.4　路桥用海，填成土地后用于建设顺岸道路及其附属设施等；5.4.1　旅游基础设施用海，填成土地后用于旅游开发和建设宾馆、饭店等。

〔48〕 参见《关于印发〈海域使用分类体系〉和〈海籍调查规范〉的通知》（国海管字〔2008〕273号）第5.7.2条和第5.7.3条。

不同用途的填海造地海域使用金的计算不同、填海的成本也各不相同。这就意味着,不同用途的填海造地用海域使用权取得的对价不同(权利人有偿使用的对价不同)。例如,我国海域等别共有六种,分别从一等到六等,费用标准依次降低。一等建设填海造地海域使用金为180亿元/平方米,六等海域为30亿元/平方米,而废弃物处置填海海域使用金为一等海域195亿元/平方米,六等海域37.5亿元/平方米。废弃物处置填海虽然其海域使用金征收标准较建设填海造地使用金标准略高,但其填海成本较低,省去了废弃物的垃圾处理费和开山填海、吹砂填海的成本,进行废物利用,但可能对环境造成的不利影响会增加。农业填海造地的海域使用金标准主要由各省自行制定,一般依据评价区的自然、社会经济条件、结合政府的海域使用和海域管理政策等来综合制定。〔49〕因此,各省差异也比较大,例如,江苏省的农业填海造地海域使用金为0.3亿元/平方米,而山东省的为30亿元/平方米。〔50〕总体上讲,随着我国工业化、城市化进程的加快,填海造地用于农业的比重减小,建设填海造地、废弃物处置填海造地逐渐增多,南方甚至出现我国香港特别行政区的建筑垃圾与工业废渣等申请在内地堆放填海的用海类型。〔51〕

三、依填海造地工程平面设计和工程实施的不同分类

根据围填海工程平面设计和工程实施的不同可以将填海造地划分为截弯取直式、顺岸平推式(海岸向海延伸式或岸线外推式)、人工岛式、多突堤式和区块组团式。不同的填海方式成本不同,给环境造成的影响程度也不同。截弯取直填海造地模式是指将围堰大堤设置在海湾口处,将海水拦住,并对其海湾进行整体填埋的一种模式。之前我国大

---

〔49〕参见苗丰民、赵全民主编:《海域分等定级及价值评估的理论与方法》,海洋出版社2007年版,第174页。

〔50〕参见《江苏省海域使用金征收管理办法》(苏财综〔2007〕48号)和山东省《关于进一步加强海域使用金征收管理的通知》(鲁财综〔2007〕108号)的规定。

〔51〕参见苗丰民、赵全民主编:《海域分等定级及价值评估的理论与方法》,海洋出版社2007年版,第181页。

部分的围填海工程均位于海湾内部,大量围填海的直接后果就是海岸线经截弯取直后长度大幅度减少,海岸动态平衡也被破坏。[52] 顺岸平推式填海是借助原有的海岸线,沿着原有的海岸线向海里平推、延伸的填海造地模式,是目前我国实施大多数的大规模填海工程所采取的方式。人工岛式填海造地并不借助原有的海岸线,而是在远离海岸线的地方围填海,将海域填充成海上人工岛。该种方式难度很大,造价也很高。多突堤式围填海实质上也是利用岸线向海延伸的填海造地工程,但在技术上与岸线外推式有所不同,是通过先修建多个向海里突出的海堤,再向堤两边填海,这样填出来的陆地是一个树枝状的半岛。这种平面设计的围填海工程,既可以最大限度地节约使用自然岸线,也可以最大限度地延长新形成土地的人工岸线[53],增加了海岸线的长度。区块组团式是将多突堤式填海和人工岛式填海合理组合,实现两种方式的优势互补的一种填海造地方式。[54] 我国传统的填海方式大多数是截弯取直式和顺岸平推式,这些方式填海成本相对较低,但忽视了资源的利用效率和生态环境价值,对海岸线和海域生态环境造成的破坏性影响较大,譬如造成自然岸线急剧减少、海湾消失、岛屿数量下降、自然景观破坏、海水动力条件失衡及海域功能严重受损等问题。

四、依据填海造地行为是否具有合法性进行划分

根据填海行为是否具有合法性,可将填海造地分为合法的填海造地与违法的填海造地,两者产生完全不同的法律后果。合法的填海造地,是指依照法律法规的规定,按照法定的程序在向有权机关申请或通

[52] 如厦门市杏林湾海堤和马銮湾海堤、珠海市唐家湾的十里海堤、乐清湾内的大规模填海工程、葫芦岛市龟山岛附近7公里长的围海海堤等,都是造成我国海岸线长度以惊人的速度减少的原因。参见《全国填海造地导致大陆海岸线大幅缩减》,载中国蓝网,http://www.chinalw.com.cn/clw/2013-07/23/c_116644950.htm。

[53] 参见《关于改进围填海造地工程平面设计的若干意见》(国海管字〔2008〕37号)第3条第2项。

[54] 参见《关于改进围填海造地工程平面设计的若干意见》(国海管字〔2008〕37号)第3条第3项。

过招拍挂的方式取得填海用海域使用权的基础上，进行的筑堤围割海域填成土地的行为，其引起的物权法上的物权变动包括海域所有权的消灭、新的土地所有权的产生，以及新增土地的土地使用权的设立。

违法的填海造地，是指没有合法依据而进行的填海造地行为，即违反现有法律法规对于海域使用管理的规定而填海造地。按照我国《海域使用管理法》第42条的规定，违法的填海造地体现为“未经批准”或“骗取批准”而进行的填海活动。其中“未经批准”包括没有海域使用权而实施填海造地和虽取得海域使用权但使用权内容中不包含填海造地内容，以及超越填海造地的审批面积而实施填海造地的行为。“骗取批准”应当包括申请人通过“化整为零”或其他手段骗取批准文件实施的填海造地。违法的填海造地因违反法律规定而无效并应承担相应法律责任，可能引起行政法上的法律关系、侵害物权的侵权法律关系。行政法上应采取没收违法所得以及罚款等处罚措施。违法填海造地行为人侵害他人的海域使用权、国家的海域所有权，按照有关侵权法律规定应当恢复原状、赔偿损失等。

第二章　我国填海造地的现状考察

第一节　我国填海造地的区位条件和四个阶段

一、我国填海造地的区位条件

我国拥有300万平方公里的海洋国土面积，拥有总长度约3.2万公里的海岸线，其中大陆海岸线自鸭绿江口至北仑河口长约1.8万公里，岛屿海岸线1.4万公里，拥有11 000多个海岛，其中500平方米以上的海岛有7300多个，包括有居民海岛460多个和无居民海岛6000多个。[1] 可以说我国海域广阔、海岸线漫长、岛屿众多，填海造地的开发利用区位优势明显。东部山地丘陵延伸入海，边缘形成基岩海岸，长约5000公里，约占我国大陆海岸线总长的28%，有着较好的填海造地自然条件。基岩海岸水深条件优越，水下地形稳定，可适度填海造地。我国滩涂资源总面积约207万公顷[2]，淤泥质滩涂资源分布较为广阔。西高东低的地理优势和充沛的降水，使得发育的河流形成大量淤泥质海岸带，可适当进行围垦。我国沿海滩涂有丰富的潜在土地资源，特别是河口和淤泥质海岸的潮滩，有许多岸滩稳定、潮间带宽阔的岸段

---

〔1〕 根据2015年出台的《国务院关于印发全国海洋主体功能区规划的通知》，原文：拥有面积大于500平方米的海岛7300多个，其中有居民海岛400多个。

〔2〕 参见樊静：《我国沿海土地使用制度研究》，人民法院出版社2004年版，第69页。

适宜填海造地。[3] 在我国1.8万公里的大陆海岸线上，分布着大小不同的海湾200多个，河口型海岸、红树林海岸分布也较为广泛，这些地方都可以适度进行填海造地。因此，我国填海造地有着较为得天独厚的自然条件。

二、我国填海造地的四个阶段

自新中国成立以来，我国沿海地区先后兴起过四次填海造地热潮，其主要用途分别为围海晒盐、农业围垦、渔业养殖和城镇发展。具体情况如下：

第一阶段，从20世纪50年代开始，围垦滩涂用于晒盐。1950年6月28日中央人民政府委员会第八次会议通过的《土地改革法》（已失效）第1条中明确提出要“废除地主阶级封建剥削的土地所有制，实行农民的土地所有制”。土地改革激发了农民生产积极性，群众开始自发组织小规模的围填海造地活动。同时，国家也采用“以工代赈”“民办公助”等方式，组织群众及农业生产合作社围垦海洋滩涂，为填海造地活动提供材料、资金及政策上的支持。[4] 总体上讲，新中国成立初期填海造地的特点是规模较小，由群众自发组织和国家政府组织相结合开展围填海造地用于晒盐。开发地区主要集中在海岸、河口，产生的积极后果是更进一步形成了沿海四大盐场，促进了我国盐业的发展与繁荣，例如，海南乐东的莺歌海盐场就是这一时期围海建设的。1957年12月，200多人组成的施工队伍开始莺歌海盐场的建设，如今莺歌海盐场仍是海南岛最大的海盐场。此阶段采用的填海方式主要是顺岸平推式（顺岸围割），其产生的环境问题主要是加速了岸滩的促淤。

第二阶段，从20世纪60年代中期至70年代围垦滩涂用于农业生产。20世纪60年代在“大跃进”和人民公社化运动的影响下，公社和

---

〔3〕 参见陈吉余：《开发浅海滩涂资源，拓展我国的生存空间》，载《中国工程科学》2000年第2期。

〔4〕 “以工代赈”是指政府投资建设基础设施工程，受赈济者参加工程建设获得劳务报酬，以此取代直接救济的一种扶持政策。“民办公助”是以群众为主体兴办各种社会事业，政府给予一定资金支持的一种建设模式。

地方政府开始组织大规模的围填海造地活动。国家积极扶持围填海工程,规定了“三级所有,队为基础”的原则,围填海形成的土地使用权归集体所有,并提出了“向海要地、与海争粮”的口号,沿海地区围垦海涂,努力扩展农业用地。[5] 这一时期围填海造地主要是由地方政府和人民公社组织,由20世纪50年代群众自发组织围海阶段过渡到有计划有组织的政府组织领导阶段,由以前的海岸、河口筑堤围海发展到堵港围海,围填海造地活动开发程度更深,范围更广。

第三阶段,从20世纪80年代中后期至90年代中期,围垦滩涂用于养殖。改革开放打破了过去僵化的计划经济体制,扩大了农民自主权,激发了群众积极性,活跃了经济。围填海造地工程也受到改革开放的影响,投资、利用、开发方式上更加多样化。改革开放激发了群众积极性,人们纷纷探索发家致富的道路,养殖成为促进经济发展的主要方式之一,沿海地区围填海养殖成为特色,我国成为当时世界上第一养殖大国。20世纪90年代中后期,我国的围填海投资项目越来越多,海域开发的程度加大,海域使用“无序、无度、无偿”现象普遍存在。[6] 国家开始探索围填海造地的科学方法,制定围填海造地的总体规划,如1993年,财政部、国家海洋局联合下发了《国家海域使用管理暂行规定》(已失效);上海、浙江等省市也制定了相应的海岸带和滩涂管理条例。由于客观环境的需要,政府逐步推动围填海造地工程向科学化、法制化发展,开始重视经济与环境、生态的关系,注重保护环境。

第四阶段,进入21世纪,围填海造地规模扩大,用途也逐渐多样化,从以前以盐业、渔业、农业为主转变为以港口、工业园区建设为主。伴随着社会进步、人口剧增、海洋空间利益巨大、发展理念和生产技术进步、市场经济自由化发展的社会浪潮,人们逐渐意识到海洋蕴藏着巨大的资源与经济价值。加上经济持续快速增长,工业化城镇化快速发展,人口向沿海地区集聚,我国掀起第四次大规模围填海造地热潮。沿

---

〔5〕 参见王曙光、鲁英宰:《中韩围填海环境影响与管理政策研讨会论文集》,海洋出版社2012年版,第11页。

〔6〕 参见蓝楠:《我国海域使用管理法律思考》,中国法学会环境资源法学研究会2002年年会论文。

海各省、市、自治区通过实施一系列围填海造地工程，向海洋开拓发展空间，缓解土地供需紧张的矛盾，开发利用上更是突破了传统的产业模式，越来越多的利用方式进入人们的视野，例如，旅游业开发、港口码头建设、房地产业开发等。国家对沿海地区也实施了新的发展战略，对很多沿海地区进行了区域规划。例如，海南省海甸岛、上海临港新城、天津滨海新区、辽宁红沿河核电站、港珠澳大桥、上海洋山港、曹妃甸首钢搬迁等多个国家重大建设项目。这些新建的经济新区基本上是采用填海造地的方式在沿海滩涂上建立起来的，但是由于大规模的围填海造地，近岸海域资源破坏严重。基于我国沿岸海域的现实需要，国家逐步建立起了海域管理制度，改善海域生态环境。

第二节　我国填海造地确权面积与海域使用金征收现状分析

相关统计数据表明，自新中国成立起至20世纪末，我国填海造地的面积超过120万公顷（1.2万平方公里）[7]，年均填海面积超过2.4万公顷。2002年《海域使用管理法》施行之后，国家要求对海域使用情况进行定期统计，统筹安排各行业用海，保护生态，保障海洋可持续利用。这一制度的实施使得填海造地活动走向规范化和合理化。自2002年起，国家海洋局每年发布《海域使用管理公报》，其中出现了对填海造地的数据统计，为客观地研究填海造地的现状提供了科学依据，下文对我国填海造地的现状进行较为系统的数据分析。[8]

---

〔7〕参见李文君、于青松：《我国围填海历史、现状与管理政策概述》，载《今日国土》2013年第1期。

〔8〕本节数据来源于国家海洋局各年的《海域使用管理公报》，笔者整理了2002年至2015年的相关数据，需要说明的是，2016年之后，该网站上不再发布《海域使用管理公报》，因此，本书的官网数据仅截至2015年，2016年和2017年的数据来源于其他资料。载国家海洋局网2018年5月13日；《海域使用管理公报》，载中华人民共和国自然资源部网2019年11月9日，http://www.mnr.gov.cn//sj/sjfw/hy/gbgg/hysyglgb/。

一、全国围填海造地确权面积分析

从2002年开始,国家海洋局网站开始统计全国围填海造地确权面积的相关数据(见图2.1),以方便进一步加强填海造地的监督和管理。

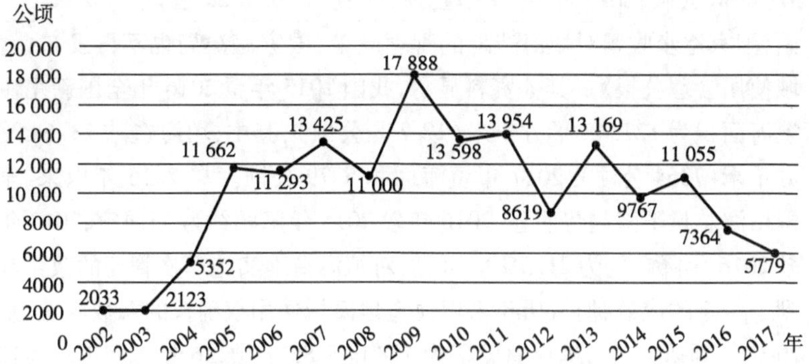

图2.1 2002—2017年全国围填海造地确权面积发展趋势

通过图2.1可知,2002年到2009年围填海造地确权面积总体呈上升趋势,2010年开始又基本呈下降趋势。2002年到2008年总体增幅较为平缓,而2008年受世界金融危机的影响,国家为拉动经济增长,采取4万亿救市政策,扩大投资。投资再带来大规模填海造地活动,确权面积增幅较大,由2008年的11 000.71公顷增加到2009年的17 888.09公顷,同比增长62.6%。填海造地等投资政策促进了经济平稳较快发展。2009年国家发布《关于加强围填海规划计划管理的通知》,提出了围填海年度计划管理制度,缩小围填海造地规模,2010年确权面积较上一年度有所减少。2011年发布的《无居民海岛保护和利用指导意见》确定了"严格限制填海连岛工程,保护海岛自然属性,防止海岛灭失。填海造地工程涉及海岛的,应通过桥梁和隧道方式连接海岛和陆地"的政策。[9] 因此2010年以来我国填海造地确权面积总体上呈下降趋势,但2010年到2015年填海造地确权面积呈上下波动趋势。2010年相比2009年减少4289.35公顷,同比下降约24%,下降幅度较

〔9〕 参见国家海洋局《无居民海岛保护和利用指导意见》第1条第1款。

大;2011 年比 2010 年略有上升;2012 年大幅下降,确权面积仅为8619.08公顷,相比前一年减少了 5335.84 公顷,降幅为 38% 左右;2013 年又向上波动,填海造地确权面积为 13 169.54 公顷;2014 年下降为9767.30 公顷;2015 年又略有上升,达到 11 055.29 公顷。2016 年开始,国家逐步收紧对填海造地的管理政策,国家海洋局也不再发布《海域使用管理公报》。其他资料显示,我国 2015 年至 2016 年全国新增围填海面积为 127.48 平方千米(12 748 公顷),其中,填海造陆 73.64 平方千米(7364 公顷),2017 年填海面积 5779 公顷。[10] 2015 年以来,全国填海总量下降趋势明显,2016 年较 2015 年降幅约为 33.4%,2017 年较 2016 年降幅约为 21.5%。可见,对填海造地实施严格管控的政策起到了一定的成效,但从历年来填海造地海域使用权确权的总数来看,从 2002 年到 2017 年,确权总面积为 158 085.85 公顷,16 年时间里填海造地确权面积增长了近 76.76 倍。

二、2002 年至 2015 年确权的围填海造地的面积与所征收海域使用金及比例

我国自 1992 年决定实施海域有偿使用制度,1993 年《国家海域使用管理暂行规定》([93]财综字第 73 号)对海域有偿使用制度作了较为详细的规定,2002 年《海域使用管理法》从法律层面确定了我国的海域有偿使用制度,法律规定可以免缴的情况除外。自 2007 年《关于加强海域使用金征收管理的通知》(财综〔2007〕10 号)颁发起,我国海域使用金的征收按照不同用海类型及海域等别制定了全国统一的海域使用金征收标准,有利于全国海域有偿使用的规范化管理。至 2008 年年底,全国沿海 11 个省区市(不包括港、澳、台)都出台了海域使用金征收的具体实施办法,按照规定,对于填海造地海域使用金实行一次性缴

〔10〕 参见操秀英:《2015－2016 年全国新增围填海面积为 127.48 平方千米》,载中国科技网,http://www.stdaily.com/cxzg80/guonei/2017－11/21/content_598726.shtm。参见阮煜琳:《2017 年中国填海面积 5779 公顷比 2013 年下降 63%》,载中国新闻网,http://finance.sina.com.cn/roll/2018－01－17/doc－ifyqtycw9001633.shtml。

纳。笔者根据国家海洋局2002年至2015年《海域使用管理公报》对填海造地面积与所征收的海域使用金情况及其所占比例以表格的形式呈现如下(见表2.1):

表2.1　2002—2015年确权的围填海造地面积与所征收海域使用金及各占全年比例统计

年份	围填海造地面积/公顷	占全年海域使用面积比例/%	围填海造地所征收海域使用金/万元	占全年海域使用金征收比例/%
2002	2033.00	0.91		
2003	2123.00	1.03		
2004	5352.00	3.16	17 892.70	41.40
2005	11 662.24	4.28	63 633.70	60.5
2006	11 293.94	4.97	115 898.12	73.60
2007	13 425.00	5.49	251 528.11	85.01
2008	11 000.71	4.88	393 895.94	66.87
2009	17 888.09	10.03	704 010.31	89.54
2010	13 598.74	7.03	782 175.00	86.20
2011	13 954.92	7.51	823 693.04	85.40
2012	8619.08	3.04	826 708.17	85.36
2013	13 169.54	3.71	952 258.34	87.42
2014	9767.30	2.61	702 279.36	82.60
2015	11 055.29	4.36	652 198.91	79.48
合计	144 942.85		6 286 171.7	

注:本表数据来源于国家海洋局2002年至2015年《海域使用管理公报》,需要明确的是:2002年至2008年《海域使用管理公报》采用名词是"围海造地",因此,这几年的数据也包含了围海造地的情形,但不包含其他用海类型中可能涉及的填海造地的面积;自2008年起,国家将用海方式分为"填海造地、围海、构筑物、开放式和其他用海方式"五大类,填海造地为一大类用海方式,其中不仅包括造地工程用海,还包括渔业、交通运输、旅游等用海方式中修建码头、基础设施等的填海造地。

从表 2.1 可知，在 2002 年和 2003 年围填海造地确权面积占全年海域使用面积比例较小，分别为 0.91% 和 1.03%，从 2004 年到 2008 年基本上呈逐年上升的趋势，2009 年达到历年来的最大比例 10.03%，2010 年开始又呈现下降的趋势。这与海域使用管理方面的严宽程度有关，特别是与从 2010 年开始国家实行填海造地指标控制有关。

填海造地所征收海域使用金从 2004 年至 2013 年，基本上呈逐年上升的趋势，并且上升的幅度还比较大，其中最低为 2004 年的 17 892.7 万元，最高为 2013 年的 952 258.34 万元，增长了52.22 倍。但 2013 年填海造地确权面积并非最多的一年，由此可知填海造地征收海域使用金与填海造地确权面积并非完全成正比。填海造地所征收海域使用金占全年海域使用金征收比例在 2004 年较小，为 41.40% 其他各年均在 60% 以上，大部分年份（7 年）占全年海域使用金征收比例保持在 80% 以上，比重较大。

通过表 2.1 可知，填海造地所征收海域使用金所占比重一直较大，究其原因主要是填海造地海域使用金征收标准较其他用海方式要高，其海域使用金不仅包括海域使用权价格，还包括海域使用权人因改变海域自然属性而支付的代价。这类用海方式完全或部分改变海域自然属性，导致海域资源受损严重，如果利用不当，将造成极其严重的环境问题。填海造地海域使用金征收标准远远高于其他用海方式的标准，由于填海造地完全改变海域自然属性，填海造地的海域使用金征收标准也高于围海造地的标准。填海造地在一定程度上拓展了城市土地，缓解了用地紧张，促进了经济发展，增加了地方财政收入。一些沿海城市财政过度依赖填海造地，填海造地进程将直接影响到城市发展，如果不能正确处理好经济与环境的关系，将不利于城市持续健康发展。我们应当有序、有偿、科学地进行填海造地活动，在发展经济的同时保护海洋生态环境，促进人与自然和谐相处。

三、沿海各省区市填海造地确权面积及其海域使用金征收的比较分析

国家海洋局 2008 年下发的《关于为扩大内需促进经济平稳较快发

展做好服务保障工作的通知》(已失效)中,明确要求强化专项用海规划及其项目管理,当地政府应编制区域建设用海规划和淤涨型高涂围垦规划。2009 年,国家发展和改革委员会、国家海洋局联合下发《关于加强围填海规划计划管理的通知》,将围填海正式纳入国民经济和社会发展年度计划,对围填海实行年度总量计划管理。2009 年,国家海洋局公布的《海域使用管理公报》中开始出现了沿海 11 个省、市、自治区填海造地确权面积的相关数据,但是只有 2009 年至 2011 年这三年的数据[11](见表 2.2)。

从沿海省、自治区、直辖市填海造地确权面积比较来看,各地填海造地确权面积相差较大,2009 年至 2011 年,辽宁省填海造地确权面积为 7603.7 公顷,浙江省为 7468.49 公顷,但是海南省和上海市则分别为 1043.26 公顷和 5.39 公顷。各地确权面积差异较大,并且与各地经济发展水平不完全成正比,如上海市经济发展水平较高,但是 2009 年至 2011 年,三年时间填海造地确权面积为 5.39 公顷,而河北省则为 6102.29 公顷。因各省份填海造地的自然区位条件、填海造地的指标控制、填海造地的法规政策方面的不同而呈现不同的趋势。从“海变地”需要支付的成本来看,可能与各省份关于填海造地后海域使用权转化为土地使用权是否需要补缴土地出让金也有一定关系,本书将在第四章“我国填海造地物权法律规制的现状分析”一章中予以说明。

从沿海省、自治区、直辖市填海造地海域使用金征收金额比较来看(见表 2.3),各地区海域使用金征收总额相差很大,并且填海造地海域使用金与填海造地确权面积并非完全成正比,例如,3 年来,天津市填海造地确权面积为 5101.15 公顷,而河北省则为 6102.29 公顷,但是从所征收海域使用金总额来看,天津市为 538 177.3 万元,而河北省则为 163 961.75 万元。尽管天津市填海造地面积比河北省少,但是其海域使用金征收总额大约是河北省的 3.28 倍。

---

[11] 《海域使用管理公报》,载中华人民共和国自然资源部网 2019 年 11 月 9 日,http://www.mnr.gov.cn//sj/sjfw/hy/gbgg/hysyglgb/。

表 2.2　2009—2011 年沿海各省、自治区、直辖市填海造地确权面积

单位:公顷

年份	辽宁	河北	天津	山东	江苏	上海	浙江	福建	广东	广西	海南
2011	1335.70	2225.45	1002.91	1091.49	1811.49	5.39	2231.26	1267.57	1335.60	1061.68	586.48
2010	3011.53	1180.82	1290.25	1421.53	1333.92	0.00	2384.88	1312.82	310.03	1174.98	177.98
2009	3256.47	2696.02	2807.99	1292.58	631.91	0.00	2852.35	2760.21	242.71	1068.05	279.80

表 2.3　2009—2011 年沿海各省、自治区、直辖市填海造地海域使用金征收金额统计

单位:万元

年份	辽宁	河北	天津	山东	江苏	上海	浙江	福建	广东	广西	海南
2011	143 248.26	103 851.07	142 965.82	71 070.28	82 430.32	0.00	112 280.06	39 969.51	41 186.64	54 039.07	32 652.01
2010	125 810.36	50 642.99	183 677.60	94 458.84	44 766.11	0.00	81 103.90	81 725.77	58 478.03	50 155.72	11 955.68
2009	80 869.55	10 067.69	211 533.88	108 669.38	6553.65	0	49 401.62	117 472.89	54 992.81	51 111.96	13 336.88

我国实行海域有偿使用制度，按照不同用海类型和海域等别确立相应的海域使用金征收标准，海域使用金为征收标准乘以确权面积，在确权面积确定的情况下，征收标准越高，海域使用金越高。不改变海域自然属性的开放性用海，如旅游用海、交通用海、海上养殖用海等的海域使用金征收标准较低，改变海域自然属性的填海造地用海的征收标准较高。我国海域分为六个等级，等级不同海域使用金征收标准不同。例如，建设用填海造地，一等海域海域使用金征收标准为180万元/公顷，而六等海域只要30万元/公顷。全国11个沿海省区市中，一等海域只分布在上海宝山区和浦东新区、福建厦门、山东青岛、广东广州和深圳等少部分区域。同一省份不同城市的海域由于海域等别不同，其填海造地海域使用金的征收标准也不一样。以海南省为例，海南省海口市（龙华区、美兰区、秀英区）、三亚市为三等海域，而海南省儋州市、琼海市、文昌市和澄迈县是五等海域，海南省东方市、万宁市、昌江县、临高县、陵水县和乐东县是六等海域，则上述市县的海域使用金征收标准不同（见表2.4）。可见，我国对海域的分等定级已经包含了区位条件、自然条件、资源状况、环境条件和社会经济条件等各方面因素。[12] 这在一定程度上使得不同海域资源自然环境及社会经济条件的地区填海造地的成本有差异，体现了物的价值在不同区位和自然社会经济条件下有所差异。

表2.4　我国填海造地海域使用金征收标准

单位：万元/公顷

<table>
<tr><th rowspan="2">用海类型</th><th colspan="6">海域等别</th><th rowspan="2">征收方式</th></tr>
<tr><th>一等</th><th>二等</th><th>三等</th><th>四等</th><th>五等</th><th>六等</th></tr>
<tr><td>建设填海造地用海</td><td>180</td><td>135</td><td>105</td><td>75</td><td>45</td><td>30</td><td rowspan="3">一次性征收</td></tr>
<tr><td>农业填海造地用海</td><td colspan="6">具体征收标准暂由各省（自治区、直辖市）制定</td></tr>
<tr><td>废弃物处置填海造地用海</td><td>195</td><td>150</td><td>120</td><td>90</td><td>60</td><td>37.5</td></tr>
</table>

资料来源：财政部、国家海洋局《关于加强海域使用金征收管理的通知》（财综〔2007〕10号）。

---

〔12〕 参见黄蔚霞、张叶春等：《海域使用论证等级划分方法探讨》，载《海洋开发与管理》2011年第5期。

四、填海造地土地成本与地价总体水平分析

通过查阅自然资源部网站得知,2015 年第四季度,全国主要监测城市地价总体水平为 3633 元/平方米,商服、住宅、工业地价分别为 6729 元/平方米、5484 元/平方米和 760 元/平方米。全国重点监测城市中,地价总体水平为 5295 元/平方米[13],长江三角洲地区综合地价水平为 5209 元/平方米,珠江三角洲综合地价水平为 6023 元/平方米,环渤海地区综合地价水平为 3823 元/平方米。[14] 2018 年第四季度,全国主要监测城市地价总体水平为 4335 元/平方米,商服、住宅、工业地价分别为 7600 元/平方米、7080 元/平方米和 834 元/平方米。三大重点区域综合地价水平均高于全国总体水平,整体呈上升态势,其中长江三角洲综合地价水平为 5990 元/平方米,珠江三角洲综合地价水平为 8170 元/平方米,环渤海地区综合地价水平为 4680 元/平方米。[15] 可见,沿海城市综合地价水平总体上高于全国平均水平,商服和住宅用地的地价远远高于工业地价。但填海造地形成的土地成本价格远比上述地价水平要低,特别是填海用于商服和住宅开发的,其利润水平远远高于直接用土地进行开发。

填海造地的成本即海域使用金加上填海造地工程费用,而我国无论是海域使用金标准还是围填海造地工程费用都相对较低。按照国家海域使用金征收标准,海域等别分为六等,一等海域填海造地海域使用金征收标准为 180 万元/公顷至 195 万元/公顷,即 180 元/平方米至 195 元/平方米,六等海域的标准为 30 万元/公顷至 37.5 万元/公顷,即 30 元/平方米至 37.5 元/平方米。[16] 填海的工程成本会因工程平面设

---

〔13〕 全国主要监测城市指 105 个监测城市,重点监测城市指直辖市、省会城市和计划单列市。

〔14〕 参见《2015 年第四季度全国主要城市地价监测报告》,载中华人民共和国自然资源部网,http://www.mnr.gov.cn/sj/sjfw/td_19262/djjcbg/201807/t20180704_1997913.html。

〔15〕 参见《2018 年第四季度全国主要城市地价监测报告》,载中华人民共和国自然资源部网 2019 年 11 月 28 日,http://gi.mnr.gov.cn/201902/P020190211606976001617.pdf。

〔16〕 参见财政部、国家海洋局《关于加强海域使用金征收管理的通知》(财综〔2007〕10 号),附件 2《海域使用金征收标准》。

计的不同以及所填区域的自然条件而有所不同,但总体上来说均为几十万元一亩。相关研究表明每亩海域填海的成本在 15 万元至 30 万元[17](含建设用填海造地海域使用金),即填海造地出来的土地成本价格一般为 210 元/平方米至 450 元/平方米。即便是通过“招拍挂”取得的海域使用权,填海造地的成本比申请审批填海的基准价高,但与周边地价相比,其成本也显著偏低。[18] 而填海出来的土地,由于其濒海的独特地理优势,一般地价水平又比城市总体地价水平要偏高,通过对比前面的城市地价水平,可以看出土地价值带来的经济利益和填海成本之间存在巨大的利润差。此外,如果是申请农业填海造地,按照国务院的规定由各省、市、自治区自行制定标准,通过收集沿海部分省市的农业填海造地海域使用金征收标准可以看出,其海域使用金的征收标准更低(见表 2.5)。填海人取得农业填海造地海域使用权填海形成土地后,私自变更或变相改变土地的用途,则更可能产生暴利,实践中也不乏此种行为。随着沿海地区人地矛盾的日益突出,土地逐渐成为制约经济发展的“瓶颈”,而填海造地成本普遍较低,巨大的利益推动了围填海造地规模的不断扩大。现行制度下,填海造地的总体成本与周边土地出让金差距过大,需要重新考虑制度设计,与土地出让金制度相衔接。

---

[17] 赵梦、张静怡:《我国填海造地的驱动因素及对策分析》,载《海洋开发与管理》2013 年第 5 期。

[18] 例如,海南省海口市南海明珠邮轮港旅游综合开发人工岛项目(南海明珠二期 13 个项目)在 2015 年挂牌交易成功,号称成交金额 8.8 亿元,是国家海域使用金征收标准的 3 倍,按照海口湾属于三等海域来计算,其海域使用金即 105 万元/公顷,挂牌出让的金额合 315 万元/公顷,即 315 元/平方米,再加上填海造地的工程成本,其整个地价成本也不过 500—600 元,比起海口湾动辄几千元的地价,以及上万元甚至几万元的房价水平,成本偏低。

表 2.5 沿海部分省份农业填海造地用海海域使用金征收标准

单位:万元/公顷

省份	征收标准	依据来源
浙江	0.9	《浙江省海域使用金征收管理办法》(浙政发〔2009〕8 号)
江苏	0.3	《江苏省海域使用金征收管理办法》(苏财综〔2007〕48 号)
山东	30	山东省财政厅、省海洋与渔业厅《关于进一步加强海域使用金征收管理的通知》(鲁财综〔2007〕108 号)
海南	22.5/18/15*	《海南省农业填海造地养殖盐业用海海域使用金征收标准和管理规定》(琼财综〔2007〕2087 号)

*该组数据通过换算得来,参见《海南省农业填海造地养殖盐业用海海域使用金征收标准和管理规定》(琼财综〔2007〕2087 号)第 1 条第 1 项的规定,通过筑堤围割海域,填成农用地,用于农、林、牧业生产的用海,海口市、三亚市按 1.5 万元/亩计征,澄迈县、儋州市、琼海市、文昌市按 1.2 万元/亩计征,昌江县、东方市、临高县、陵水县、乐东县、万宁市按 1 万元/亩计征。

将上面的数据分析进行总结可以发现,自 2002 年开始对海域使用权确权颁证到 2017 年 4 月,我国填海造地确权总面积达 158 085.85 公顷(1580.8585 平方公里),相当于两个多新加坡的国土面积。而这仅仅是官方确权面积的数据,如果算上违法填海造地的情形,填海造地的土地面积将更多。相关资料显示,国家自 2010 年实施围填海计划指标管理以来,每年规划的控制面积数字均在 150 平方千米上下,但实际填海面积至少超过控制面积的一倍以上。而从填海造地的海域使用金征收方面来看,海域使用金属于海域使用权人对海域有偿使用的对价。填海造地海域使用金征收标准虽然远远比其他用海方式的海域使用金征收标准高,但相比地价水平来说,仍然很低。这一方面导致地方政府部门为追求财政数字的上升而“卖海”,另一方面,由于填海造地成本低,而且没有征收集体土地那样烦琐的程序和高额的补偿等,导致填海造地规模越来越大,政府通过填海造地进行土地储备后“卖地”获取更高的收益,同时,这一举动也吸引其他主体,特别是房地产开发商将填海造地作为其土地供应的大后方,将“海岸线”变成了“房岸线”,助长了填海造地之风。从沿海省、自治区、直辖市填海造地确权面积和海域使用金征收情况的比较来看,各地填海造地确权面积相差较大,海域使用金征收与之不完全成正比,并且与各地经济发展水平不完全成正比,这与各省份填海造地的自然区位条件、海域的等级、填海造地的指标控制相关,还可能与各省份填海造地的法规政策方面是鼓励填海还是严格限制填海有关。

第三节　我国违法填海造地的情况分析

按照我国《海域使用管理法》的相关规定,单位或个人要使用海域需要经过“申请—审批”程序,取得海域使用权证后才能使用海域,我国将填海造地纳入海域使用的范畴,填海造地人应当经过“申请—审批”程序先取得海域使用权证,否则即为违法填海造地。[19]实践中,除了单位和个人擅自违法填海造地外还存在有政府主导的未取得海域使用权证而实施填海造地的违法行为,主要包括未批先建、边批边建以及直接颁发土地使用权证等情况,此外,化整为零、违法审批填海造地等违法填海造地现象也屡见不鲜,部分地方政府片面追求经济效益、效率和政绩,使得填海造地企业(组织)违法填海造地现象出现较多。

一、未取得填海造地海域使用权证实施填海造地

2017 年国家海洋督查组进行的海洋专项督查反馈意见的相关数据显示,从 2012 年至 2017 年,沿海各省区市都不同程度地存在未批先建、边批边建的违法现象。广东省查处未批先填的违法用海 281 宗,涉

〔19〕 参见《海域使用管理法》第 17 条第 1 款的规定:“县级以上人民政府海洋行政主管部门依据海洋功能区划,对海域使用申请进行审核,并依照本法和省、自治区、直辖市人民政府的规定,报有批准权的人民政府批准。”

及面积1627.42公顷，其中，主要是政府主导的违法填海面积为1528公顷，占比93.89%。山东省2012年以来，全省未经批准填海1593公顷，其中潍坊739公顷，烟台330公顷，滨州139公顷，多数由政府主导或由国有企业实施。福建省未批先建、边批边建围填海项目253宗，尚未依法依规查处项目58宗。浙江省未批先建项目109宗，违法用海3600多公顷，甚至一些地方政府会议明确允许此类现象。[20] 江苏省共涉及184宗用海未批先建、边批边建，主要分布在南通市、连云港市和盐城市。辽宁省自2008年起违法围填海面积较大，主要集中在大连、锦州、盘锦地区，占全省违法填海的94%，2013年之后新出现的违法填海面积减少，但锦州、大连、盘锦仍占全省违法填海的83%。

按照《海域使用管理法》的规定，填海造地应当先依照法律规定的程序取得“填海造地海域使用权”，相关海域和土地行政主管部门应当按照各自的权限和程序办理用海审批手续和换发土地使用权证，但实际上，多地存在跳过用海审批手续，对海域内用海项目直接办理用地相关手续的现象。国家海洋督查组的反馈数据表明：2012年至2017年年底，海南省沿海市县涉及约617.25公顷海域未经用海审批直接办理发放土地使用权证41本。浙江省填海造地项目中直接办理用地手续的有92宗，涉及海域面积681.14公顷。福建省对海域直接办理用地手续的涉及面积958.2公顷[21]，其中泉州市涉及面积最广为388.42公顷，福州市、平潭综合实验区、宁德市、漳州市、厦门市等多地市均存在此种现象。江苏省未经用海审批直接办理用地手续的涉及面积30 013.02公顷，其中连云港市1292.61公顷，盐城市26 816.03公顷，南通市1904.38公顷。浙江省在海域内直接办理用地手续92宗，面积681.14公顷。天津市2010年在南疆港区附近海域内直接办理用地相关手续，涉及海域面积84.1公顷。一些地方政府甚至通过调整规划、调整海岸线和自然保护区范围等方式规避填海造地的相关法律规定，

---

〔20〕 温州市龙湾区人民政府专题会议纪要中明确提出，甬台温输气管道龙湾分输站项目“业主单位可进行审批立项并采取边建边批的方式加快项目建设进度”。

〔21〕 其中泉州市388.42公顷，福州市151.43公顷，平潭综合实验区188.75公顷，宁德市137.6公顷，漳州市82.02公顷，厦门市9.98公顷。

将海域纳入土地管理的范畴，无须取得填海造地海域使用权而直接颁发土地使用权证。例如，南通市通过编制县乡级土地利用总体规划将海安县部分海域纳入土地管理范围并获得了江苏省政府批准，江苏省盐城市未经批准调整海岸线将海域直接纳入土地管理范围。[22] 海南省琼海市违规调整海岸线，将琼海博鳌国际会展文化产业园项目中的5.93公顷海域调整为陆域。

二、化整为零、分散申请及审批填海造地项目

按照《海域使用管理法》等法律法规及国务院相关规范性文件的规定，填海50公顷以上的项目由国务院审批，填海50公顷以下的项目用海由省、自治区、直辖市人民政府规定。然而在全国11个沿海省、自治区和直辖市中，违反填海造地相关法律规定，规避填海造地审批权限，化整为零、分散申请和审批的现象较为严重，将应由国家审批的项目变为地方直接审批，或者应当由省级政府审批的项目变为市县级政府审批。

填海造地海域使用权的审批机关在审查当事人提交的相关申请材料时，应当进行关联性审查，看海域使用权申请人、项目功能等是否存在关联性，是否存在化整为零的现象。但实践中，部分地方政府及其下属相关行政主管部门却违反规定，在明知或应知的情况下违规审批填海造地项目。2013年，海南省儋州市海花岛旅游综合体36宗项目审批中，儋州市政府和海洋局将地理位置紧密相连的783.57公顷海域分三批确权给恒大集团旗下5家子公司填海造地。其海域使用权人明显具有关联性，项目功能均为旅游娱乐基础设施建设具有关联性且每单宗项目批准用海面积均不超过27公顷，后经查其项目备案号相连，明显属于规避审批权限申请和审批。且由于《海南省实施〈中华人民共

[22] 盐城市调整海岸线将大丰区港区北片部分海域纳入了土地管理范围，导致该区域海域使用权证和土地使用权证“两证并存”的现象较为严重。参见《国家海洋督察组向江苏反馈围填海专项督察情况》，载中华人民共和国自然资源部网2018年1月14日，http://www.mnr.gov.cn/zt/hy/2017wthzxdc/xwzx/201801/t20180114_2102458.html。

和国海域使用管理法〉办法》(2008 年修正)第 11 条中,违规将 27 公顷以下的填海造地审批权限下放到沿海市县人民政府,导致该批项目不仅规避了国务院审批权限还规避了该办法规定中的省级政府的审批权限,最终由市政府行使了审批权。同样,在海口市海口湾如意岛项目审批过程中,市政府和相关行政主管部门未进行关联性审核,将同一个立项文件的 19 宗项目涉及的地理位置紧密相连的 386.13 公顷海域分两批分别审批确权给如意岛投资有限公司及其 9 家子公司进行填海造地。广西壮族自治区 2012 年至 2017 年年底,涉及化整为零、分散审批围填海项目 14 宗,面积 591.8133 公顷。上海市临港物流园区奉贤分区 4 宗填海造地项目共计 105.58 公顷地理位置相邻海域的海域使用权由同一主体取得,批文由同一发改委同日审批,在建设过程中 4 宗项目统一招投标、统一施工。浙江省舟山、台州 3 宗用海项目被拆分为 8 宗小于 50 公顷的项目,共计填海 259.7 公顷,嘉兴、宁波通过招拍挂方式,将 3 个区块 309.23 公顷海域,拆分为 10 个小于 50 公顷的区块出让,由同一个主体取得海域使用权,这些项目都由浙江省政府审批,规避了国务院的审批权限。天津市 13 宗总面积达 1548 公顷的围填海建设项目,被拆分为 38 宗单宗面积小于 50 公顷的用海项目,由市政府审批。此外,部分地区还存在拆分项目或拆分为虚假项目取得海域使用权证和土地使用权证由政府的土地储备部门统一收储。譬如,天津市有 2829 公顷的填海土地被拆分成 76 宗虚假项目“用海”,取得海域使用权证并统一交由土地部门收储。辽宁省锦州市娘娘宫临港产业区管理委员会 2009 年成立公司,将 806 公顷海域拆分为 18 宗单宗不超过 50 公顷用海的项目,同步申请辽宁省政府审批并换发土地使用权证纳入土地储备。一些地方海洋行政主管部门违反围填海计划管理的相关规定,在未取得用海预审意见和围填海计划指标的情况下违规办理填海项目立项,如山东省滨州、东营、潍坊、烟台、威海等多地均存在此种现象。

从上述材料可以看出各地化整为零、分散审批的违法行为的共同特点为海域使用权人具有关联性,项目功能具有关联性,甚至项目备案号相连,发改委、规划部门批文日期相同,一些项目甚至是统一招投标、统一施工。此类现象说明，从申请人到政府相关审批部门，在填海造地申请审批的程序过程中，明显存在故意违法和失职行为，为获取经济利益无视法律的权威，违法现象严重，导致部分填海造地相关法律法规未能落实。

三、规避规划、规划缺失或规划衔接不畅导致违法批准的填海造地

一些省份虽然设立了省级海洋自然保护区，但怠于编制保护区总体规划或无视自然保护区规划出现违法审批现象，如海南省成立麒麟菜和白蝶贝省级海洋自然保护区后，由于未及时规范落实其管理机构、管理经费等导致管理长期缺位，在 2006 年至 2012 年共审批围填海项目 10 宗。其中，文昌市清澜半岛、东郊椰林、海南度假村等项目侵占麒麟菜自然保护区 174 公顷海域。儋州市将白蝶贝省级自然保护区内 2.99 万公顷的海域调整出保护范围，进行开发建设。一些省份规划落实及衔接不到位，导致违法批准填海造地项目。例如，国务院批准《浙江省海洋功能区划(2011—2020 年)》后，浙江省政府未及时按照区划确定的海域范围调整相关规划，导致 1.08 万公顷区域管理缺失，自 2012 年起，违法批准围填海项目 58 宗，面积达 1892.7 公顷。一些省市违背海洋功能区划，违反“禁止改变海域自然属性”的规定，违法审批填海造地项目，如福建省 2012 年至 2017 年在省级海洋功能区划的功能区内审批了 10 宗经营性填海项目，涉海面积 268.08 公顷。

第四节　我国填海造地的效应现状分析

一、填海造地的正效应

(一)增加土地供给，拓展空间资源

我国的第四次“填海造地运动”正在以数倍于过去的速度高速发展，国家海洋局的相关数据显示，从 2002 年到 2015 年，全国填海造地确权总面积约为 14.5 万公顷，可以说，填海造地最直接的效益是为沿

海城市增加了土地供给，拓展了空间资源。这些土地资源主要为沿海地区新增建设用地提供补充，为国家发展战略、区域发展优化布局提供土地资源保障。众所周知，我国虽然幅员辽阔，但人口众多，耕地保护压力巨大，适宜建设的土地资源稀缺，特别是沿海地区以14%的国土面积，承担着全国28%的耕地保护任务，土地资源约束更大。由于陆域土地的紧缺，国家实行了一系列严格的土地管理措施，如耕地"红线"管理、耕地占补平衡、土地用途管制制度、建设用地计划供给制度等。沿海地区有限的可利用土地资源与日益膨胀的用地需求之间的矛盾，成为沿海城市发展的资源"瓶颈"，而围填海形成的土地属于"未定性的新增土地"，无须承担耕地的开垦费用，能有效避开一系列的土地管制制度，因此填海造地成为沿海地方政府缓解土地压力的主要选择。同时，随着国家海洋战略的实施，沿海地区大多确定了以"依托临海临港优势、大力发展海洋经济"为主题的战略定位，据统计，全国近5年审批的填海造地用海中，有70%是各沿海区域为落实国家发展战略确定的重点项目、重点产业用海。这些项目的填海面积占全国填海造地用海确权总面积的85%，有力支撑了国家发展战略确定的一大批工业基地、滨海新城、农业基地和港口群建设。[23] 在产业结构方面，我国从20世纪50年代到20世纪末主要以盐业、渔业、农业生产为目的进行围填海造地，港口建设仅占很小一部分，自21世纪开始，转变为以港口、工业园区建设为主，近年来，以交通、旅游基础设施建设和城镇建设、房地产开发为目的的填海造地所占比例快速增长，使得沿海地区产业结构逐渐由第一产业向第二、三产业转移。总体上讲，填海造地可以有效化解空间资源"瓶颈"。

（二）拉动投资，促进经济增长，带动相关区域就业

填海造地有利于拉动投资，促进经济增长。我国经济增长的"三驾马车"是投资、出口、消费，随着我国工业化、城市化步伐加快，经济

---

〔23〕 参见郭信声：《填海造地系列述评之一　为国家战略实施拓展空间》，载国家海洋局网，http://www.soa.gov.cn/xw/dfdwdt/jgbm_155/201412/t20141201_34309.html。

增长速度随之加快，投资特别是固定资产的投资在经济增长过程中发挥着较大作用，而固定资产投资中很大一部分用于场地购买等基础设施建设。由于沿海地区陆域土地的极度稀缺以及严格的管制制度，加上填海造地成本相对于土地成本价格较低，仅填海造地的直接利润就会高达十几倍甚至数十倍，这就激发了地方政府向大海要土地的热情，直接推动了填海造地的进程。有了可利用的土地就可以落实招商引资的项目，进而促进地方经济的发展，据估算，每公顷填海造地可吸引投资0.5亿元，工业用海地面每公顷可吸引投资0.8亿元。[24] 以2013年至2015年我国填海造地的确权面积[25]为例，按吸引投资的最低标准0.5亿元/公顷计算，2013年至2015年我国填海造地至少为沿海地区吸引投资额1.7万亿元，为沿海地区的经济增长做出了重大贡献。此外，填海造地对带动沿海地区就业增长的作用也不容小觑。譬如，通过填海造地发展起来的天津市滨海新区，位于天津市东部沿海地区，是国家综合配套改革试验区，规划总面积22.7万公顷，填海面积5万公顷，海岸线153公里，是集临港工业、临空产业、滨海旅游生物、新能源等高新产业为一体的国家级新区。其中，临港工业区规划填海造地8000公顷，到2010年填造了3300公顷，落户项目102个，招商引资额累计达1700亿元。随着滨海新区填海面积扩大、产业多样化发展和经济快速增长的是人口的快速聚集，相关资料显示，滨海新区2002年户籍人口106万，常住人口126万，到2015年年底户籍人口达124.5万，常住人口达297.01万。滨海新区数年间创造了大量就业岗位，留住了外地人口，仅2013年就新增就业12万人。[26] 此外，河北省唐山市曹

---

〔24〕 参见郭信声：《填海造地系列述评之二 为区域经济发展做出重要贡献》，载国家海洋局网，http://www.soa.gov.cn/xw/dfdwdt/jgbm_155/201412/t20141202_34322.html。

〔25〕 2013年、2014年及2015年全国填海造地土地确权面积分别为13 169.54公顷、9767.30公顷和11 055.29公顷，参见本章表2.1“2002—2015年确权的围填海造地面积与所征收海域使用金及各占全年比例统计”。

〔26〕 参见郭信声：《填海造地系列述评之五 有效拉动沿海区域就业》，载国家海洋局网，http://www.soa.gov.cn/xw/dfdwdt/jgbm_155/201412/t20141208_34398.html。

妃甸自2003年年初开始填海造地，到2013年，由不足400公顷的小沙岛变为了21 000公顷的集钢铁、石化、装备制造、港口物流等为一体的行业基地，10年间累计投入开发资金3000多亿元，带动大批人员就业。此外，一些国家重点项目的填海造地也为沿海地区拉动投资、促进经济发展和带动就业起到了巨大的作用，如山东烟台日照钢铁精品基地项目、福建国投湄洲湾第二发电厂项目、海南洋浦“一港三基地”[27]等国家重点项目的建设。

（三）增加中央和地方政府财政收入

我国实行自然资源有偿使用制度，包括对海域的有偿使用和对土地的有偿使用。从我国《海域使用管理公报》的数据来看，2011年至2015年，对确权的填海造地面积收取的海域使用金总额达395.7亿多元[28]，约占全国海域使用金征收总额的84.05%；按照县级以上政府审批的项目用海，中央和地方按照一定比例对填海造地海域使用金进行分成（三七分成）的规定，5年间，填海造地海域使用金的收取为中央政府增加财政收入118.7亿元，地方政府增加财政收入277亿元。同时填海形成土地以后，除划拨用地之外，按照一些地方规定，一般还需要补缴土地出让金，这笔金额也是一个不小的数目。总体上看，填海造地能为政府带来海域使用金和土地出让金，增加政府的财政收入。当然，收取的海域使用金按照相关规定主要用于海域、海岛、海岸带等的整治修复、海洋环境保护与生态修复，以及海洋执法能力建设等方面。所以，从这个意义上看，填海造地收取的海域使用金对海洋生态文明建设和管理能提供一定的财政支持。

二、填海造地的负效应

填海造地作为一种严重改变和干扰海域自然属性的开发海洋的方

---

〔27〕“一港三基地”是指以保税港区为核心的区域枢纽港、石油化工产业基地、林浆纸一体化产业基地、石油及天然气储备基地。

〔28〕根据本章表2.1“2002—2015年确权的围填海造地面积与所征收海域使用金及各占全年比例统计”中数据相加得来。

式,缺乏合理规划、过度实施的围填海活动所带来的负面影响也不容忽视,主要包括海洋生态环境负效应和社会负效应。

（一）填海造地给生态环境带来负面影响

填海造地对海陆生态环境造成的负面影响主要包括海岸陆地地貌发生改变、滨海湿地和滩涂面积骤减、海湾消失、海岸线变短、海洋生物多样性退化以及海洋环境污染。

首先,填海造地可能改变海岸陆地地貌。许多填海工程采取就地开山填海方式,往往会导致山体地貌形态改变。山东省烟台市龙口市自2010年起耗资数千亿移山填海,建造了中国最大的离岸人工岛群,原有的屺姆岛地貌被破坏,原为黄县八景之一的“屺姆收帆”也消失不见;2012年起,大连市耗资数百亿元通过移山填海建造号称世界最大的海上机场——金州湾国际机场,造地面积达2087公顷。这些填海项目均就近开采山体或海岸土体填海,破坏原有自然景观和地形地貌,施工过程中还可能造成河道、海湾堵塞,处理不当甚至会发生山体滑坡、水土流失等自然灾害,影响人们生产生活。

其次,填海造地改变海岸线的形态,使滩涂、湿地面积大为缩减,海岛消失。我国的填海造地主要采取对天然港湾进行截弯取直的方式,导致海岸线缩短,滩涂面积减少。山东半岛拥有3345公里海岸线,沿岸分布着200多个海湾,但20年来的填海造地使海湾面积减少了2.20万公顷,海岸线长度缩短了186公里,仅1996年至2007年,渤海填海造地面积就达55 100公顷,沿海滩涂湿地面积减少了71 800公顷。[29]填海造地还可能导致自然岸线保有率降低,岸线保护格局不合理。例如,到2017年年底,天津市辖区内自然岸线长度仅为7.75公里,占岸线总长度的5.06%,岸线保护中,仅将海岸南北两端各为9.69公里和8.94公里的岸线予以保留和保护,中间除河口岸线外均被规划为填

〔29〕 参见《渤海之殇:化工围海填海造地使环境承受巨大压力》,载新浪网,http://news.sina.com.cn/c/sd/2011-09-22/101823198547.shtml。

海，严重破坏了岸线应有的生态环境调节功能。[30] 此外，据不完全统计，由于过度地围垦和非法利用海洋资源，致使我国损失了将近50%的沿海湿地面积。例如，据统计，由于天津市过度地实施围填海项目工程，致使其沿海湿地仅仅是50年前的9%左右。同样地，目前与新中国成立初期相比而言，我国的海岸线长度已经减少了2000公里。此外，随着滩涂湿地的消失，滨海湿地植被也随之消失，填海造地导致红树林、海草床、芦苇植物的大量消失，一些候鸟物种的数量以前所未有的速度下降。相关资料显示，自20世纪80年代以来，全国红树林面积减少达12 923.70公顷。[31]

再次，填海造地对海洋生物多样性的影响。填海造地通过海洋取土、掩埋等方式造成海域生物生存条件恶化，底栖生物数量减少，生物多样性降低。胶州湾由于围海造地工程的影响，河口附近潮间带生物种类从20世纪60年代的154种减少至80年代的17种，原有的14种优势种仅剩下1种，而胶州湾东岸的贝类已几近灭绝。填海工程采取直接掩埋等方式，毁坏生物的栖息地，使渔业的生存环境发生剧变，从而阻碍生物的正常洄游、繁殖。近岸海域是许多海洋生物栖息、繁衍的场所，大规模的填海工程，改变了水系特征，破坏了鱼类的洄游规律，影响了鱼虾贝类的产卵场所和栖息环境，使渔业资源锐减，中华白海豚等生活在沿岸河口地带的珍稀物种濒临灭绝的情况已经引起广泛关注。据估计，经济鱼类捕捞产量有2/3都来自潮间带和河口育幼场，产卵场和索饵场范围的大小和生态条件的优劣，与经济鱼虾资源量关系密切。[32]

最后，填海造地造成海洋环境污染。填海工程破坏了海湾内的潮流系统，改变了海水的水动力环境，削弱了海水的净化能力，纳潮量减

---

〔30〕参见《国家海洋督察组向天津反馈围填海专项督察情况》，载中华人民共和国自然资源部网，http://www.mnr.gov.cn/dt/hy/201807/t20180709_2333568.html。

〔31〕参见张明慧、陈昌平等：《围填海的海洋环境影响国内外研究进展》，载《生态环境学报》2012年第8期。

〔32〕参见邓景耀、叶昌臣、刘永昌：《渤黄海的对虾及其资源管理》，海洋出版社1990年版，第36页。

少、淤泥增多，导致污染物进入海域后不能自清，导致局部海域水质恶化。譬如河北省黄骅港每年清理航道的费用已几乎与所挣利润相抵，山东省青岛市的胶州湾海域由于填海影响纳潮量造成污染，水面浑浊不堪。同时填海工程附近往往是人口密集、工业发达的区域，大量污水、废弃物排入，加剧了海域污染，使近岸海域水环境容量下降，海洋环境污染。由于在环渤海湾填海造地之风泛滥，再加上化工企业较多，导致渤海湾海洋环境严重污染，甚至有报道称渤海成了“化工之海、水母之海、海洋垃圾桶”。

笔者根据我国国家海洋局发布的海洋环境状况公报，对2002年至2013年的相关数据做了整理。（见图2.2）

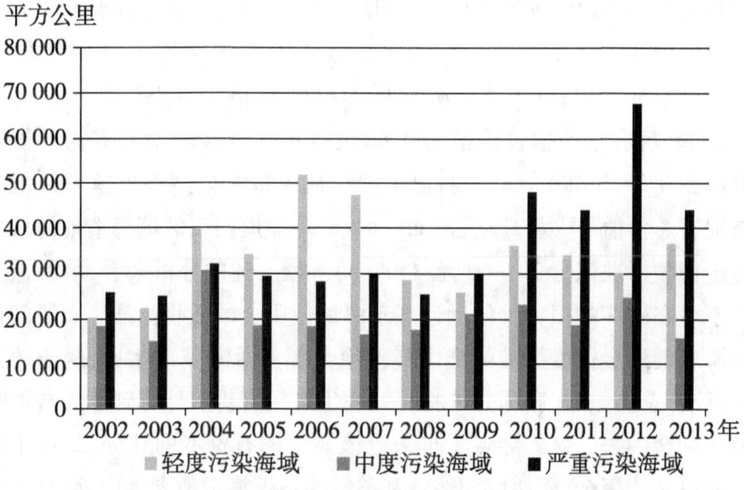

图2.2　2002—2013年全海域未达清洁海域面积

从图2.2可以看出，全海域轻度污染海域、中度污染海域、严重污染海域面积总体呈上升趋势，2002年总面积为633.7万公顷，而2013年总面积为964.6万公顷，12年时间增长了约51.22%。严重污染海域面积从2002年的257.2万公顷增长到2013年的443.4万公顷，增长了约72.4%。严重污染海域面积在2012年达到最大值，为678.8万公顷，是2002年的2.64倍。可见，随着海域开发利用能力的增强，海洋环境污染越发严重，其中一个重要污染原因就是填海造地。

(二)填海造地造成巨大的生态价值损害

填海造地给海洋生态环境造成了较大的负面影响,将对海洋生态系统的信息功能、生境功能、调节功能以及生产功能造成一定程度的破坏,不可避免地带来生态损害。所谓填海造地生态损害是指围填海造地对于海洋生态系统造成的经济与环境价值等海洋生态服务功能的损害,其主要包括对海洋生物栖息地的破坏、海洋生物资源的消失、海洋生态调节功能的减弱等。目前,一些学者对填海造地生态损害价值进行了估算,以厦门市西海域填海造地为例进行数据和模型分析,大致结果如下:(1)对填海造地气体调节的损害价值为 0.11 元/($m^2 \cdot a$);(2)对洪水防护及海岸线稳定的损害价值为 0.8 元/($m^2 \cdot a$);(3)对生物繁殖与栖息地的损害价值为 1.09 元/($m^2 \cdot a$);(4)对海水养殖的损害价值为 2.35 元/($m^2 \cdot a$);(5)对海洋生物多样性的损害价值为 0.33 元/($m^2 \cdot a$);(6)对旅游娱乐的损害价值为 0.94 元/($m^2 \cdot a$);(7)对环境容量的损害价值为 0.60 元/($m^2 \cdot a$);(8)对营养循环损害价值为 0.27 元/($m^2 \cdot a$)。将以上数据代入数学模型得出填海造地生态损害总价值[33]为 279 元/($m^2 \cdot a$)。[34] 而厦门市的填海造地海域使用金征收标准仅为 30—60 元/($m^2 \cdot a$)。就上述的分析来看,填海造地对于生态破坏的损害价值远远高于海域使用金的征收标准。而厦门市的海域使用金征收标准与全国其他绝大部分沿海城市相比,属于较高的标准,总体上看,我国并未将海域的生态损害价值计算到填海造地海域使用金中去。这就导致了本来应该属于国有资本的部分,却由于廉价的海域使用金,而使巨大经济利益掌握在填海造地者手中,而且还会导致填海造地现象日益增多,不利于海洋生态环境的保护,从而导致破坏海洋生态系统的恶性循环。

(三)填海造地导致社会矛盾激化

填海造地涉及其所需海域之上原有权利的消灭问题,如果海洋功

---

〔33〕 填海造地所损害的各种各样生态系统服务价值的总和。

〔34〕 参见彭本荣、洪华生等:《填海造地生态损害评估:理论、方法及应用研究》,载《自然资源学报》2005 年第 5 期。

能区划、海域规划等不合理,补偿机制不健全,将会产生纠纷、激发各种社会矛盾。一些祖祖辈辈生活在海边的渔民(农民),其主要的生产生活方式就是养殖和捕捞,大规模的填海造地,导致渔民失去了赖以生存的海域,而传统渔民又因缺乏相应的技能,在填海形成的临港工业园区、临空产业、高新技术产业区等区域的生存能力有限,如果没有做好填海造地的征收补偿以及渔民的安置就业问题,就可能导致社会矛盾的激化,爆发群体性冲突,出现集体上访、集体诉讼等现象。例如,海南文昌东郊椰林人工岛填海工程在 2012 年 1 月 11 日,施工方准备开工时引发冲突,数千村民聚集,与现场工作人员发生冲突,出现打砸现象;浙江乐清为实施填海造地,上千亩滩涂被征收,也引发了集体上访、集体诉讼等;深圳也曾出现过市民不满海防警察部队填海的群体上访事件。

(四)填海造地可能导致资源浪费

一些地方政府只顾眼前经济利益,盲目落实招商引资项目,向大海要土地,导致众多的烂尾岛、半拉子填海工程出现。山东省烟台市龙口市号称投资 100 亿元,将荒山移入海中填海建造中国最大、世界第四大的人工岛群。之所以要在龙口填海造地,是因为龙口极度紧张的土地需求,据龙口政府部门相关人员介绍:“龙口是江北第一的工业百强县,但土地却是山东沿海县市里最少的,龙口每年的建设用地指标不足 500 亩,而 2010 年申请填海时已经有 44 个过亿的项目,等待落地。”地方政府为了招商引资,解决土地资源紧张的难题,申请填海。该项目规划用海总面积 4429 公顷,其中填海 3523 公顷,实际上是为一些工业产业、休闲旅游、生态新区等进行填海,该项目 2010 年开工,后来由于南山集团行贿案,以及两个石化项目没有落实而搁浅停工,成为烂尾岛。大连市长兴岛临港工业区位于辽东半岛西侧中部,为了吸引世界第四大船企——韩国 STX 旗下 STX(大连)的项目投资,长兴岛临港工业区投入 8000 多万元,开山填海造地 350 公顷,随后又投入 1.2 亿元,开山 800 余万土石方平整土地;2012 年 7 月,为了引进中石油炼化项目,长兴岛再次劈山填海,造地 720 公顷。几年的移山填海工程,也给长兴岛面貌带来了巨变,对生态环境造成破坏。虽然长兴岛的大规模填海造地给当地经济、人口、就业等问题带来了短暂促进作用，但随着2013年龙头企业——STX(大连)的破产，长兴岛元气大伤，人口剧减，继而又引发了多个房地产项目的烂尾。海南省海口市灯塔酒店项目位于海口湾离岸围堰填海区，该项目2009年取得填海造地海域使用权证，预计占用海域38.99公顷，其中人工岛围填海35.38公顷，交通桥梁用海3.61公顷，投资110亿元，原计划打造七星级酒店，用三座七星级"海上地标"，建造海口湾世界级度假区，预期建成后将成为海南省乃至东南亚的地标性建筑。该项目预计2015年建成酒店交付使用[35]，填海形成人工岛以后，2012年4月由海南中汇宏基公司通过招拍挂出让方式取得30.634 367公顷(306 343.67平方米)"住宿餐饮用地"国有土地使用权，出让年限为40年。但由于资金等方面原因，2013年便停止了开发，成了烂尾岛。

总体而言，就全国范围内来看，我国沿海各省市自治区填海形成土地以后，空置或闲置现象严重。如前所述，国家海洋局海洋督察组2017年对沿海11个省、自治区、直辖市开展以围填海专项督察为重点的海洋督察。督查反馈结果显示，除上海市和福建省以外，其他9个省、自治区、直辖市围填海造地后存在严重的空(闲)置问题。海南省规划建设的11个人工岛中，已填成陆地的海口灯塔酒店项目、文昌市椰林湾度假村人工岛项目、南海度假村人工岛项目等均未开发建设，土地处于闲置状态。[36] 广东省广州市龙穴岛2014年已填海造地的416公顷土地中，空置率达69.7%。深圳市大铲湾港区项目早在2007年完成填海工程，其436.14公顷土地闲置至今，没有项目落地。2002年以来，广东省全省实际填海造地14 027.84公顷，空置2429.11公顷，空置

---

〔35〕 参见《中央环保督察组严查填海造地造房 海口灯塔酒店填海造岛被举报破坏海洋生态》，载和讯网，http://news.hexun.com/2017-09-09/190795181.html。

〔36〕 参见《国家海洋督察组向海南反馈围填海专项督察情况》，载中华人民共和国自然资源部网2018年1月17日，http://www.mnr.gov.cn/zt/hy/2017wthzxdc/bdbg/hn/201801/t20180116_2102625.html。

率达17.32%。[37] 广西壮族自治区沿海的北海、钦州、防城港三市有27宗项目长期空置没有实际建设,涉及面积约934.6公顷。[38] 2012年至2017年,江苏省单宗填海项目确权用海面积2328.05公顷,建设项目实际使用面积495.44公顷,开发利用率仅为21.28%,在盐城、南通、连云港三市不同程度存在填海造地确权后没有进行任何开发利用活动的情况,其中盐城市响水县沿海开发投资有限公司有967.79公顷确权地块无任何开发利用。[39] 2013年至2017年,浙江省全省共填海造地8820.25公顷,实际落户项目面积仅5082.41公顷,空置面积3737.84公顷,空置率达42.38%。[40] 2012年以来,山东省全省填海造地11 357公顷,空置率近40%,闲置最为突出的是龙口湾临港高端制造业聚集区一期和潍坊滨海生态旅游度假区,前者填海造地面积达1245公顷,无任何项目落地,后者实际填海1322公顷,空置率达96%。[41] 国家海洋督查组核查的辽宁省15 150公顷区域建设用海规划内填海造地形成的土地空置面积为9441公顷,空置率达62%。[42] 河北省自2002年起,实际填海造地约3万公顷,未开发利用约2万公

[37] 参见《国家海洋督察组向广东反馈例行督查和围填海专项督察情况》,载中华人民共和国自然资源部网2018年6月29日,http://www.mnr.gov.cn/dt/zb/2018/2018bhsd/beijingziliao/201807/t20180703_2183953.html。

[38] 参见《国家海洋督察组向广西壮族自治区反馈围填海专项督察情况》,载中华人民共和国自然资源部网2018年1月16日,http://www.mnr.gov.cn/dt/hy/201801/t20180117_2333418.html。

[39] 参见《国家海洋督察组向江苏反馈围填海专项督察情况》,载中华人民共和国自然资源部网2018年1月14日,http://www.mnr.gov.cn/zt/hy/2017wthzxdc/xwzx/201801/t20180114_2102458.html。

[40] 参见《国家海洋督察组向浙江反馈围填海专项督察情况》,载中华人民共和国自然资源部网2018年7月5日,http://www.mnr.gov.cn/zt/hy/hydc/zxdcqk/201807/t20180705_2038156.html。

[41] 参见《国家海洋督察组向山东反馈围填海专项督察情况》,载中华人民共和国自然资源部网2018年7月3日,http://www.mnr.gov.cn/dt/zb/2018/2018bhsd/beijingziliao/201807/t20180704_2183954.html。

[42] 参见《国家海洋督察组向辽宁反馈围填海专项督察情况》,载中华人民共和国自然资源部网2018年1月14日,http://www.mnr.gov.cn/zt/hy/2017wthzxdc/bdbg/ln/201801/t20180114_2102513.html。

顷,空置率约为67%。[43] 天津市自2002年以来累计填海面积为2.785万公顷,空置面积1.9202万公顷,空置率约69%,其中,南港工业区实际填海面积8577公顷,空置面积7805公顷,空置率甚至达到91%。[44] 可见,我国沿海地区的一些地方政府以经济利益为驱动,未贯彻实施节约集约利用海域资源的要求,没有实际项目落地之前批准填海造地,脱离实际需求盲目扩大填海规模,填而不用、长期闲置等现象普遍存在,造成海域、土地等自然资源和各种社会资源浪费。

综上所述,填海造地缓解了我国的土地供需矛盾,拉动了经济增长,维护了国家主权,产生了一定的经济和社会正效应,但同时也可能带来一系列的生态环境和社会负效应。对于填海造地带来的正效应,需要法律制度予以支持,对于填海造地所带来的负效应,应当通过法律规制使其最小化,因此,如何协调好填海造地与经济发展和环境保护的关系,需要从立法理念更新和具体制度完善方面仔细考量。

---

〔43〕 参见《国家海洋督察组向河北反馈例行督查和围填海专项督察情况》,载中华人民共和国自然资源部2018年1月16日,http://www.mnr.gov.cn/dt/hy/201801/t20180117_2333414.html。

〔44〕 参见《国家海洋督察组向天津反馈围填海专项督察情况》,载中华人民共和国自然资源部网2018年7月9日,http://www.mnr.gov.cn/dt/hy/201807/t20180709_2333568.html。

第三章　我国填海造地物权制度的理论基础解析

我国是社会主义公有制国家，我国《宪法》坚持公有制为主体、多种所有制经济共同发展的基本经济制度，通过对矿藏、水流、森林等自然资源实行国家所有制度，以保障国有经济成为国民经济中的主导力量。[1] 相应地，我国《民法典》也规定海域、土地、矿藏、水流等自然资源属于国家所有。[2] 在此基础上，我国《海域使用管理法》等通过在国家海域所有权上设立海域使用权的方式以达到海域分散利用、物尽其用的目的，并将填海造地海域使用权作为海域使用权的一种类型来规范，因此，填海造地海域使用权当然也以海域国家所有权制度为基础。相应地，国家所有权、海域的用益物权、海域权利的限制等相关原理就成为现行填海造地物权制度的主要理论依据。但由于目前对包括海域在内的国家所有权的性质、行使主体等方面还存在诸多争议，现有的理论还无法合理解释填海造地，因此造成了诸多问题和争议。本章主要对我国现有的填海造地物权制度的理论基础进行解析，探寻我国填海造地物权制度的理论基石并发现其不周延之处，以期为后文理论基础的完善提供切入点。

---

〔1〕 参见《宪法》第6条、第7条、第9条的规定。

〔2〕 参见《民法典》第247条、第249～251条的规定。

第一节 国家所有权理论与我国海域物权制度的总体构建

我国海域使用权是从国家海域所有权中派生出来的,海域国家所有权已经成为我国整个海域物权制度的基础,国家所有权理论成为我国海域物权制度总体构建的理论基石,是分析海域权利制度的逻辑起点,对整个海域物权制度影响甚大。但目前在海域资源能否纳入物权客体的范围、海域国家所有权的性质及其实现方式等方面还存在争议。

一、物权客体理论的发展与海域国家所有权制度的确立

(一)物权客体的一般要求

通说认为,民法上的物,作为民事权利客体之一,系指除人之身体外,凡能为人力所支配,具有独立性,能满足人类社会生活需要的有体物和自然力。[3] 民法中的物属于客体的范畴,是人之外具有财产属性的对象。物权和债权是财产权最基本的两种类型,在物权和债权中,物有不同的意义。债权是请求权,是特定人之间的请求权关系,虽然可能与物有关,但债权人不能因此而直接支配和控制物,因此债权的标的物不以特定性为标准,它既可以是将来物,也可以是种类物。而物权是一种支配权,其本质在于支配物,因此必须以特定的物作为其支配的客体。首先,作为物权客体的物,要符合外在性、独立性、可支配性和可使用性(有用性)等权利客体的一般特征。[4] 其次,作为物权客体的物,主要是有体物。物权是主体对物进行支配、利用的权利,传统民法上的物主要为有体物。虽然随着科技的不断进步,人们可支配的物质愈加丰富,突破了以往农业社会和工业社会以有体物为主的物质形态,物的

[3] 参见王泽鉴:《民法物权:通则·所有权》(第1册),中国政法大学出版社2001年版,第53页。

[4] 参见李建华、彭诚信:《民法总论》,吉林大学出版社2008年版,第159页。

范围不断突破、拓展，但这些突破只是对传统物权客体的修正与发展，并没有违背物权客体实体物质性的特性，物权的客体依然以有体物为原则。再次，物权的客体应当是特定物。能进行特定化是物的重要因素之一，因为没有特定化的物，主体就无法将其意志作用于该物之上，也无法将其从其他的同类物中区别出来以行使对物的权利。如果物不能特定化，虽然可以成为债权的标的，但不能作为物权的客体。最后，物权的客体主要是单一物和独立物。所谓单一物，是指在形态上能够单独地、个别地存在的物。[5] 单一物有些是人为的，如一幢房屋、一个茶杯等。[6] 独立物是指不依附于他物而可以独立存在的，且社会一般观念尤其是交易观念，也把它作为一个单独的物加以对待、处理的物。[7] 传统民法对物独立性的考量，主要是考察该物能否在现实形态上与其他物相区分并且成为主体所占有和控制，但随着社会的发展，物的物理性能以及交易观念、法律技术等都成为确定物的独立性的影响因素。

（二）物权客体范围的扩展

随着科技的发展、社会的进步，传统物权理论中关于物权客体的有体物和物的可支配性、独立性、价值性等观点不断被突破、修正。

一是物的形态的扩展。传统物权的客体主要限于有体物，而随着科学技术的发展，很多无体物也被加以认识、利用，传统大陆法系国家大多突破了“物必有体”的观念束缚，使得物的范围呈不断扩大的趋势，在有体物之外，也承认货币、存款、数字电视技术产品、网络技术产品、自然力、空间、尸体、人体分离物和虚拟财产等为物。

二是对物的可支配性观念的修正。传统民法认为物权是支配权，物应该是特定的、独立的、单一的，具有可支配性，但这些观念已被不同程度地修正。在特定性、独立性方面，20 世纪以来，随着人类认识能力

---

〔5〕 参见王利明：《物权法研究（上卷）》（第 4 版），中国人民大学出版社 2016 年版，第 62 页。

〔6〕 参见王泽鉴：《民法物权》（第 2 版），北京大学出版社 2010 年版，第 40 页。

〔7〕 参见梁慧星、陈华彬：《物权法》，法律出版社 2007 年版，第 8 ~9 页。

的提高以及科学技术、法律技术的发展，人们对物的特定性的认识也发生了很大变化，物的特定性更多被理解为一种观念上的确定。一个物如果具有物理上的独立性固然可以作为独立物、特定物而存在，但即使不具备物理上的独立性，也可以根据交易上的观念或者以法律规定作为标准，来确定该物是否具有独立性、特定性〔8〕，如建筑物区分所有权就是对物的独立性的突破，而财团抵押、浮动抵押等制度的确立也突破了传统单一物的限定，对物的可支配性观念有了很大的突破。

三是物的价值的多元化。除了物的范围不断扩大，物的价值也不断多元化，突出表现在除了物的经济价值外，物的生态价值也越来越受到重视。工业革命以来，市场经济体制逐步确立，而与之相对应的近代民法以个人为本位，把土地仅仅作为客体物来对待，以实现物的经济效益最大化为目标，忽视了土地的资源属性，而对其他自然资源，更是当作公共物来对待，导致了“公地的悲剧”。对资源的无节制利用既导致该资源价值的贬损，也影响到整个生态系统的稳定和平衡。权利的私法化是避免发生“公地的悲剧”的有效途径，通过确定自然资源的用益物权制度，赋予权利人使用自然资源的合法权利，使得自然资源免于“荒芜”或“被争来争去”，同时强化对用益物权的生态保护责任，能达到保护自然资源、优化生态的法律效果。〔9〕因此，除了环境法等公法对私人权利作出了限制，民法本身也作出了修正，对自然资源这类特殊的物，既注重通过设定物权的方式促进其有效利用，也注重加强对其物的生态价值的保护，使自然资源的经济价值和生态价值相协调，以实现个人利益与社会利益的协调。由于自然资源之间的差别甚大，其纳入物权法的方式也有所不同，应对不同类型的自然资源做类型化分析，海域就是其中重要的一种类型。

(三)海域可以成为物权的客体

物权客体主要是物，其作为权利客体所具有的一般特征是存在于

---

〔8〕 参见王利明：《物权法研究(上卷)》(第4版)，中国人民大学出版社2016年版，第63页。

〔9〕 参见楚道文：《物权的生态化研究》，载《政法论丛》2008年第1期。

人身之外，能够为人力支配和控制，能够满足人们的某种需要；物权客体的具体特征包含物权的客体是特定物、独立物，主要是单一物，但法律有特别规定的情况下，集合物也可以作为物权的客体。按照海域的价值、形态构成以及人类利用海域技术的发展来看，海域已经具备了作为物权客体的全部特征。

首先，海域具有稀缺性和有用性，能满足人们生产和生活的需要。如前所述，海域具有重大的经济价值，对其进行开发利用对推动国民经济的可持续发展意义重大，特别是随着人口的不断增长、人与资源关系的日益紧张、污染问题的日益严重，海洋资源的稀缺性也越来越凸显，将其纳入民法的调整范围以促进其优化配置，已经具备了正当性。

其次，海域具备了可支配性。作为物权法上的物，与物权的支配性相对应，应该是特定的、独立的，具有可支配性，海域也应符合这些特征才能成为物权的客体。在现代物权法的理论发展中，物权标的不限于有体物已成定论。与此同时，物权可在集合物上设定，在理论和立法实践中也已无障碍。独立物的判断早已不拘于物的物理属性或者存在方式，而是更加取决于使用需要、交易需要或者权利设定、行使及管理之需要。[10] 海域是指海洋的一定区域，是由一定范围内的海面、水体、海床及底土组成的立体空间。[11] 虽然海域的各构成部分都有其独立的价值，但整体上可以作为集合物看待，具有特定性，并能通过技术手段将其独立出来。一方面，海域由海床和底土组成，而水体、水面都是存在于特定的海底、底土之上。虽然海水在不断流动，但海床、底土是难以改变的。尤其是特定海域的空间是固定的、不能移动的，在这一点上与土地等不动产具有相似性。另一方面，随着科学技术的发展，现在可以通过技术手段对特定的海域来进行特定化；权利人不仅可以控制一定的海域，还可以利用一定的海域从事养殖活动、建造海上设施等来满

〔10〕 参见尹田：《海域物权的法律思考》，载《河南省政法管理干部学院学报》2005年第1期。

〔11〕 参见倪振峰：《填海造地相关概念的法律解析》，载《探索与争鸣》2012年第9期。

足其需要。从本质上看,这些活动仍然是对物的利用行为。[12] 因此,将海域视为“物”并作为物权的标的,在技术上没有任何障碍,海域符合物的特定性、独立性的要求。

(四)我国海域国家所有权制度的确立

海域除有重要的生态价值、安全价值外,还有重大的经济价值,随着物权客体理论的发展,海域普遍被纳入物权客体的范围,这在我国也不例外。但我国是社会主义公有制国家,我国《宪法》坚持公有制为主体、多种所有制经济共同发展的基本经济制度,通过对矿藏、水流、森林等自然资源实行国家所有制度,以保障国有经济成为国民经济中的主导力量。[13] 因此我国海域所有权只有国有一种类型,排除了海域集体所有和私人所有的可能性。相应地,我国《民法典》物权编第247条也规定海域属于国家所有,从而在民法上确立了国家海域所有权制度。

二、海域国家所有权是海域物权制度的基础

通过《宪法》和《民法典》规定的海域国家所有,我国确立了国家海域所有权制度。虽然国家海域所有权中包含了使用权能,但由于国家所有权行使成本高昂,单靠国家海域所有权制度显然还无法解决通过市场化配置来实现海域的经济价值的问题。海域作为一种自然资源,将其作为物投入市场自由流通,就是要把海域作为国有资产授予具体的管理部门,作为民法上的物参与流通。由于国家直接利用海域的成本高昂,因此需要通过在海域所有权上设立海域使用权,交给需要海域使用权的个人、单位使用,以达到海域分散利用、促使物尽其用的目的。即使海域使用权构成了对国家海域所有权的限制,但它与海域所有权完全性与弹力性的矛盾可以通过设置海域使用权的期限来解决。因此,在规定海域国家所有,总体上保障海域资源的公共性的同时,为满足各种主体的需要,《民法典》物权编第328条规定依法取得的海域使

〔12〕 参见王利明:《试论物权法中海域使用权的性质和特点》,载《社会科学研究》2008年第4期。

〔13〕 参见《宪法》第6条、第7条、第9条的规定。

用权受法律保护，而《海域使用管理法》具体规定了海域使用权的取得、行使等内容，确立了海域使用权制度，为促进海域资源的有效利用奠定了基础。通过规定海域归国家所有及在国家海域所有权之上设定海域使用权来实现海域的分散利用的总体海域物权制度架构，既能保障海域的公共性，又能满足促进物的有效利用的需要，国家海域所有权、海域使用权成为我国海域物权制度的主要内容。当然，由于目前对包括海域在内的国家所有权的性质、行使主体等方面还有诸多争议，使得国家海域所有权、海域使用权等物权制度也还有诸多问题。

三、对国家海域所有权性质的争论及原因分析

（一）关于国家海域所有权性质的不同观点

目前学界对海域等自然资源国家所有权的性质与行使主体还存在广泛争论，主要有以下观点：

一是国家所有权私权说。我国民法学者大都认为，无论所有权主体是国家、集体还是个人，所有权的性质都是相同的，都是民法上的所有权；国家具有公共事务管理者和国家财产所有者的双重身份，当国家行使财产所有权时，是以民事主体的身份出现的，国家所有权就是国家以民事主体的身份对国有财产享有的所有权。如江平教授就认为国家所有权是指国家以民事主体的身份对国有财产享有的所有权。〔14〕但在国家所有权的主体方面，则还有不同意见。主流观点继承和发展了国家是国家所有权的统一和唯一的代表的理论，认为只有国家才能真正代表全国人民的意志和利益；同时，由全民所有的财产组成的全民所有制是国民经济的主导力量，决定整个国民经济的发展速度和方向，只有由国家统一行使所有权，国家才能对整个国民经济进行宏观调控，实现国家组织经济的职能。〔15〕但也有主张全民、政府、公法法人等作为

---

〔14〕参见江平主编：《物权法教程》，中国政法大学出版社 2011 年版，第 157 页。梁慧星、王利明、肖乾刚等学者也赞同这种观点。

〔15〕参见魏振瀛：《民法》，高等教育出版社 2010 年版，第 245 ~ 247 页。王利明、崔建远、韩松等学者也赞同这种观点。

国家所有权主体等不同的观点。如何克服主体的模糊性是国家所有权需要着重解决的难题。

二是国家所有权公权说。所有权源自民法,但已经在国际法、公法等领域得到广泛应用。所有权在权利人与客体之间存在某种“归属与支配”关系的共同特征的层面上,公法、私法都可以使用“所有权”的概念,这种归属与支配既可能是私法层面的、私权性的,也可能是公法层面的、公权性的,其性质与内涵有很大差别,公法、私法上的“所有权”亦有本质的差别。国家所有权本质上不是以意思自治为基础的私权,而是以国家强制为基础的公权或国家权力,是一种名为所有权的国家权力。国家所有权仅是披着私权外衣的所有权,本质属于国家公权。[16] 对行政性资产、公众公用物等公物,其属于公法的调整范围,其所有权属于公权自不待言。就算是经营性国有资产,国家虽既不可能对国家投入国企的财产享有所有权,也不可能对国企本身享有所有权,但实质上国家所有权是国家通过行使立法权和行政权等权力而享有的对国有企业的控制权和剩余索取权,是一种经济公法领域中的公权力。[17] 相应地,由于国家所有权是公权力,国家机关等公法法人就可以代表国家行使国家所有权。

三是国家所有权二重性说。由于国家在法学上具有国际法和国内法的双重意义,国家在国内法上也有所有者和公共管理者的双重身份,因此,不能将民法上私权性质的国家所有权等同于作为国家主权性权力——管理权的国家所有权。总体而言,现代国家的财产活动都有着双重目的,既行使公共权力,又参与民事关系,因此国家所有权都有公权、私权二重属性。即使是在国家行使其财产所有权时,也存在公权、私权二重属性:凡是涉及国家及其具有行政隶属关系的代表机构及公职人员之间的内部关系,都属于公法活动范畴;而国家(及其代表机构)与其他主体之间的外部关系,则属于私法行为。对于国有公物,主

---

〔16〕 参见单平基、彭诚信:《“国家所有权”研究的民法学争点》,载《交大法学》2015 年第 2 期。

〔17〕 参见崔拴林:《国家所有权性质问题研究——针对国有资本的分析》,载《河北法学》2008 年第 9 期。

要是公物设立、管理等公法关系，但也有公物上的私权关系；对于国有经营性资产等国有私产，主要是国有私产进入市场经营的平等的商事关系，但也包括国有私产管理者内部之间的纵向管理关系；而资源类国有资产既包括规划、用途管制等公法手段，也包括有偿出让等民事关系。具体到我国而言，根据我国宪法等的规定，国家所有的性质是全民所有，全民所有制以保障每一个社会成员都拥有与生产资料“相结合”进行生产活动并取得劳动收入的权利作为价值取向，这种权利在法律上应属于公权利，既包括财产权，也包括管理权、就业权等。公有权的构成使每一个社会成员都是所有者，但由于公有权只有同其个人的所有权相结合，共同构成公有权的时候才有效，因此在这个意义上他们又是非所有者，由此形成了公有权的二重性权利结构：全体人民是权利主体，政府是权利的行使主体，而每一个社会成员对那些公共国有财产享有自由使用权；同时，国家所有权针对不同的财产客体，其权利的性质是不同的，它们既有私权利，又有公权力，但所维护的都是社会公共利益。国有财产的直接支配者与最终受益者之间是分离的，因此国家所有权在权利性质、权能设置、行使方式、法律保护等方面与传统民法上的所有权存在重大差别，已脱离传统物权和所有权的理论构成和立法结构。[18] 相应地，国家所有权制度的建构应当超越私法的传统界域，应受私法和公法的共同调整。

（二）我国国家海域所有权性质不明的原因分析

国家要实现其职能，必须要拥有必要的财产。国有财产早在罗马法中就已经存在，罗马法曾经规定罗马帝国在所征服的国家设置的“行省土地所有权属于国家或皇帝”[19]。但这里的“国家”，包括了现代政治制度与法律制度中的“政府”和现代国际法上的“主权”双重含义，“国家（或皇帝）所有权”大多属于公物的范畴，也有一些属于国家（或皇帝）的私产。受罗马法影响，大陆法系国家大多继承了公产制

---

〔18〕 参见马俊驹：《国家所有权的基本理论和立法结构探讨》，载《中国法学》2011 年第 4 期。

〔19〕 周枏：《罗马法原论（上册）》，商务印书馆 2000 年版，第 321 ~ 334 页。

度,其公共财产也规定为政府所有权或者公法法人所有权,甚至他们也使用国家所有权的概念[20],但此时的国家所有权由立法或者立法解释明确为中央政府的所有权的概念,与地方政府所有权等一样属于公共财产的范围,与社会主义国家所讲的国家所有权有本质的区别。

按照马克思主义的经典解释,资本主义的基本矛盾表现为生产社会化与生产资料资本主义私有制之间的矛盾,因而在社会主义制度下,以公有制为基础的国民经济应是有计划、按比例发展的,公有制、计划经济、劳动产品统一分配等是社会主义的重要特征。在所有制和所有权的关系方面,马克思认为所有制是经济基础,法律是上层建筑,社会的所有制是法律意义上的所有权的决定因素,即"一定社会生产力发展水平上的生产关系的总和"[21]。但到了斯大林那里,所有制却被理解为"所有权、分配关系以及人与人之间的关系",而不再是"生产关系的总和"了。这样,经济基础范畴的所有制在上层建筑范畴的法律反映,便被苏联法学家直接地镜像为所有权,进而得出"有什么样的所有制就会有什么样的所有权、有什么样的所有权就必然有什么样的所有制"的结论。[22] 据此,苏联学者机械地将西方国家具有私人属性的所有权概念简单地照搬过来与马克思主义所谓的"所有制"结合起来,进而以所有制形式把私人属性的所有权划分为国家所有权、集体所有权和私人所有权等,并在 1923 年实施的《苏俄民法典》中有所体现。[23] 按苏联学者的理解,国家所有权是私权性质的所有权的一种类型,只有

[20] 如 1942 年《意大利民法典》第三编"所有权"第二节"国家财产、公共团体的财产、宗教团体的财产"第 826 条规定了"国有财产、省有财产、市有财产"。参见《意大利民法典》,费安玲、丁玫译,中国政法大学出版社 1997 年版,第 232 ~ 234 页。

[21] 孙宪忠:《论物权法》,法律出版社 2001 年版,第 485 页。

[22] 参见李康宁、王秀英:《国家所有权法理解析》,载《宁夏社会科学》2005 年第 4 期。所有制和所有权本身并不是同一概念,一定所有制所特有的观念虽然是从这种关系中产生出来的,但同这种关系又不完全、也不可能完全符合。从所有制到所有权必须有一个法律上能动的实现过程,就是要在通过法律来实现或反映所有制时,必须自觉、积极地运用符合客观经济运动和发展规律的法律思维方法,经由科学的立法技术加工和提炼,最后以正确的所有权形式表达所有制,而不能按对号入座的方式,在法律上把所有制简单、刻板、教条地镜像为相应的所有权。

[23] 参见李昌庚:《国家所有权理论拷辨》,载《政治与法律》2011 年第 12 期。

代表全体人民的意志和利益的国家才能享有，国家是国家所有权的统一和唯一的代表，这是国有财产所有权的最基本的特征，是由全民所有制的性质决定的。[24]

我国海域等自然资源国家所有权理论深受苏联的国家所有权理论的影响。中华人民共和国成立初期，为了迅速改变我国贫穷落后的面貌，赶上发达资本主义国家，我国确定了以优先发展重工业和高速度为特征的发展战略，并通过计划体制来实施。与计划经济体制相适应，我国同样以所有制形式为标准将所有权划分为国家所有权、集体所有权和私人所有权，并且强调用公有制取代私有制，强调生产资料的"一大二公"[25]和财产权的社会责任观念，强调公共利益优先。从而为计划体制下的中央政府提供了充分的财产支配权，以便贯彻国家计划。改革开放以来，我国社会主义市场经济体制逐步确立，但我国《宪法》坚持通过对海域、土地、矿藏、水流、森林等自然资源实行国家所有以保障国有经济成为国民经济中的主导力量。相应地，我国《民法典》也规定海域、土地、矿藏、水流等自然资源属于国家所有[26]，实现了自然资源国家所有从宪法规范向民法规范的转换，并且为海域、土地等自然资源的有偿使用奠定了基础。但由于将所有权与所有制关系混淆，加上国家所有权中的"国家"或"全民"具有抽象性的一面，难以满足传统私有所有权主体"明晰"的要求，而主体不明晰又制约着国家所有权的行使和功能的发挥，因此产生国家所有权性质不清、主体不明、客体过于宽泛等问题，并导致了国家与民争利、国有资产流失严重，以及国有财产与集体财产、私人财产不平等诸多不良后果。

笔者认为，目前我国对海域等自然资源国家所有权还存在诸多争论的主要原因在于我国是从所有制角度来规定国有财产的，这使得所

〔24〕参见孙宪忠：《国家所有权的行使与保护研究》，法律出版社 2015 年版，第 7 ~ 8 页。

〔25〕"一大二公"是中共中央在社会主义建设总路线的指导下，于 1958 年在"大跃进"运动进行到高潮时，开展的人民公社化运动两个特点的简称。具体是指第一人民公社规模大，第二人民公社公有化程度高。

〔26〕参见《民法典》第 247 条、第 249 ~ 251 条的规定。

有权概念本身以及我国国家所有权、集体所有权均不同程度地脱离了私人所有权的本原，发生了异化，加上立法上对国有财产中属于公物范围的公务用公物、公众用公物和纳入国家私产范畴的经营性国有财产、国有自然资源等没有做进一步的区分，混淆了不同国有财产的性质和功能，从而在公平和效率方面都产生了诸多问题。而这反过来又使得国家所有权包含了性质不同的财产，国家所有权自身的性质也就含混不清。因此，我国海域、土地、矿藏、水流等自然资源国家所有权问题最根本的解决办法就是对国家所有权理论进行完善，在分清所有制和所有权关系的基础上，对国有财产中属于公物性质的财产和国有私产性质的财产做进一步的区分，从而使国家所有权真正回归到实现公共利益的本质，在此基础上才能彻底理顺包括海域在内的自然资源国家所有权与资源用益物权之间的关系，从而兼顾自然资源开发利用的公平与效率。

第二节　用益物权理论与我国填海造地海域使用权的生成

填海造地海域使用权是海域使用权的一种类型，我国《民法典》将海域使用权规定在用益物权分编中，因此，用益物权的相关理论成为填海造地物权制度的直接理论依据。

一、填海造地海域使用权制度的生成

（一）海域使用权制度的一般规定

海域使用权以使用海域并获得相关利益为主要目的，属于用益物权的范畴。我国《民法典》第二编第三分编规定了“用益物权”，并且其第 328 条规定：“依法取得的海域使用权受法律保护。”该规定以基本法的形式将海域使用权纳入了用益物权的范畴，为海域使用权制度的确立奠定了基础。《海域使用管理法》则具体规定了海域使用权的取得、行使等内容，从而具体确立了海域使用权制度。填海造地海域使用

权是海域使用权的一种类型,因而这些规定对填海造地海域使用权同样适用,从而为填海造地海域使用权确立了总体的制度框架。

（二）填海造地海域使用权的特别规定

我国现行法律法规中并未明确呈现“填海造地海域使用权”或“海域填海造地使用权”的字样,《民法典》物权编第328条规定了海域使用权,《海域使用管理法》第3条第2款规定,“单位和个人使用海域,必须依法取得海域使用权”,从《海域使用管理法》第4条第2款的规定中可以明确,填海是一种“用海活动”,2008年《关于印发〈海域使用分类体系〉和〈海籍调查规范〉的通知》中将海域使用的“用海方式”分为五大类,明确了“填海造地”作为一大类用海方式。从体系上看,我国现行法是将填海造地作为海域使用权的一类加以规范的。总体而言,《海域使用管理法》涉及对“填海”的特别规范仅第4条、第18条、第32条和第42条。其中该法第4条规定了严格管理填海活动,第18条规定了填海用海审批权限,第42条规定了违法填海的处罚。对填海造地物权权利的特别规定仅体现在该法第32条,按照该条第1款的规定,填海项目竣工后形成的土地,属于国家所有,这一方面表明“填海造地”是海域使用权的一种类型,另一方面说明填海形成的土地属于国家所有,填海人只有使用权。该条第2款则一方面规定了填海造地过程中“海域使用权证换发国有土地使用权证”的程序,另一方面也规定了填海用海域使用权的效力,表明海域使用权主体凭借所拥有的填海用海域使用权,在填海工程竣工验收后有请求“换证”的权利。这在法律层面上确定了填海造地海域使用权的主要内容。

二、对海域使用权的性质与权能的反思

与公物性质的海域利用不同,私权性质的海域使用制度成为推动我国海域市场化配置的主要制度,主要通过市场化的方式来促进海域资源的优化配置。私权性质的海域使用权(以下简称海域使用权)是指民事主体基于县级以上人民政府海洋行政主管部门的批准和颁发海

域使用权证书,依法在一定期限内使用一定海域的权利。[27] 海域使用权人通过出让行为取得的对特定海域的占有、使用、收益等权利,具有排他性,可以对抗他人对同一海域进行同类利用的行为。但目前关于海域使用权的性质和内容,学界还存在较大争议。

(一)关于海域使用权性质的争论

我国《民法典》已经将海域使用权纳入了其调整的范围,明确了海域使用权的私法效力,其私权属性已被普遍认可,主要的分歧在于海域使用权是用益物权还是准用益物权。用益物权指用益物权人对他人所有的不动产或者动产,依法享有占有、使用和收益的权利。[28] 而准用益物权又称准物权、特许物权、特别法上的物权、非典型性物权、特别物权等,是指权利人通过行政特许的方式所获得的,对海域、矿藏、水流等自然资源所依法享有的占有、使用及收益的权利。[29]

用益物权与准用益物权都属于物权的范畴,符合物权的基本属性,但二者也存在明显差异。不同之处如下:第一,在客体特定性方面,用益物权的客体一般具有特定性,而有些准用益物权不具备客体特定性,如取水权就是以一定区域水体为客体,而渔业权则是将一定的水域面积及界限作为客体。第二,在权利构成方面,用益物权构成一般具有单一性,但一些准用益物权构成具有复合性,如渔业权由捕捞、养殖权构成。第三,在排他性或优先权方面,用益物权一般具有较强的排他性,而有一些准用益物权不具有排他性,如取水权原则上无排他性。第四,在一物一权主义方面,用益物权一般严格遵守一物一权原则,但一些准用益物权并未严格贯彻一物一权原则,如航运水权,往往因多艘船同时航行,难以遵守一物一权原则。第五,在权利是否具有公权色彩方面,用益物权一般遵从民法私权规则,公权规制少,而准用益物权一般具有较强的公权色彩。第六,在权利取得方面,用益物权一般通过设定合同加公示的方法,但准用益物权一般不需要设定用益物权合同,而是通过

---

〔27〕 参见崔建远:《准物权研究》,法律出版社 2012 年版,第 88 页。

〔28〕 参见王利明:《物权法研究(下册)》,中国人民大学出版社 2013 年版,第 764 页。

〔29〕 参见王利明:《物权法研究(下册)》,中国人民大学出版社 2013 年版,第 1027 页。

行政审批来获得。[30]

对于海域使用权的性质主要有以下几种观点：

(1)用益物权说。《民法典》物权编第328条对海域使用权保护的规定置于第二编“用益物权”分编，因此有学者认为海域使用权属于用益物权[31]，被赋予了私法效力[32]，从性质上讲属于私权。具体理由如下：首先，从客体上，海域使用权针对的是特定的海域。海域是一种特殊的自然资源，由内水、领海的海面、水体、海床和底土组成。海域可以按照其垂直空间划分为若干区域空间，而海水置于一定的空间也可以特定化，这些区域都可以成为海域使用权的客体，海域特定化可满足面积、四至与地理位置的确定性，权利人享有一定的支配权。其次，海域使用权具有一定的支配性和排他性。海域使用人在获得海域使用权之后，可直接支配特定的海域，并排斥他人干涉，具有明显的支配性与排他性的特点。针对特定海域，可以采取公示的方法加以确定，并在特定海域内享有使用、收益的权利。再次，从使用内容上，海域使用权是有期限、有偿使用的权利。海域使用权从海域国家所有权中产生，具有一定期限，否则难以区分所有权与使用权。另外，由于海域使用权大多是权利人对一定海域进行使用和收益的权利，所以实行海域有偿使用制度是各国的通行做法。最后，从取得方式上，目前海域使用权并非采用“合意＋公示”的方法，而是采取行政审批的方式，但这是《物权法》出台之前作为公法的《海域使用管理法》的规定，在《物权法》乃至《民法典》出台，将海域纳入物权的调制范围之后，特别是将海域分为公物性质的海域和国有私产性质的海域之后，在国有私产性质上设定海域使用权，应往“合意＋公示”的方向改进，不能将目前立法上的设立方式缺陷作为否认海域使用权性质的理由。

---

[30]　参见崔建远：《物权规范与学说》，清华大学出版社2011年版，第60页。

[31]　参见苗延波：《论中国海域使用权的分类及其与其他物权、法律制度的关系》，载《安徽大学法律评论》2008年第2期；谢立峰、王蕾飞等：《填海造地海域使用确权及竣工验收若干问题的探讨》，载《浙江海洋学院学报（自然科学版）》2009年第3期。

[32]　参见张惠荣：《海域使用权属管理与执法对策》，海洋出版社2009年版，第3页。

(2)准用益物权说[33]。其主要理由是:第一,从取得方式上,海域使用权是通过行政审批来获得,而不是通过合意的方式来设定权利,通过行政方式来管理,与一般用益物权相比,海域使用权的产生具有特殊性。第二,在内容上,将海域使用权作为准用益物权加以规定,有助于海域资源的有效利用,实现物尽其用,并且使用内容方面需要与政府签订使用合同,进行登记,权利受到的限制较多。第三,从客体上,海域不同于土地,难以确定具体的界限。一方面,水体不具有特定性,海域同一般不动产不同,水体、水面均可流动并以海床、底土为存在前提,虽海床、底土固定,退潮后的海滩也为不动产,但海域因包含海水而具有变动性特征。另一方面,海域由海面、领海、底土等组成,也不同于一般用益物权的单一性,不符合一物一权主义原则。[34] 因而,将海域使用权界定为准物权是符合实际情况的。

笔者赞同海域使用权为用益物权的观点。理由如下:(1)海域使用权是在国有私产性质的海域所有权上设定的一项限定物权,以私法的方式设立,并且已经纳入《民法典》物权编的调整范围,属于典型的限定物权。(2)海域使用权是对国有私产性质海域在一定期限内进行占有、使用、收益的权利,支配的是特定物的特定使用价值,内容明确。(3)海域使用权已经具备客体特定性的特征,满足用益物权的基本构成。海域虽然由底土、海水等构成,从表面上看不符合单一性的特征,但实际上通过现有技术完全可以固定为特定水域界限、位置,达到特定性的要求。(4)在排他性与优先性上,在取得海域使用权证后,权利人可排除他人利用,且在利用上具有优先性,完全符合用益物权的典型特征和时代发展趋势。因而,海域使用权是一种典型的用益物权。

(二)关于海域使用权权能的反思

海域使用权作为一种用益物权,既具有一般用益物权的物权属性,

---

〔33〕 参见王利明:《试论〈物权法〉中海域使用权的性质和特点》,载《社会科学研究》2008 年第 4 期。

〔34〕 参见杨华:《海域使用权变更为土地使用权:实践及规制》,载《法商研究》2011 年第 3 期。

又有其特殊性,权利人可以对海域进行占有、使用、收益,但其权利又受到较强的公法规制。具体而言,首先,海域使用权是对海域的排他性利用。海域使用权的排他效力表现在两个方面,一是排斥他人在未经权利人允许且无其他法律根据的情况下,对海域进行占有、使用、收益,但可以将其自身的权利进行处分;二是在同一海域不能同时存在两个或两个以上性质不相容的同种或异种海域使用权。"排他使用"是海域使用权区别于其他临时性涉海权利的基本点,也是其核心内容所在,非为社会公益目的,海域使用权不受任何干预与限制。其次,海域使用权人对海域使用权的获得与行使,其目的在于获得经济利益,这也是私权性海域使用权的主要价值所在。尽管我们基于海域的"公"性质可对海域使用行为予以限制与约束,但是对于海域使用权人的经济权益,应当予以充分保障:一方面,要尊重海域使用权的物权效力,尊重其权利行使的独立性;另一方面,即使出于公共利益需要而不得不对海域使用权作出限制甚至征收的情况下,也要给权利人充分的经济补偿以保护其合法权益。

但在海域使用权是否包括处分权方面,则还存在争议。就用益物权总体而言,是否包括处分权也存在不同观点。持否定说的学者认为用益物权的内容只能限于使用收益,不能包括处分权。持肯定说的学者认为在特殊的情况下,用益物权人也可以享有一定的处分权。而持折中说的学者认为用益物权不享有法律上的处分权,但是享有事实上的处分权。通说认为,虽然现代用益物权的发展使得用益物权具备了一定的处分权能,但这种处分权能只能是对用益物权权利本身的处分,属于法律上的处分,而非对权利的标的物进行事实上的处分。[35] 法律上的处分包括两方面的内容:一是对权利的处分,如可以转让用益物权,但用益物权人不能转让标的物的所有权;二是对权利设定负担,如在用益物上设定抵押权。而事实上的处分是指对标的物进行实质上的变形、改造或毁损,此种处分属于所有权人的处分权。虽然为了实现对

---

〔35〕 参见房绍坤:《论用益物权的内容》,载《山东警察学院学报》2006 年第 2 期;王利明:《物权法研究》,中国人民大学出版社 2002 年版,第 412 页。

物进行使用和收益的目的，用益物权人可以对标的物进行改良和保存，但这种改良和保存应在合理范围内，不允许对标的物进行显著的变更或毁损，不能改变物的本体，不属于事实上的处分行为，而是用益物权的使用权能的题中之义。同样，海域使用权的处分也仅限于对海域使用权自身权利的处分，而不包括对海域本体的处分。

可见，虽然我国海域使用权制度为海域的开发利用提供了基本的制度保障，但我国将填海造地作为海域使用权的一种类型，使海域使用权人获得了处分海域的权利，由此也引发了诸多问题。

第三节　物权生态化理论与填海造地物权的限制

填海造地不仅涉及海域资源的经济价值，还涉及海域资源的生态价值，其权利行使应符合环境保护的要求，对填海造地权利行使进行限制十分必要，除了公法的规制，还需从私法角度进行调整。

一、物权生态化理论的兴起

以个人为中心、以自由为价值、以权利为本位且具有“抽象人格、财产权保护绝对化、意思自治、自己责任”等特征的近代民法〔36〕，为实现人的独立、自由、平等，推动生产力的快速发展等作出了重大贡献，以土地为核心的自然资源的经济价值也得到了高度重视。但个人本位及其相应的法律制度也有其局限性：一方面，在人与人的关系上，由于采取个人主义的价值取向，将个人利益置于中心的地位，乃至成为其唯一的目标，人的社会性、整体性被肢解，造成了个人主义的价值取向与社会整体利益之间存在内在冲突；另一方面，在人与自然的关系上，在“理性经济人”假设的内在张力推动下，“人类中心论”盛行，人类主要把土地等自然资源作为一种生产要素、一种客体、一种稀缺性资源来支

〔36〕　参见梁慧星：《从近代民法到现代民法——二十世纪民法回顾》，载《中外法学》1997 年第 2 期。

配,以参与经济系统运转,实现经济效益最大化[37],忽略了土地等自然资源的生态价值以及资源、环境自身的规律,容易造成人们对自然资源的掠夺性开发利用。金钱至上的价值取向与自然资源的多重价值存在内在的冲突,经济发展与社会公平及资源、环境的保护脱节,从而产生了严重的贫富分化和资源退化、环境污染等诸多社会问题。

面对个人本位下贫富分化、市场失灵、环境污染等诸多问题,人们对人与人、人与资源和环境之间的关系也在不断反思,只注重个人利益,而忽视社会利益和生态环境的情况逐渐得到扭转。一方面,为应对个人主义带来的困境,逐渐强调从个人到社会、从关注权利到重视利益的转变,个人权利本位过渡到社会利益本位。法的价值从侧重自由转向注重安全,从形式理性转向实质正义。另一方面,可持续发展观念导入。由于人类中心主义过分强调人类对资源、环境的利用与改造,造成了严重的环境问题,反过来威胁到人类自身的生存,因此带来人与自然关系的重新定位。20 世纪 70 年代以来,可持续发展观念被普遍接受,经济、社会、环境的协调发展逐渐受到重视,既不能因为环境保护而扼杀经济发展,又不可为了经济发展而破坏人类的生存环境。这就要求人们在处理人与人之间关系的时候必须多考虑一个因素,那就是要顾及人类赖以生存的环境资源的承受能力,要处理好人与自然之间的关系,并以此为基础去处理人与人之间的关系,且前者是后者不能突破的绝对底线。

可持续发展观念对社会生活的各个层面都产生了深刻的影响,法律制度也做出了相应的调整,主要表现在以下几个方面:一是环境立法大量增加,各国普遍建立了环境影响评价制度、环境标准制度、排污申报登记制度、排污收费制度、限期治理制度、环境监测制度、污染物排放总量控制制度、清洁生产制度等制度,以从公法层面解决包括海洋在内的环境问题。二是经济法快速发展,国家对经济活动、资源配置的干预普遍加强,有助于解决市场失灵问题,实现经济平稳发展,比如在海洋

[37] 参见黄中显:《土地生态价值和经济价值的法律协调》,载《理论月刊》2009 年第 9 期。

资源方面,为达到海洋资源私人利用和公共利益的平衡,各国普遍建立了海洋功能区划、海域用途转用审批等制度,以约束、限制海域权利的行使。三是在私法层面,现代民法回应社会现实的需要,一方面对三大原则作出了修正,以所有权的社会化修正所有权神圣原则,以契约正义修正契约自由,以无过失责任修正过失责任〔38〕,个人权利、私有财产受到了较多的限制,从总体上限制个人利益,维护社会公共利益;另一方面将可持续发展理念引入《民法典》以推动《民法典》的"绿色化"〔39〕,规定权利人在行使民事权利的同时要承担相应的保护资源、环境的义务,协调自然资源的经济价值和生态价值,以达到经济发展与资源、环境保护的平衡,物权生态化理论由此兴起。

所谓物权的生态化,又称物权的"绿化",是指在物权立法中要整合物的经济价值、生态价值和其他非经济价值,并将环境保护义务纳入物权制度的过程。〔40〕 海域、土地、森林等本身是自然资源,同时又与其他自然资源密不可分,利用这些自然资源必然会影响到整个生态系统,因此物权立法应将科学合理的环境保护义务作为确定物权行使过程中是否构成"权利滥用"的基础,依靠其强制力对土地等自然资源实施保护,所以在物权法中引入生态保护理念是十分必要的。〔41〕 物权立法生态化主要表现在以下几个方面:一是在物权客体方面,物权的客体大为扩展,很多传统上不能作为物权客体的环境要素如海域、水等已经纳入物权客体的范畴,"环境权"立法的呼声也越来越高,通过物权保护途径以克服"公地的悲剧"能弥补环境问题公法规制的不足。二是物权法律关系内容方面,通过将物权法律关系的主体、客体、内容等法律要素赋予环境保护的功能,扩充受害人的权利,增加侵权人的义务,特别是通过加强对物权人行使物权行为的干预,要求权利人要依据物的

---

〔38〕 参见王泽鉴:《民法总则》(增订版),中国政法大学出版社 2001 年版,第 39 页。

〔39〕 参见徐国栋:《认真透析〈绿色民法典草案〉中的"绿"》,载《法商研究》2003 年第 6 期。

〔40〕 参见梅献忠:《论物权法的"生态化"》,载《齐齐哈尔大学学报(哲学社会科学版)》2007 年第 5 期。

〔41〕 参见吕忠梅:《关于物权法的"绿色"思考》,载《中国法学》2000 年第 5 期。

“生态属性”来行使权利以保持物的生态价值,从而有利于维持生态系统的平衡。三是通过环境损害赔偿等新的侵权行为规则以体现环境侵害行为的“公害性”,保护环境的“整体性”和“共有性”,维护环境社会公共利益。在立法实践方面,物权生态化在我国《民法典》物权编中已经得到了总体的体现。[42] 同时,我国《民法典》总则部分也明确了绿色原则,其第9条规定:“民事主体从事民事活动,应当有利于节约资源、保护生态环境。”这符合可持续发展的要求,总体上有利于加强我国生态环境的保护。

二、物权生态化视角下对海域使用权限制的反思

由于海域具有领土安全、经济、自然、生态等多重含义,具有经济价值、社会价值、生态价值等多重价值,一方面要从公法角度加强对海域开发利用的规制,我国通过《海域使用管理法》《环境保护法》《海洋环境保护法》等建立了对海域开发利用的管理制度,加强对包括海域利用、填海造地在内的海域开发利用行为的监管。另一方面,更为重要的是,从海域权利角度来看,目前我国在坚持海域国家所有的基础上,通过《民法典》《海域使用管理法》等对海域使用权作出了规定,以市场化的方式促进海域的开发利用,总体上有利于海域经济价值的实现,但也产生了市场化方式用海过多,对海域开发利用过度,公物性质的海域不足从而损害海域的生态价值、社会价值等问题。因此,笔者认为,应借鉴目前大多数国家的做法,将多数海域直接规定为公用物交给公众使用,主要适用公法规则,以保证其开发利用符合公共利益。而对于部分可以列入国家私产的海域,则可以按照市场方式进行开发利用,但其权利行使也要符合物权生态化的要求,进行严格的限制,具体包括以下方面:一是要合理限制海域使用权的行使,海域使用权人在行使海域权利时不得破坏该海域的生态环境,同时海域使用权人不得基于自己的海域使用权去损害其他海域物权人的利益,如果滥用海域使用权造成其他海域生态环境损害的,或者给其他海域物权人造成损害的,要承担损

---

〔42〕 参见楚道文:《物权的生态化研究》,载《政法论丛》2008年第1期。

害赔偿责任[43]；二是要求海域使用权人在行使海域使用权时要兼顾海域的经济利益与生态利益，即使是合法的利用行为，如填海造地行为，如果造成海洋生态环境损害的，也要承担生态价值的转移或补偿责任，具体问题在最后一章详述。

第四节　目前填海造地引发的主要物权理论争议

在现行法律框架下，我国填海造地属于海域使用权的一种类型，体现为“海域所有权——海域使用权——土地所有权——土地使用权”的变动过程，但从物权视角来看，也还存在诸多理论和实践难题。

一、海域使用权能否作为填海造地的“基础权利”

按照《海域使用管理法》的规定，任何单位和个人使用海域，必须要依法取得海域使用权（第3条），海域使用权通过申请审批或招标、拍卖的方式取得（第19条、第20条），申请人或中标人、买受人自领取海域使用权证书之日起，取得海域使用权（第19条、第20条）。填海造地用海也不例外，需要取得海域使用权，因此，在现行法律框架下，填海造地属于海域使用权的范畴，而在物权法中，海域使用权被纳入了广义的用益物权体系，因此，填海造地的权利属于用益物权体系。但是，如果将填海造地作为海域使用权的一类，将带来一些物权理论上的困惑。

（一）填海造地并非是对海域的使用和收益

填海造地海域使用权（用益物权）的行使消灭了所有权的客体，与用益物权的原理相悖。海域使用权是以对“海域”这一物的使用和收益为目的的在国家海域所有权之上设立的一项他物权，权利内容应当是对海域的使用和收益以及部分处分的权能。用益物权中的使用权能

---

[43]　参见李志文、马金星：《我国海域物权生态化新探——理念、实践和进路》，载《武汉大学学报（哲学社会科学版）》2013年第2期。

以不消灭物的本体为限。但在填海造地中,存在与用益物权理论相矛盾的地方:其一,海域使用权人取得填海用海域使用权直接的目的是"填海"使"海变地",其并不是对海域的正常使用,而是改变海域自然属性的一种使用,使用的结果将使海域使用权的客体"海域"消灭,产生"土地"这一新的客体,即通过他物权的行使消灭了其母权——所有权的客体。因此,将填海造地作为海域使用权的一类与用益物权的原理相悖。其二,在现代技术条件下,填海工程的时间也不会太长,一般1—2年就可以使填海工程竣工,这就意味着,即便将填海造地视为对海域的一种使用,其使用期限也相当短暂,与用益物权的较长的期限性也存在差异。

(二)填海造地与用益物权的权能不符

如前所述,虽然现代用益物权的发展使得用益物权具备了一定的处分权能,但这种处分权能仅仅是对用益物权权利本身的处分,而非对权利的标的物进行的事实上的处分。填海造地海域使用权具有一定的处分权能,包括将该海域使用权转让或者以该海域使用权设定抵押,符合物权的原理。但是,如果填海造地属于海域使用权的权利内容之一,则填海造地海域使用权的行使将使得"海变地","海域"作为国家所有权的标的因海域使用权人的行为不复存在,海域使用权人填海造地导致了对标的物的实质性改变,行使了对标的物的事实上的处分权,即行使了所有权人的处分权,显然违背了用益物权的基本原理。

(三)国家作为所有权人进行填海造地需要取得海域使用权有悖法理

我国海域所有权的唯一主体是国家,由于国家所有权事实上的虚置状态,国家对海域这种自然资源的所有权是通过地方各级政府机关行使,具体可以是地方海洋与渔业管理局或者其他海洋国有资产管理部门。政府作为海域所有权人代表有权行使海域所有权的占有、使用、收益和处分权能。根据所有权理论,所有权的处分权能,是指依法对物进行处置,从而决定物的命运的权能,包括事实上的处分和法律上的处分。[44] 填海造地实质上是将海域这一客体改造成另一种形态的物——土地,是使海域消灭土地产生,是对海域这一“物”的事实上的处分而非法律上的处分,这一权能必须由所有权人行使。而在现行制度中,在政府(国家)作为所有权人主导的填海造地中,这一权能是如何实现的呢?按照《海域使用管理法》第3条的规定,取得海域使用权是单位和个人使用海域的必备条件。政府作为海域所有权人主导实施的填海造地,却首先要设立海域使用权(用益物权),然后通过填海造地使得海变地后再通过“换证”转化为土地使用权(用益物权)。也就是说,在现行法律框架下,国家作为所有权人要填海造地,首先需要在所有权之上设立一个填海造地用海域使用权,即先实施一个法律上的处分行为,然后再由海域使用权人实施(或委托他人实施)填海造地行为,即对物的事实处分行为。因此,就填海造地的海域所有权而言,国家作为所有权人不能行使事实上的处分权能将海域的样态改变为土地,而需要设立一个用益物权(海域使用权),再进行填海造地改变海域的样态,使海域变为土地,这在理论上有瑕疵。笔者课题组的调研及相关资料显示,实践中有些政府主导的填海造地没有事先取得海域使用权证,而是边批边填或填完后海域使用权证与土地使用权证一起办理,或者干脆直接颁发国有土地使用权证,但这并不能改变目前法律的规定性,只能说实践与法律规定存在脱节。

可见,虽然目前海域所有权人实施填海造地必须要取得海域使用权,而海域使用权行使的目的是消灭海域所有权,即海域所有权人的处分权能需要通过设定用益物权来实现。但是按照物权法的原理,用益物权本身并没有处分标的物的权能。因此在现行法律框架下,出现了悖论,即所有权人对物进行事实上的处分需要设定用益物权,而用益物权权利人却可以行使所有权人的处分权。很显然,海域使用权不能作为填海造地的权利基础。

---

〔44〕 参见陈华彬:《物权法》,法律出版社2004年版,第194页;梁慧星、陈华彬:《物权法》(第5版),法律出版社2010年版,第133页。

二、私法性质的海域国家所有权能否作为填海造地的"母权"

海域使用权是通过海域所有权设立而来,既然填海造地不能用海域使用权来解释,那能否用所有权相关理论来解释,填海造地是否属于纯私法性质的海域所有权中的处分权的内容。笔者认为这也不妥当。

(一)填海造地不属于所有权中处分权的范围

国家海域所有权的实现可以通过为公众提供公物的公法途径,也可以通过国家私产使用的民法途径,但无论是哪种途径,其权利都受到公共利益的严格制约。首先,公物上虽然允许有私权的存在,但公物上的私权受到公物设定目的的严格制约,公物上的私权的行使不能影响到公物的目的、用途。如果私权的行使影响到公物设定的目的,就会被剥夺,这在处分权方面尤其突出。同理,虽然海域所有权属于国家所有,但如果海域已经设定为公物,则其私权的行使不能影响其作为公物的目的、用途。填海造地是对公物性质的海域的彻底处分,会严重影响其上的公共利益,已经超出了私权的范围,不能包含在海域国家所有权的处分权当中,而应纳入公法调整的范围以维护公共利益。其次,国有私产性质的海域,与其他(私人)不动产一样,虽然有对其使用、处分的权利,但这些权利越来越多地受到环境政策、经济政策、耕地保护、城市建设等公共政策的限制,甚至某些处分的权利已经被剥夺。比如,对土地的用途管制成为世界通行的做法,我国农地(无论是国有的还是集体的)要转为建设用地同样要经过严格的用途转用审批。同理,对国有私产性质的海域,符合海域自身属性、用途的利用、处分可以适用私法规则,但如果其利用、处分涉及公共利益,则要受到公法的严格限制,要通过行政许可等方式来实现,不能单纯地适用私法规则。填海造地是对海域的根本改变,涉及经济政策、环境政策和公民基本生存保障等多重公共利益,不能用单纯私法性质的海域所有权中的处分权来解释,填海造地不属于民法性质的海域所有权中处分权的范围。

(二)填海造地行为与添附理论冲突

有一种观点认为:"填海造地性质上属于不动产之'添附',填海造地使用水泥、石块属于动产,而海域边缘之陆地土地属于不动产,动产添附于不动产土地之上,成为土地的重要成分,自然土地所有权效力及于该动产之上，原海域边缘之土地为国家所有，自然新增土地之所有权亦属于国家所有"[45]。但不动产附合必须是动产与不动产的附合，动产为附合物，不动产为被附合物，且附合物权变动的后果是从物随主物。在填海造地过程中，水泥、石块等填充物为添附物、从物，海域为主物，根据添附理论，添附后所形成的产物应为主物——海域。但事实上，填海造地形成的产物为土地，不但消灭了海域所有权，其自身也随即消失，这显然违背了添附理论的基本逻辑，无法用添附理论来解释。

（三）填海造地与物权追及理论冲突

所谓追及的效力，是指物权的标的物不管辗转流通到什么人手中，所有人都可以依法向物的占有人索取，请求其返还原物的法律效力[46]，也包括物权的客体虽然不复存在，但在客体上的权利并没有消失，权利人仍可以享受其替代物或金钱利益的情况。有学者认为填海造地也可以用物权追及理论来解释：填海造地使海域这一物权客体消失，但客体上的权利并未消失，因而填海造地形成的土地继续享有海域转到土地上的利益。[47] 但此说法逻辑牵强：物权追及原理中强调原物权客体还继续存在，如果不存在则转变为相关利益；而填海造地使海域变成了土地，已经合法转化为新的客体，因而不存在追及力的问题。

综上所述，海域使用权不能作为填海造地的权利基础，纯私法性质的国家海域所有权也不能作为填海造地的母权，必须重新检视填海造地行为的性质。

---

〔45〕 彭诚、钟建华：《海域的民法界定及其权利归属》，载《社会科学战线》2011 年第 9 期；尹田：《物权法中海域物权的立法安排——海域物权法律制度学术研讨会论文资料汇编》，法律出版社 2005 年版，第 115 页。

〔46〕 王利明教授主张：所谓追及的效力，是指物权的标的物不管辗转流通到什么人手中，所有人都可以依法向物的占有人索取，请求其返还原物的法律效力。

〔47〕 参见张惠荣、施星平、高中义：《海域使用权与土地使用权相互转化中的法律问题探讨》，载《海洋开发与管理》2008 年第 12 期。

三、填海造地海域使用权转为国有土地使用权的正当性与合理性争论

根据《海域使用管理法》第32条的规定，填海项目竣工后海域使用权人可以通过“换证”的方式将海域使用权转化为土地使用权。但由于海域使用权不能作为填海造地的权利基础，填海造地海域使用权转为国有土地使用权的正当性与合理性就存在争议。

（一）理论上的正当性拷问

从理论层面来看，“换证”没有法理基础。在现行法框架下，填海造地海域使用权属于用益物权体系，用益物权不具有物上代位性。用益物权的标的物一旦灭失，无论其是人为的还是自然的原因，用益物权均将确定地、终局性地消灭，用益物权人也不得请求所有权人以其他物替代。填海造地导致海域这一标的物消灭，产生土地，由于用益物权并不具有物上代位性，其效力不能自动覆盖到新的标的物——土地之上，那么海域使用权人确定地、终局性地失去了海域使用权，也不能基于原有的海域使用权主张土地使用权，即原海域使用权人的权利消灭并不当然产生土地之上的用益物权（国有土地使用权）。当然，由于填海形成的土地归国家所有，所有权人可以在新形成的土地之上设定用益物权。这将是一个新的物权的取得问题，应当按照土地用益物权的相关规定设立，而我国法律规定是通过“换证”这一程序来实现“海变地”的国有土地使用权的设立的，总体上讲，填海造地的海域使用权人与作为海域所有权人的国家（政府）通过一次设立，产生两个物上的用益物权。海域使用权人是基于什么权利直接取得国有土地使用权证，用用益物权理论还难以解释，其权利取得的正当性有待进一步思考。

（二）制度衔接的合理性拷问

从法律规范层面来看，“换证”是否具有合理性呢？目前并没有法律对“换证”的具体条件、程序作出统一性的规定。对于换证是否需要土地行政主管部门的重新审批，相关申请人是否需要补充缴纳土地出让金，哪些情况下可以不予换证等并没有法律进行统一规定，沿海各省区市的规范性文件中就部分问题有不同的规定。

经过多年的法制建设，我国形成了一整套较为系统完善的土地物

权管理制度，包括《民法典》《土地管理法》《城市房地产管理法》《城乡规划法》等法律法规，对从土地利用总体规划到土地调查，国有土地使用权出让（划拨）的条件、方式和程序，土地登记等有关土地物权的设立、变更、消灭等方面的问题均有较为完善的规定。海域使用权和土地使用权毕竟是两类不同的物权，其在制度上的规定也有差异。一是取得方式方面存在差异。国有土地使用权的取得包括出让和划拨方式，按照《民法典》第 347 条的规定，对于工业、商业、旅游、娱乐和商品住宅等经营性用地及同一土地有两个以上意向用地者的，应当采取招标、拍卖等公开竞价的方式出让。而海域使用权的取得一般是通过审批，虽然《海域使用管理法》也规定了招标和拍卖两种方式，但法条中所采用词语是“可以”，而非“应当”。此外，其他地方性法规及规章中虽然规定了对海域使用权的招拍挂出让方式，但其效力层级低于《民法典》和《海域使用管理法》。二是规划的差异。填海年度计划管理和填海项目审批的依据是海洋功能区划，土地使用权的取得是按照土地利用总体规划、城市规划等。虽然《关于加强围填海规划计划管理的通知》（发改地区〔2009〕2976 号）等相关法律文件规定了海域功能区划与海洋区域规划、土地利用总体规划、城市规划等相关规划应相互衔接，但毕竟还是属于不同客体、不同内容的规划，适用的对象有根本差异。三是建设用地指标控制和围填海造地年度指标控制不同。新增建设用地指标为农用地和未利用地转为建设用地的指标，而填海所形成的土地是按照围填海年度计划指标实施的。填海新增的土地是否属于《土地管理法》规定的土地类型？属于规范的哪一类土地？是否适用新增建设用地的管理规范？这些问题均没有明确。因此，简单的“换证”规定的合理性值得怀疑。

（三）实践中产生了诸多问题

由于制度衔接不畅，从实践操作来看，“换证”就可能存在如下问题：一是简单以“海域使用权证”作为土地登记的权源可能导致同一地块上海域使用权和土地使用权的重置问题。二是由于换证申请人限于填海造地的海域使用权人，限制了新增土地的土地使用权人的范围，而海域使用金与土地出让金有较大的差额，即便是算上填海造地的工程成本等,其价格差距仍然相当大。因此,直接“换证”,可能导致不公平的现象,也容易导致国有资产的流失。三是容易造成法律监管漏洞。例如,在不符合土地利用总体规划的情况下,国土部门是换证还是不换证,不予换证如何救济。对海域和土地两套管理体系之间存在的差异性及其可能产生的社会和管理效应应当给予足够的重视,单独的“换证”条款无法解决这些问题,有待从理论上寻找更合理的解决方案。

综上所述,目前我国填海造地物权制度在理论上存在诸多争议,需要对填海造地物权的基础理论进行创新,进而设计出科学合理的填海造地物权制度和管理制度,为解决填海造地实践中存在的问题寻找一条合理的路径。

第四章　我国填海造地物权法律规制的现状分析

我国的海洋法制建设起步较晚，自新中国成立以来到20世纪80年代，海洋立法工作基本上是对个别海洋社会关系进行局部规范。与海域开发相关的法律制度建设起步更晚，20世纪90年代，随着海域开发利用的深度加强，财政部和国家海洋局于1993年联合下发《国家海域使用管理暂行规定》（已失效），但并没有统一的海域使用管理方面的立法。这种现象直到2002年《海域使用管理法》颁布实施才得以改善。而有关填海造地的规制基本上是纳入海洋法律制度框架范围内进行的，作为海域开发中海域使用权的一类加以规范。有关填海造地物权的公法规制方面主要涉及海洋功能区划、海域使用论证、环境影响评价、围填海规划计划管理及海域使用金管理等制度；私法规制方面，由于填海造地是使"海变地"，涉及的主要物权内容包括海域所有权、海域使用权、土地所有权和新增土地使用权等权利的设立、变更和消灭。本章将以《海域使用管理法》及沿海各省区市的海域使用管理条例（办法）为主线，结合《民法典》等其他相关法律法规的规定，对我国填海造地的物权法律制度进行梳理。

第一节　填海造地法律法规及规范性文件的总体梳理

一、全国性法律法规及规范性文件

随着我国建设海洋强国战略的实施,海洋开发、管理与保护进程日益加快,相关部门制定了一系列涉海政策、法律、法规、部门规章等文件。法律方面主要包括《海域使用管理法》、《海洋环境保护法》、《海岛保护法》、《环境影响评价法》、《民法典》、《渔业法》和《矿产资源法》等。但对于填海造地,我国并没有出台专门性的法律进行规制,有关填海造地物权制度的相关规范主要集中在《民法典》和《海域使用管理法》中。《民法典》物权编第 247 条规定了海域属于国家所有,第 328 条规定了海域使用权受法律保护,可以认为是从宏观的视角对填海造地的母权(海域所有权)和基础性权利(海域使用权)进行了整体和权威的规定。而更为具体的规范则见于 2002 年实施的《海域使用管理法》当中。《海域使用管理法》中直接提及填海的仅四条规定,包括第 4 条、第 18 条、第 32 条及第 42 条,主要是对填海的严格管理、审批、换证和违法填海的处罚的规制。当然,按照现行规定填海造地属于海域使用权的一种类型,《海域使用管理法》中有关海洋功能区划、海域使用的申请和审批、海域使用权的设立和变动、海域使用金的缴纳,以及监督检查、法律责任的一般规定也适用于填海造地行为。因此,现行法律框架下,《海域使用管理法》是对填海造地进行规制的基本法律。此外,为配合《海域使用管理法》的实施,对于海域使用管理方面,国土资源部(现合并到自然资源部)、国家海洋局等相关管理部门出台了一系列管理规定,主要包括海洋功能区划规划、海域使用权的审批出让、海籍管理(海域使用权登记、统计、抵押)、海域使用金征收管理、海域使用论证、海岸带管理等制度;专门针对围填海造地的规范性文件(管理规定)则主要涵盖了对区域建设用海、人工岛建设用海、填海项目竣工海域使用验收、围填海造地工程平面设计、围填海规划计划管理、围填海造地管理、区域建设用海规划环境影响评价、区域农业围垦用海管理、无居民海岛周边海域开展围填海活动管理等方面的规定。[1] 2018年国务院机构改革以后，国务院就围填海造地颁发了史上最严的《关于加强滨海湿地保护严格管控围填海的通知》（国发〔2018〕24号）。随后，自然资源部、国家发展和改革委员会颁布了《关于贯彻落实〈国务院关于加强滨海湿地保护严格管控围填海的通知〉的实施意见》（自然资规〔2018〕5号）。自然资源部办公厅于2018年11月颁布了《围填海项目生态评估技术指南（试行）》和《围填海项目生态保护修复方案编制技术指南（试行）》，2018年12月自然资源部又出台了《关于进一步明确围填海历史遗留问题处理有关要求的通知》（自然资规〔2018〕7号）等。这些文件对围填海项目管控、生态评估和生态保护修复、围填海历史遗留问题处理等方面进行了规范。

二、地方性法规、规章及规范性文件

就地方层面来看，《海域使用管理法》颁布后，沿海各省、自治区、直辖市如河北、浙江、江苏、山东、福建、广东、广西、海南、天津等9省区市都颁布了各自的海域使用管理条例等地方性法规，辽宁省和上海市

---

〔1〕 专门针对围填海发布的规范性文件主要包括：《关于加强区域建设用海管理工作的若干意见》（国海发〔2006〕14号）、《关于加强海上人工岛建设用海管理的意见》（国海管字〔2007〕91号）、《关于修订〈填海项目竣工海域使用验收管理办法〉的通知》（国海规范〔2016〕3号）、《关于改进围填海造地工程平面设计的若干意见》（国海管字〔2008〕37号）、国家发改委、国家海洋局《关于加强围填海规划计划管理的通知》（发改地区〔2009〕2976号）、国土资源部、国家海洋局《关于加强围填海造地管理有关问题的通知》（国土资发〔2010〕219号）、国家发展改革委、国家海洋局《关于印发〈围填海计划管理办法〉的通知》（发改地区〔2011〕2929号）、《关于规范区域建设用海规划环境影响评价工作的意见》（国海发〔2011〕45号）（已失效）、《关于加强区域农业围垦用海管理的若干意见》（国海发〔2012〕9号）（已失效）、《关于公布区划用海规划编制机构推荐名录的通知》（国海管字〔2012〕566号）、《关于在无居民海岛周边海域开展围填海活动有关问题的通知》（国海办字〔2012〕666号）（已失效）、国务院《关于加强滨海湿地保护严格管控围填海的通知》（国发〔2018〕24号）、《围填海项目生态评估技术指南（试行）》、《围填海项目生态保护修复方案编制技术指南（试行）》和自然资源部《关于进一步明确围填海历史遗留问题处理有关要求的通知》（自然资规〔2018〕7号）等。

颁布了关于海域使用管理办法的地方政府规章。沿海一些较大市如厦门、青岛、大连、海口等也颁布了地方性法规。以上地方性法规和规章在《海域使用管理法》的基本框架范围内分别就各省市的海域使用管理中涉及的海洋功能区划、海域使用权的取得(申请审批)、海域使用与保护、法律责任等问题作出了规定。各沿海省区市针对海域使用权的审批出让、海籍管理、海域使用金征收管理、海域使用论证等出台了一系列的政府规章及规范性文件等。[2] 这些规章和文件对规范填海造地海域使用权的申请和审批、海域使用金的缴纳及监督检查等都有所涉及,同样,专门针对围填海造地的地方性管理规定等文件也大致集中在落实中央层面的关于围填海计划规划管理和项目管理、填海计划指标申请审批等方面,一些地方政府发布了关于如何做好填海造地工作以及“换证”工作的规范性文件。[3] 此外,广东、福建、浙江、上海、江苏等部分省市针对滩涂围垦及其他的开发利用等也颁布了相关的法律文件,特别涉及滩涂围垦的可能与填海造地相关的法律文件主要是:2005 年浙江省人民政府《关于科学开发利用滩涂资源的通知》规定了滩涂围垦的规划、扶持、管理、责任等内容,福建省于 1996 年颁布了《福建省沿海滩涂围垦办法》,2002 年福建省人民政府发布了《福建省沿海

---

〔2〕 例如:《浙江省海域使用金征收管理办法》(浙政发〔2009〕8 号)、浙江省海洋与渔业局《关于做好围填海年度计划指标管理工作的通知》(浙海渔管〔2010〕53 号)、海南省人民政府办公厅《关于印发〈海南省海域使用金征收管理办法〉的通知》(琼府办〔2002〕22 号)、福建省人民政府办公厅《关于印发福建省海域使用金征收配套管理办法的通知》(闽政办〔2007〕153 号)、《上海市海域使用金征收管理办法》(沪府规〔2019〕3 号)。

〔3〕 这些规范性文件包括:《福建省填海项目海域使用权证书换发国有土地使用证实施办法(试行)》(闽政办〔2010〕267 号)等文件;广东省主要有《关于加强我省填海造地管理的通知》(粤海渔〔2004〕146 号)、《关于加强沿海滩涂及海域使用管理的通知》(粤海水〔1999〕195 号);海南省人民政府《关于海域使用权证换发国有土地使用权证有关问题的批复》(琼府函〔2008〕68 号);辽宁省国土资源厅《关于规范填海形成土地使用管理的意见》(辽国土资发〔2008〕108 号);天津市主要有《关于加强海岸线及建设用海管理工作意见的通知》(津国土房办〔2007〕10 号)、《关于天津市填海项目海域使用审批与土地审批程序衔接有关问题的通知》(津国土房滨〔2007〕720 号);等等。

滩涂围垦投资建设若干规定》。这些关于滩涂围垦的法律文件所规定的“滩涂围垦”与“填海造地”存在交叉部分，特别是滩涂围垦涉及海域使用的方面，滩涂使用权与海域使用权并未区分得很清楚。2018 年国务院就围填海造地颁发了史上最严的《关于加强滨海湿地保护严格管控围填海的通知》（国发〔2018〕24 号）之后，各地为贯彻实施该通知，又颁布了关于实施该通知的一些规范性文件，对严控新增围填海造地、加快处理围填海历史遗留问题及加强海洋生态保护修复问题进行了规定。[4]

三、全国性规范与地方性规范的总体关系分析

总体而言，我国有关填海造地的法律规制方面立法供给不足，缺乏统一的基本法，颁布的部门规范性文件虽然较多，但效力层级较低，缺乏稳定性；国家层面对围填海造地的规范管理颁布了相应的文件，地方一般都会出台相应的文件进一步落实中央文件的精神，但也存在沿海各省区市有关填海造地的地方性法规、规章和规范性文件与全国性的法律法规和规范性文件不一致的情形，有些违背了全国性的规定。主要体现在以下几个方面：

一是违背填海造地审批权限的规定。根据《海域使用管理法》第 18 条第 2 款及国务院办公厅《关于沿海省、自治区、直辖市审批项目用海有关问题的通知》中第 1 条第 1 项的规定，围填海 50 公顷以下的项目用海，由省、自治区、直辖市人民政府审批，不得下放审批权。[5] 2002 年《海域使用管理法》颁布以后，各省区市分别颁布了海域使用管理条例（办法）。其中海南省 2005 年颁布了《海南省实施〈中华人民共和国海域使用管理法〉办法》，按照该办法第 11 条的规定，填海 50 公顷以下的项目用海，应当报省人民政府审批；但 2008 年海南省修正该办

〔4〕 例如：福建省人民政府办公厅《关于印发福建省加强滨海湿地保护严格管控围填海实施方案的通知》（闽政办〔2019〕38 号）。

〔5〕 参见国务院办公厅《关于沿海省、自治区、直辖市审批项目用海有关问题的通知》填海（围海造地）50 公顷以下（不含本数）的项目用海，由省、自治区、直辖市人民政府审批，其审批权不得下放。

法,其中第11条第2款第1项和第2项规定,27公顷以下的围填海项目用海由沿海市、县、自治县人民政府审批。海南省违规下放审批权限,导致填海造地海域使用权的审批由各市县把控,出现地方政府为追求政绩和经济利益盲目批准填海造地项目的情况。2012年至2014年,沿海市县共审批填海项目87宗,确权填海面积1447.83公顷,占同期全省审批填海项目的72%以上[6],直到2014年年底海南省再次修正该办法后才收回了审批权限。违规下放填海项目审批权的现象在江苏省也同样存在,2012年经江苏省政府同意的、江苏省海洋与渔业局印发的文件规定,南通市人民政府对试验区内10公顷以下填海项目有审批权,其后,市政府依此审批了涉及面积81.2903公顷的14宗填海用海项目。天津市有关海域使用权审批权限和程序方面的规定也存在与国家相关规定不符的现象。[7]

二是相关的区划、规划与国家批准的不一致。国务院批准的《河北省海洋功能区划(2011—2020年)》中规定,河北省自然岸线保有率应为35%,但是河北省多个文件却将自然岸线保有率降低为20%,并且相关规划区划填海规模严重超出渤海资源环境承载力。2012年3月3日经国务院批准正式实施的《全国海洋功能区划(2011—2020年)》对渤海围填海提出"两个最严格"的管控要求,即"要在渤海海域实施最严格的围填海管理与控制政策,实施最严格的环境保护政策"。随后,国务院批复同意了《天津市海洋功能区划(2011—2020年)》,其中,确立了建设用围填海控制数,将全市建设用围填海规模控制在0.92万公顷以内。但天津市相关规划区划并未落实管控要求,《天津市滨海新区城市总体规划(2011—2020年)》和旅游等相关行业规划拟填海面积达到4.136万公顷,是海洋功能区划围填海控制数的4.5倍。此外,《天津市近岸海域环境功能区划》指标也低于国务院批准的《天津

---

〔6〕 参见《海南省贯彻落实国家海洋督察反馈意见整改方案附整改清单》,载北极星环保网,http://huanbao.bjx.com.cn/news/20180809/919576-9.shtml。

〔7〕 主要体现为天津市《关于委托审批有关海域使用权的批复》、《天津市海域使用管理条例》和《天津市海洋环境保护条例》等地方性法规与国家相关法规文件要求不符。

市海洋功能区划(2011—2020 年)》规定的环境要求。[8]

三是海域使用金管理方面存在不一致的情形。一些地方法规及规范性文件,在海域使用金减缴范围方面,与国家相关政策规定不符,例如:福建省制定的《福建省海域使用金征收配套管理办法》等 3 个涉及海域使用金减缴的文件,对海域使用金减缴范围进行了扩大,致使 2012 年至 2017 年 5 年间,福建省审批的 262 个围填海项目中,有 110 个项目依据上述 3 个文件减缴海域使用金约 2.11 亿元。浙江省海洋与渔业局、省财政厅印发的《关于温台沿海产业带滩涂围垦项目申请缓缴海域使用金有关问题的通知》(已失效),允许用海单位在海域使用金没有足额缴纳的情况下,办理用海确权手续,违反财政部、国家海洋局《关于加强海域使用金征收管理的通知》的规定,导致海域使用金未能及时征收,国有资产严重流失。

除上述管理制度方面之外,有关填海造地物权的私权规制方面,主要涉及海域国家所有权、填海造地海域使用权的取得、海域使用权证换发国有土地使用权证及土地使用权的取得、海域及土地等不动产权利登记等具体规范,下文以此为主线,来梳理我国目前对填海造地物权制度的立法现状。

第二节　填海造地中海域所有权制度的立法现状分析

一、关于海域所有权的主体、客体和内容的规定

填海造地是在海域范围内进行,因此,海域所有权制度是研究填海造地首先要分析的问题。我国《宪法》第 9 条规定了自然资源的国家

[8] 参见《国家海洋督察组向天津反馈围填海专项督察情况》,载中华人民共和国自然资源部网 2018 年 7 月 9 日,http://www.mnr.gov.cn/dt/hy/201807/t20180709_2333568.html。

所有权[9]，但并没有关于海域所有权的明确规定。学界认为，海域应当属于自然资源的一种，对于自然资源没有规定为集体所有即为国有。1993 年财政部、国家海洋局发布的《国家海域使用管理暂行规定》（〔93〕财综字第 73 号）中规定“海域属于国家所有”，但该法律文件效力层级较低。2002 年实施的《海域使用管理法》，正式开启法律层面对海域相关权利制度的构建，该法第 3 条规定，海域属于国家所有，国务院代表国家行使海域所有权。此后，2007 年全国人民代表大会审议通过的《物权法》再次确认了海域的国家所有权。《民法典》物权编第 247 条规定：“矿藏、水流、海域属于国家所有。”明确了“国家”为“海域”的唯一所有权主体。这一规定是《宪法》第 9 条关于自然资源国家所有原则在民法（私法）中的落实，也是对《海域使用管理法》中海域权属管理制度的确认。可见，有关海域国家所有权的法律规范历经了从部门规章到特别法，再到基本法律的嬗变，宏观层面的制度建设日臻完善。而与国家层级法律制度建设同步的还有各地海域法律制度建设。我国沿海的省级行政区，目前也多制定了相关的地方性海域使用条例（或办法），秉承上位法律的原则，确认海域所有权归属于国家。

作为国有财产，海域所有权的行使主体是国务院，这在《海域使用管理法》第 3 条和《民法典》物权编第 246 条[10]中有直接规定，但对于国务院如何具体代表行使包括“海域”在内的国家财产所有权，法律并无详细的规定。实践中，一般由沿海地方政府及其海洋主管部门根据授权行使所有权和监督管理权，任何单位或者个人不得侵占、买卖或者以其他形式非法转让海域。[11]

对于海域所有权的内容，法律并没有特别规定，按照我国《民法典》对所有权的一般规定，作为海域所有权人的国家，依法对海域享有

---

〔9〕 我国《宪法》第 9 条第 1 款规定：“矿藏、水流、森林、山岭、草原、荒地、滩涂等自然资源，都属于国家所有，即全民所有；由法律规定属于集体所有的森林和山岭、草原、荒地、滩涂除外。”

〔10〕《民法典》第 246 条第 2 款规定：“国有财产由国务院代表国家行使所有权。法律另有规定的，依照其规定。”

〔11〕 参见《海域使用管理法》第 3 条第 1 款的规定。

占有、使用、收益和处分的权利，并享有在海域上设立用益物权和担保物权的权利。

海域所有权的客体当然为海域，我国《海域使用管理法》第 2 条将海域界定为“内水、领海的水面、水体、海床和底土”，包括了海域的平面界线和立体构成，对海域范围界定的认识，本书第一章已详细叙述，此处不再赘述。

二、对海域所有权规定的评析

(一)确认海域国家所有权的意义

确立海域国家所有权具有积极的意义。首先，有利于定分止争，促进物尽其用。《海域使用管理法》颁布实施以前，尚无明确的法律层面的规范直接规定海域所有权，导致实践中对海域权属的认识模糊，一些地方政府或集体认为海域归地方政府所有或集体所有，将海域“协议出让”、“承包”或“租赁”给其他人使用，更有甚者，个别乡镇公开拍卖海域或滩涂并获取收益。传统观念中，沿海渔民也大多认为海域属于村集体所有，为自己村的“祖宗海”。这些观念和行为导致海域开发中出现无序无度等乱象。明确规定海域的国家所有权，禁止其他任何单位或个人侵占、买卖或以其他形式非法转让，有利于定分止争。此外，在确立国家所有权的基础上，建立海域使用权制度，使用海主体依法有序地开发海域，促使国家所有权在经济上的实现。

其次，海域国家所有权的确立旨在保障海域之上公共利益的实现；海域所有权由国家垄断，集体、私人不享有海域所有权。海域不仅具有经济价值，还具备生态价值、国防安全价值、生存保障价值与文化价值，具有较强的公益性，不能与一般的私法上的物等同，在开发利用过程中，不能唯经济利益所需，“海域本身不能亦不应成为商品或者被商品化”[12]，更多的是要维护国防安全、保护海洋环境、建立良好的海洋开发秩序。在各类权利主体中，国家最有能力作为公共利益的代表，国家

〔12〕 尹田：《海域物权的法律思考》，载《河南省政法管理干部学院学报》2005 年第 1 期。

具备控制其他私人用海主体对海域财产权不断膨胀的要求的能力,也负有保证国家海域不受侵害的责任。有学者指出:“海域所有权的设定,从根本上讲,不应当是一种新的控制、支配权的诞生,而应当是一种更为严格和具体的国家责任的诞生!”[13]世界各沿海国家基本上都确认了海域的国家所有权,如法国、韩国、英国、美国、意大利等国家。因此,我国将国家作为海域的唯一所有权主体,不仅与世界通行做法一致,而且也有利于公共利益和国家责任的实现。

(二)现行海域国家所有权规定的不足

如前所述,我国立法规定海域属于国家所有即全民所有,由国务院代表国家行使所有权,但这一规定过于空泛,带来一系列问题。

1. 由于“国家”或“全民”具有抽象性的一面,难以满足传统私有所有权主体“明晰”的要求,而主体不明晰又制约着国家所有权的行使和功能的发挥,实践上产生国家所有权主体虚位、国有资产流失等后果。

2. 没有区分公产、私产性质的海域国家所有权。与我国国家所有权整体上存在国家所有权公产、私产性质不清情况相一致,关于海域的国家所有权也并未区分公产和私产性质的海域,使得国有财产的“营利性”与“公共目的”之间的矛盾突出,并导致国家这一最能代表公共利益的主体在所有权行使的过程中,不能正确定位,对公共利益的保护不力。特别表现在填海造地中,彻底改变海域的自然属性,将“海变地”,国家作为所有权人为了实现海域经济价值付出了海洋生态环境破坏等的代价。

3. 所有权的行使主体和管理主体没有区分。实践中,地方各级自然资源主管部门(原海洋与渔业主管部门)既作为海域的管理主体对海域利用开发等活动为公法上的管理行为,又作为国家海域所有权的代表授权行使所有权的权利,可能导致角色混淆。

4. 将海域概括性国有化,对集体、渔民等相关权利人的权利保障没有很好衔接。不可否认,海域所有权的确定为海域使用权这一新制度

---

〔13〕 尹田:《海域物权的法律思考》,载《河南省政法管理干部学院学报》2005 年第 1 期。

的完善创设了条件，但从另一个角度来看，海域所有权是对过去存在于海域之上的利益相关方权益的吞噬，对于海域范围与滩涂范围的界定不清，可能导致国家的“海域”所有权与集体的“滩涂”所有权发生争议，为集体、沿海渔民的权利保障设置了障碍。

第三节　填海造地中海域使用权制度的立法现状分析

《海域使用管理法》明确了海域使用是指“持续使用特定海域三个月以上的排他性用海活动”。而用海活动多种多样，依据海域使用活动特征及对海域自然属性影响程度，2008 年国家海洋局发布的《海域使用分类体系》划分了九种用海类型和五大类用海方式〔14〕，“造地工程用海”属于海域使用类型中的一大类，“填海造地”属于用海方式中的一大类，具体是指为满足城镇建设、农业生产和废弃物处置需要等，通过筑堤围割海域并最终形成土地的海域使用方式。因此，在目前的法律框架下，填海造地属于海域使用权的一种类型，填海造地的基础性权利即海域使用权，对于填海造地海域使用权取得的主体、方式、程序和对价等条件，法律法规有相应规定，下文进行梳理。

一、填海造地海域使用权取得的规定及评析

《海域使用管理法》第三章规定了海域使用的申请与审批，第四章规定了海域使用权，第五章规定了海域使用金，包括填海造地在内的海域使用权的取得都涵盖在其中。

---

〔14〕 参见《关于印发〈海域使用分类体系〉和〈海籍调查规范〉的通知》（国海管字〔2008〕273 号）中的规定，九种用海类型分别是渔业用海、工业用海、交通运输用海、旅游娱乐用海、海底工程用海、排污倾倒用海、造地工程用海、特殊用海及其他用海；五大类用海方式分别为填海造地、构筑物、围海、开放式和其他方式。

(一)关于填海造地海域使用权取得主体、方式和程序的规定及评析

1.关于填海造地海域使用权取得主体、方式和程序的规定

《海域使用管理法》第16条〔15〕将海域使用权的取得主体明确规定为“单位和个人”,其他涉及填海造地海域使用的法律文件等并未对填海造地海域使用权主体有特别规定,因此,填海造地海域使用权主体为“单位”和“个人”。按照《海域使用管理法》第16条、第17条和第19条的规定〔16〕,海域使用权取得的主要方式为“申请—审批”方式。由单位或个人向国家依法确定的海洋行政主管部门申请取得海域使用权,从其行为性质上讲,属于行政审批。此外,为适应市场经济体制下的海域开发形势,《海域使用管理法》第20条规定了通过招标或拍卖取得海域使用权的方式。据此,作为海域使用项下的一种用海方式,填海用海域使用权的权利取得为《海域使用管理法》所确定的就存在三种方式:申请—审批、招标、拍卖。

沿海各省、市、自治区根据《海域使用管理法》制定了地方性法规或政府规章,大多是对《海域使用管理法》的承袭。从表4.1可知,沿海各省、市、自治区对海域使用权取得主体的规定大多与《海域使用管理法》一致,都规定为“单位和个人”,仅《广东省海域使用管理条例》规定为“公民、法人和其他组织”,上海未直接规定为单位和个人,仅用“申请人”表示,应当认为其与全国性的规定一致为“单位和个人”。沿海各省、市、自治区规定海域使用权的取得大多为申请—审批、招标、拍卖三种方式,仅广西、海南、浙江、天津四地新增了挂牌取得方式,使得海域使用权取得方式更显多元化。其中,《浙江省海域使用管理条例》(2013年3月实施)第12条第2款规定,经营性项目用海以及竞争性用海应当通过招标、拍卖、挂牌方式取得海域使用权。此外《广西壮族自治区海域使用管理条例》(2016年3月实施)第12条也有类似规定。

〔15〕《海域使用管理法》第16条第1款规定:“单位和个人可以向县级以上人民政府海洋行政主管部门申请使用海域。”

〔16〕这三条分别规定了海域使用权的申请、审批和登记发证等内容。

《海南省实施〈中华人民共和国海域使用管理法〉办法》(2018 年修正)规定了海域使用权取得的四种方式,第 19 条还专门针对填海造地的“招拍挂”进行了规定,要求填海项目海域使用权的招标、拍卖、挂牌出让应当通过省级人民政府公共资源交易平台进行。[17] 值得一提的是,虽然多数省级地方性法规没有规定海域使用权的挂牌出让方式,但一些海洋局、国土资源局等部门规章及政府规范性文件中都体现了挂牌出让的方式。例如,2007 年的《福建省招标拍卖挂牌出让海域使用权办法》;2013 年,河北省海洋局出台的《河北省招标拍卖挂牌出让海域使用权管理办法》。此外山东省威海市、日照市等地政府办公室印发了关于招标拍卖挂牌出让海域使用权办法的通知。实践中,几乎所有的沿海省、市、自治区都有采用海域使用权招标、拍卖和挂牌出让方式。可见,虽然法律和地方性法规、规章等没有统一规定挂牌的出让方式,但其作为一种重要的、市场化的海域使用权出让方式在各地普遍存在。

表 4.1　沿海 11 个省、自治区、直辖市关于海域使用权的取得主体和取得方式的规定

省份	取得主体	法条	取得方式	法条
辽宁	单位和个人	第 9 条	申请、招标、拍卖	第 19 条
山东	单位和个人	第 4 条	申请、招标、拍卖	第 25 条
河北	单位和个人	第 4 条	申请、招标、拍卖	第 15 条、第 21 条
天津	单位和个人	第 11 条	申请、招标、拍卖、挂牌	第 17 条
上海	申请人	第 6 条	申请、招标、拍卖	第 6 条、第 9 条
浙江	单位和个人	第 3 条	申请、招标、拍卖、挂牌	第 12 条
江苏	单位和个人	第 4 条	申请、招标、拍卖	第 14 条、第 22 条
广东	公民、法人、其他组织	第 11 条	申请、招标、拍卖	第 22 条

[17] 参见《海南省实施〈中华人民共和国海域使用管理法〉办法》2018 年修正版第 19 条的规定以及 2015 年修正版第 21 条的规定。

续表

省份	取得主体	法条	取得方式	法条
广西	单位和个人	第 12 条	申请、招标、拍卖、挂牌	第 12 条
福建	单位和个人	第 8 条	申请、招标、拍卖	第 8 条、第 17 条
海南	单位和个人	第 24 条	申请、招标、拍卖、挂牌	第 10 条、第 19 条

注:河北、山东、天津、浙江、江苏、广东、广西、福建、海南等省区市颁布了地方性法规,即各自的海域使用管理条例,上海市和辽宁省颁布了地方政府规章,即各自的海域使用管理办法。

《海域使用管理法》第 16 条至第 20 条规定的海域使用权申请取得程序为:申请—审核—批准—登记。申请时要求提交海域使用权申请书、海域使用论证材料、资信证明材料和法律法规规定的其他书面材料;由县级以上人民政府海洋行政主管部门审核并应当征求同级有关部门的意见后,报有批准权的人民政府批准。[18] 填海 50 公顷以上的项目用海和国家重大建设项目用海等由国务院审批,其他项目用海由国务院授权省、自治区、直辖市人民政府规定。各省、自治区、直辖市关于填海用海域使用权的取得大多遵循上位法的规定,规定了“申请——审核——批准——登记”程序,只是在申请材料、审核及批准部门、登记等方面进行了细化。在申请材料方面,填海造地一般要求提交海域使用论证报告书、环境影响评价报告书,审核过程为县级以上海洋行政主管部门受理申请审核、报有批准权的人民政府批准。各沿海省、自治区、直辖市的地方性法规及规章均规定 50 公顷以下的填海项目由省级(自治区、直辖市)人民政府批准。一些地方还规定了受理填海项目海域使用申请,应征求同级人民政府规划、土地行政主管部门的意见。[19] 对于海域使用权采用招标和拍卖方式取得的程序,按照《海域使用管理法》第 20 条的规定为“制定方案——报批——组织实施——颁证”,即由海洋行政主管部门制定招标或者拍卖方案并征求同级有

〔18〕 参见《海域使用管理法》第 16 条、第 17 条的规定。

〔19〕 参见《海南省实施〈中华人民共和国海域使用管理法〉办法》第 13 条第 2 款。

关部门的意见,报有审批权的人民政府批准后组织实施,根据招投标结果向中标人或者买受人颁发海域使用权证书,中标人或者买受人自领证之日起,取得海域使用权。

2. 对填海造地海域使用权取得主体、方式和程序的评析

《海域使用管理法》及沿海各省份将海域使用权的主体大都规定为“单位和个人”,该规定甚为模糊,而且并未对填海造地的海域使用权主体作限制性规定,使得填海造地主体范围失之宽泛。此外,《民法典》将海域使用权规定在物权编下的用益物权分编中,说明海域使用权本身还是一项私法上的权利,仅用“单位和个人”的表述并非对海域使用权主体的一个较好的概括,其与我国私法上其他民事权利主体的表述也不一致,没有融入权利主体制度之中。

由于《海域使用管理法》仅规定了申请、招标和拍卖三种海域使用权的取得方式,导致一些地方性法规、规章没有突破,引起法律规定的不统一,但实践中挂牌方式也不鲜见,上位法应当规定全面。通过引入招投标、拍卖和挂牌的市场竞争机制出让海域使用权,其优势在于:一是可以避免海域使用权廉价出让的情况,引入市场竞争将海域使用权商品化,更加有利于海域使用权的流转;二是增加各级地方政府在海域出让方面的收入;三是可以促进海域使用权权利主体与权利客体的明晰化。但上述优点如果利用不当将会产生不利后果。填海造地与一般的海域使用方式不同,它将彻底改变海域的自然属性,其根本目的不是利用海域,而是增加土地供应,譬如,地方政府在经济利益驱动下,为了实现海域的经济价值,大规模的填海造地以吸引投资,忽视海域的生态和安全价值,会导致各方面的问题产生。因此,在填海造地权利的取得方面应与一般的海域使用权有所区别。

在填海造地海域使用权的取得程序方面,现行法规定的“申请—审批”程序及按照招标和拍卖方式取得的程序与一般的程序性规定相比较并无特别之处,但对于填海造地这种完全改变海域自然属性的行为,在权利的取得方面应当有别于一般的海域使用权取得程序,增加顾及各方利益平衡的程序性规定,例如,填海造地可能涉及原有海域上的私人利益或公共利益、环境利益等方面,对于填海造地的权利取得,应

引入公众参与程序。

从性质上看,海域使用权应当属于一项私权,而《海域使用管理法》是一部极具行政管理色彩的特别法,海域使用权虽然经该法得以创立并逐渐丰富,但却明显地缺少私权本应拥有的特征。《民法典》第328条将其规定在物权编下的用益物权分编中,但是仅仅一条单薄的规定并未使海域使用权成功地成长为用益物权,无论是在学理探讨中[20],还是在海域使用的实际活动中,海域使用权都缺少作为私权的用益物权特征。因而,应当依照《民法典》中物权部分的体系与精神建构新的海域使用权规范。但是对填海造地与一般的海域使用不同的特质应当予以重视,《海域使用管理法》并未区分不同的海域使用类型来规定海域使用权的取得主体、方式和程序,有失偏颇。

(二)关于填海造地海域使用权取得对价的相关规定及评析

《民法典》物权编第325条规定,除法律另有规定的外,国家的自然资源实行有偿使用制度,《海域使用管理法》第33条确立了海域有偿使用原则。填海造地作为一种海域使用权当然遵循上述原则。《海域使用管理法》第五章以专章的形式规定了海域使用金的问题,但仅4个条文,确认了海域有偿使用原则和海域使用金缴纳的方式以及减缴、免缴的情形。为落实《海域使用管理法》对海域使用金的规定,财政部、国家海洋局出台了一系列部门规章及文件,主要包括《海域使用金减免管理办法》(财综〔2006〕24号)、《关于加强海域使用金征收管理的通知》(财综〔2007〕10号)、《关于海域使用金减免管理等有关事项的通知》(财综〔2008〕71号)以及《关于调整海域使用金免缴审批权限的通知》(财综〔2013〕66号)等,为海域使用金的管理提供了较为详细的规范。沿海各省区市也制定了相应的海域使用金管理方面的地方政府规章或文件等细化相应的管理规定。

具体到填海造地海域使用权取得的对价问题,按照《海域使用管理法》的规定,一般情况下应当有偿取得,特殊情况下无偿取得。例

---

〔20〕 从王利明、梁慧星、高富平等学者编著的教材中,可以清楚地发现他们都将海域使用权置于用益物权项下的"准物权"一节,与探矿权等并列。

如，填海造地用于军事、公务船舶专用码头、非经营性的交通基础设施等则免缴海域使用金[21]；用于公用设施及国家重大建设项目的填海造地经有权机关审批，可以减缴或者免缴海域使用金。[22]《关于加强海域使用金征收管理的通知》的附件中将全国海域划分为六个等别，并对不同等别的建设填海造地用海和废弃物处置填海造地用海的海域使用金征收确定了标准，征收方式采用一次性征收，且规定农业填海造地用海的海域使用金具体征收标准暂由各省（自治区、直辖市）制定。沿海各省区市也分别根据各自的具体情况制定了农业填海造地用海的海域使用金征收标准，本书在上一章已通过表格的形式呈现了填海造地海域使用金的征收标准，此处不再赘述。可见，除法律另有规定外，填海造地海域使用权有偿取得。

此外，通过对沿海各地省级海域使用管理立法文本的分析、总结，可以看出省级海域使用管理法规对海域使用金的规定大多属于原则性规定，主要规范三项内容：第一，明确有偿使用海域原则；第二，明确海域使用金减缴、免缴情形与细化经申请减缴、免缴程序规定；第三，明确海域使用金征收标准等规定由海洋行政机构与财政部门具体负责，以及海域使用金必须上缴财政，专款专用。此种规定承上启下，在细化了《海域使用管理法》相关规定的基础上，对海域使用金的确定、征收等制度有所展开。

总体上看，我国在海域使用管理方面，奉行海域有偿使用原则，在填海用海域使用权的出让中，海域使用金原则上一次收取。填海造地海域使用金在各类海域使用金中畸高，但与同地段的土地出让金相比则偏低[23]，可能激发政府卖海以及相关单位和个人“炒海皮”或填海造地获取低价土地的热情。此外，海域使用金的征收权力事实上掌握在级别较低的地方政府手中，不易建立统一的海域使用金制度，进而影

---

〔21〕 参见《海域使用管理法》第35条的规定。

〔22〕 参见《海域使用管理法》第36条的规定，有权机关主要是指有审批权的人民政府财政部门和海洋行政主管部门。

〔23〕 本书已在第二章对填海造地海域使用金与土地价格等做了对比和分析，此处不再赘述。

响统一的海域使用权市场的建立。

二、填海造地海域使用权效力方面的规定及评析

海域使用权的效力包括海域使用权人的权利和义务两方面内容。

(一)填海造地海域使用权人的权利和义务

权利方面,按照《海域使用管理法》的规定以及《民法典》对用益物权的一般规定,海域使用权人享有依法占有、使用特定海域并获得收益的权利,以及作为一般用益物权所拥有的物权请求权,如排除妨害、消除危险、返还海域等。〔24〕填海造地作为海域使用权的一类也适用一般意义上的海域使用权效力的规定。《海域使用管理法》中还规定了权利人有依法转让海域使用权的权利〔25〕,请求续期的权利〔26〕,请求改变海域用途的权利〔27〕,请求补偿的权利〔28〕。此外,作为填海造地海域使用权人最重要的一项权利应当是请求"换证"的权利。《海域使用管理法》第32条是对填海造地过程中海域使用权证换发国有土地使用权证所作的程序规定,同时也是填海用海域使用权效力的表现,海域使用权主体凭借所拥有的填海用海域使用权,在填海工程竣工验收后有请求"换证"的权利。依照《海域使用管理法》第23条第2款的规定,填海造地海域使用权人应尽的义务可以分为积极义务与消极义务两种。积极义务即依法保护与合理使用海域。〔29〕消极义务为容忍义务,即当其他主体在特定海域的活动并不会对海域使用权人的排他性使用构成干扰时,海域使用权人不得阻挠。

从地方性立法层面来看,海域使用权人的权利义务方面的规定基

---

〔24〕 参见《海域使用管理法》第3条、第23条第1款及《民法典》第235~237条的规定。

〔25〕 参见《海域使用管理法》第27条的规定。

〔26〕 参见《海域使用管理法》第26条的规定。

〔27〕 参见《海域使用管理法》第28条的规定。

〔28〕 参见《海域使用管理法》第30条的规定。

〔29〕 对于填海造地来说,主要是依照海洋功能区划与填海造地的目的合理使用海域,其实质是消灭海域的权利。

本与《海域使用管理法》的规定一致，某些地方有所细化。在权利方面，例如：对于海域使用权的流转，不仅规定了依法转让的权利，还规定了依法继承、出租、抵押和作价入股等的流转方式。[30] 对于海域使用权被收回获得补偿的权利，地方性立法一般都加以了细化，规定经协商或评估程序后予以相应补偿。[31] 在义务方面，地方性立法一般均将依法保护和合理使用海域进行了细化。例如，《河北省海域使用管理条例》第四章专章规定了海域的使用和保护，增加了不得破坏海洋资源和污染海洋环境、不得毁坏海岸防护设施等自然地貌、采取有效措施防止对海岸的侵蚀或者淤积、采取防止污染海域的措施等相关规定。[32] 但这些规定实质上均包含在合理使用海域的义务这一范畴之中。

（二）对填海造地海域使用权的效力规定的评析

总体上看，对于填海造地权利人的权利和义务的规定过于笼统和粗略，并且逻辑方面存在不周延之处。

权利方面，从立法规定可见，《海域使用管理法》中除第32条的规定外，并未对填海造地海域使用权人的权利另行规定，作为海域使用权的一类，填海造地有其特殊性，应当予以重视。填海造地需要开展一定填海工程，需要占有特定的海域是必然的，但其使用特定海域与一般的海域使用权中的"使用"存在巨大差别，其"使用"海域行为导致海域本身的消灭，从此意义上来看，将填海造地划归为一种"使用"海域的行为难免牵强。填海造地用海的结果是消灭海域、变海为陆，因此权利人

---

〔30〕 例如，《辽宁省海域使用管理办法》第20条规定了海域使用权人的依法转让、出租、抵押和作价入股的权利；《江苏省海域使用管理条例》第25条、《浙江省海域使用管理条例》第30条、《福建省海域使用管理条例》第25条规定了海域使用权可以依法转让、抵押、出租、继承；《海南省实施〈中华人民共和国海域使用管理法〉办法》第20条、《河北省海域使用管理条例》第26条规定了海域使用权可以依法转让、继承、出租、抵押或者作价入股。

〔31〕 例如，《福建省海域使用管理条例》第27条规定了与原海域使用权人协商或者共同委托有资质的评估机构进行评估后，给予相应补偿。《河北省海域使用管理条例》第29条规定了根据海域使用权人已使用的年限和开发使用的具体情况，经依法评估后给予相应补偿。

〔32〕 参见《河北省海域使用管理条例》第31～36条的规定。

享有的收益权也大为不同,具体而言就是权利人对填海造地完成后形成的新增土地享有权利,即填海造地海域使用权人收益了另一种用益物权。此外,海域使用请求续期权的规定对其他用海方式是适用的,如养殖用海、旅游用海、娱乐用海等,但对填海用海域使用权则有待斟酌。按照《海域使用管理法》第25条规定的海域使用权最高期限,建设工程用海为50年,因此填海造地的最高使用年限为50年,填海造地是一个消灭海域、产生陆地的过程,填海造地工程一般一到两年即可完成,换证以后的剩余期限为土地使用权的期限,因此,即便请求续期也是对土地使用权而非对海域使用权的续期。

义务方面,《海域使用管理法》第23条是从海域使用方式的整体层面叙述的,并未对填海用海域使用权人的义务作更细致的规定。填海造地与其他用海行为不同,具有相当的特殊性。其他用海行为的重点在于对海域的维持与利用以实现用海主体的经济目的,但填海造地行为显然不同。虽然都是利用,但填海造地行为最终必然导致权利客体——"海域"的消失,并产生相应的新陆地。因此,分析填海造地海域使用权人的义务必须立足于这一客观现实,作出不同的规定。

三、违法使用海域填海造地法律责任承担的规定及评析

(一)违法使用海域填海造地法律责任承担的具体方式

违法的填海造地指违反现有法律法规对于海域使用管理的规定而填海造地,包括没有海域使用权而实施填海造地和虽取得海域使用权但使用权内容中不包含填海造地内容而非法实施填海并形成土地的行为。没有取得海域使用权而实施填海造地的,明显违反了《民法典》与《海域使用管理法》的规定。《海域使用管理法》第七章以专章的形式规定了违法使用海域的法律责任,其中涉及违法填海造地的规制的条款主要是第42条,该条规定了未经批准或者骗取批准,非法占用海域,应退还占用的海域、恢复海域原状,没收违法所得并处罚款的处罚措施,其中,违法填海造地应缴纳罚款的幅度为非法占用海域面积应缴海域使用金的10倍以上20倍以下,高于一般的非法占用海域罚款。该法第七章还对海域使用权终止后,原海域使用权人不按规定拆除用海

设施和构筑物的，规定了责令限期拆除及罚款的处罚措施[33]；对不按期缴纳海域使用金的，规定了限期缴纳及不缴纳则收回海域使用权的措施。[34] 此外，违法填海造地的另一种情形是超出海域使用权内容或权限而进行填海造地的行为。海域资源包含众多内容，如渔业、运输、造船、海洋工业、填海造地等，各种使用功能之间必然要合理分配、协调，最大限度地实现海域资源使用效益最大化、使用持续化，这就要求对改变海域原有属性、功能的使用内容采取规划限制、用途限制等管制措施，非必要情况下不得作出改变海域自然属性的使用权内容的决定。因此，《海域使用管理法》对于擅自改变海域用途的，规定了责令限期改正、没收违法所得、罚款等处罚措施。[35]

通过对沿海 11 个省区市的地方性立法及政府规章进行分析，大部分省份关于法律责任的规定是对《海域使用管理法》的"复制"，部分省份存在少数细化法律责任的规定，例如，江苏、山东等地规定对非法改变海域用途为填海项目用海的处罚措施为处以"非法改变海域用途期间内该海域面积应缴纳的海域使用金十倍以上十五倍以下的罚款"，海南省甚至规定为"10 倍以上 20 倍以下的罚款"。[36]

（二）对违法填海造地法律责任承担的评析

对于违法使用海域的法律责任方面，现行法大篇幅条文着眼于行政责任，对违法填海造地的规范并不细致。非法填海造地会形成新的土地，其非法占用的客体也变为了土地，但《海域使用管理法》第 42 条并没有将违法占用海域的情形区分为违法填海占用海域和以其他方式占用海域，统一规定了责令退还海域和恢复原状，在实践中也确实导致了一些问题，本书将在第五章关于违法填海引起纠纷的案例分析中讨论，此处不再赘述。对于非法填海造地形成的新的土地，若能恢复为海

[33] 参见《海域使用管理法》第 47 条的规定。

[34] 参见《海域使用管理法》第 48 条的规定。

[35] 参见《海域使用管理法》第 46 条的规定。

[36] 参见《江苏省海域使用管理条例》第 38 条第 1 项，《山东省海域使用管理条例》第 39 条第 1 项，《海南省实施〈中华人民共和国海域使用管理法〉办法》第 27 条第 1 项的规定。

域的应当恢复;然而此种改造往往具有不可逆性,即便具有工程上的可能性但改造成本巨大,对此,应当规定其他替代性的责任承担方式,譬如:应认定新增土地属于国家或集体所有,非法填海人不得享有该土地的所有权及使用权,侵害国家海域(滩涂)或集体滩涂所有权或海域(滩涂)使用权的应按照《民法典》关于物权及侵权责任的规定承担相应的法律责任。

第四节　填海造地中权利转化与承接制度的立法现状分析

填海造地的目的就是填埋海域,使产生新的土地,并将土地用于各种生产经营活动,因此,填海造地新增土地的权利归属是填海造地的最终目的能否实现的关键。《海域使用管理法》第32条第1款规定了新增土地所有权的归属,第2款规定了新增土地的土地使用权的归属问题,即俗称的"换证"问题。可以说,《海域使用管理法》第32条的规定是对海域转化为土地的权属的基本规定,其中包含了所有权归属,新增土地使用权的申请主体、方式、程序和内容。地方性法规(规章)在该条规定的指引下,作出了一些细化,形成了不同的"换证"模式,以下详述填海造地中权利转化与承接的相关规定。

一、填海造地新增土地的所有权归属

根据《海域使用管理法》第32条第1款的规定,填海项目竣工后形成的土地,属于国家所有。沿海各省区市的海域使用管理条例(办法)均重复该条规定。我国《海域使用管理法》及《民法典》均明确规定海域属于国家所有,通过对海域进行填埋获取的土地属于国家所有,自然与国家海域所有权性质一脉相承。此外,该规定也与我国《土地管理法》中的制度相衔接。该条规定本身并无不妥当之处,但实践中可能出现一些特殊情况:其一,如前所述,由于对"滩涂""海域"的界定不清,导致对在滩涂之上特别是"潮间带"滩涂进行填埋形成的土

地权属产生争议；其二，对于大片集体滩涂或土地相连的小块海域进行填埋以满足集体土地使用方便的情况，填埋以后的土地与原有土地形成一宗土地，对于该结合起来的一宗土地是否有必要对土地所有权的性质另行界定。另一种特殊情形在于，随着自然潮汐的一些变化，海岸线上移，导致原来属于集体土地的部分变为了海域，集体对这部分海域进行填埋，主张权利，可否应允，现行法律法规并无细化规定。

二、海域使用权转化为土地使用权的规定及评析

（一）填海造地新增土地使用权取得的主体、方式和程序

《海域使用管理法》第32条第2款是对填海造地新增土地使用权取得的主体、方式与程序所作的唯一规定，表明海域使用权人凭借海域使用权证书通过申请的方式来完成登记、换证，并获取土地使用权。据此，填海造地新增土地使用权取得的主体应当是原海域的海域使用权人。因为是由"海域使用权人"提出申请，并最终"确认土地使用权"，根据文义解释的原理，此处县级以上人民政府在登记造册后所为的"确认土地使用权"明显是要确认前述的"海域使用权人"的土地使用权，而其取得的方式则是申请，程序则为"申请——登记——换证"。

对于填海造地新增土地使用权取得主体、方式和程序，我国沿海大多数省份的地方性立法与《海域使用管理法》一样，甚至可以说是"原文复制"，直接规定新增土地的使用权归原海域使用权人享有，很少能够在"海域使用权人"基础上对取得主体的条件、内容作更丰富的规定。仅有广东、海南等地通过政府通知、批复等抽象性文件确定了填海造地新增土地的使用权的归属需根据不同情况予以不同处理的原则。[37] 例如广东省在《关于加强我省填海造地管理的通知》中规定：填海后新增土地属于建设用地的，按规定办理占用国有未利用地审批手续和土地使用权出让（划拨）手续，如果填海后形成的土地为经营性

〔37〕 还存在部分省份未予规定，如山东省与上海市。

用地的，则由政府土地储备机构收购后，按照规定以公开的方式出让。海南省人民政府在《关于海域使用权证换发国有土地使用权证有关问题的批复》中，进一步将海域使用权证换发国有土地使用权证分为三种情况区别对待，确定新增土地使用权人。具体规定为：(1)政府通过招标、拍卖方式出让海域使用权的，可明确规定填海形成的土地使用权归海域使用权人所有；(2)政府组织实施填海项目形成的土地，应由政府土地储备机构实行收购，按规划直接认定为建设用地，以招拍挂方式出让土地使用权；(3)基础设施和工业等产业项目因项目需要获得批准的海域使用权，项目业主在填海完成后，通过划拨或者出让的形式取得新增土地使用权。

总体上看，《海域使用管理法》及沿海各地方性立法中关于海域使用权与土地使用权衔接的规定过于简单，仅仅言明海域使用权人为土地使用权取得主体难以解决复杂的现实问题。填海造地只是用海的一种方式，用海的目的却有多种，如农业生产、港口建设、城镇房地产开发等，不同的目的必然会产生不同的利益主体，所引发的法律关系也不一样，亦会导致纷繁复杂的法律风险。因此，有必要区分不同的填海造地类型，考量填海目的、产业、环境影响程度等方面因素，规定更为合适的填海用新增土地使用权取得主体和方式。此外单一的新增土地使用权主体取得的模式，与《民法典》和《土地管理法》通过划拨或者招标、拍卖等方式取得土地使用权的规定相悖，限制了土地使用权取得主体的范围，不利于土地资源的合理配置，一定程度上冲击了市场经济的公平和公正性。

(二)填海造地新增土地使用权取得的对价

《海域使用管理法》第32条的规定也只是较为笼统地规定了填海造地新增土地使用权取得的主体、方式和程序，并未对操作层面更为细致的问题作规范，尤其是关于填海造地新增土地使用权取得的程序方面的规范严重空缺，主要指以下三点：(1)仅凭海域使用权证书向土地行政部门提出土地使用权申请是否必然被批准；(2)由海域使用权向土地使用权转换过程中是否需要缴纳土地出让金及其缴纳标准；(3)海域使用权证与土地使用权证的换发衔接工作如何进行等。其中,“换证”是否需要缴纳土地出让金的问题,涉及“换证”过程中海域使用权人的主要义务,值得仔细考察。沿海各省区市根据自身的不同条件作了不同的规定(见表4.2)。

表4.2　沿海各省份对“换证”是否缴纳土地出让金及其价格构成和依据的相关规定

<table>
<tr><th>省份</th><th colspan="3">是否缴纳土地出让金</th><th>土地出让金价格构成</th><th>依据</th></tr>
<tr><td>辽宁</td><td colspan="3">不缴纳</td><td></td><td>《辽宁省海域使用管理办法》(2005年)第23条</td></tr>
<tr><td>江苏</td><td colspan="2">换证</td><td>不缴纳(但转让要补缴)</td><td>土地的评估价格—已缴纳的海域使用金—围填海成本</td><td>《江苏省海域使用管理条例》(2020年)第34条</td></tr>
<tr><td rowspan="4">海南</td><td colspan="2">以招标、拍卖方式取得海域使用权的</td><td>不缴纳</td><td></td><td rowspan="4">海南省人民政府《关于海域使用权证换发国有土地使用权证有关问题的批复》(2008年)第2条</td></tr>
<tr><td rowspan="2">工业、基础设施等项目性填海的土地使用权</td><td>划拨</td><td>不缴纳(但转让或改变土地用途要补缴)</td><td></td></tr>
<tr><td>协议出让</td><td>缴纳</td><td>土地的评估价格—已经缴纳的海域使用金—填减成本</td></tr>
<tr><td>政府组织实施的填海项目</td><td colspan="2">政府收储后按招拍挂方式出让建设用地土地使用权</td><td></td></tr>
</table>

续表

<table>
<tr><th>省份</th><th colspan="3">是否缴纳土地出让金</th><th>土地出让金价格构成</th><th>依据</th></tr>
<tr><td rowspan="3">浙江</td><td colspan="2">以招拍挂方式取得海域使用权的</td><td>不缴纳</td><td rowspan="2"></td><td rowspan="3">《浙江省海域使用管理条例》(2017 年)第 36 条</td></tr>
<tr><td rowspan="2">以申请批准方式取得海域使用权的</td><td>划拨</td><td>未明确规定</td></tr>
<tr><td>协议出让</td><td>缴纳</td><td>土地的评估价格—已经缴纳的海域使用金—填海成本</td></tr>
<tr><td rowspan="3">广西</td><td colspan="2">以招拍挂方式取得海域使用权的</td><td>未明确规定</td><td rowspan="2"></td><td rowspan="3">《广西壮族自治区海域使用管理条例》(2016 年)第 34 条</td></tr>
<tr><td rowspan="2">以申请批准方式取得海域使用权的</td><td>划拨</td><td>未明确规定</td></tr>
<tr><td>协议出让</td><td>缴纳</td><td>土地的评估价格—已经缴纳的海域使用金—填海成本</td></tr>
</table>

注:本表格仅列举了沿海 5 个省区市的“换证模式”,其他省区市没有明确规定,故未在表格中列明。

结合表 4.2 以及各地关于“换证”规定的条文,笔者对各地的“换证”模式再做进一步的阐述。辽宁省明确换证不得收取土地出让金,其特点是权利转化顺畅并有利于海域开发,但不可避免地导致填海造地之风盛行,海域使用金包含了土地出让金,所体现的价值构成的成分并不合理。在实践中,辽宁省国土资源厅对“换证”是否收取土地出让金却又有不同做法,区分土地使用权取得为“划拨、协议出让和招拍挂方式出让”等做不同处理,划拨方式不用缴纳土地出让金,协议出让方式须缴纳土地出让金,价格构成为“土地市场价格扣减已缴纳的海域使用金、填海成本和补偿费”,对于通过招拍挂方式出让海域使用权的，由政府土地储备机构“收储”。此外，辽宁省还推行海域使用权和土地使用权整体出让，缴纳海域使用金和土地出让金。[38]

江苏省原则上对原海域使用权人的权利转化为土地使用权不收取土地出让金，但转让新增土地使用权须补缴土地出让金。该种模式一定程度上可以遏制“炒海皮”的现象，但其海域使用金的构成仍然存在不科学的地方，如果是填海造地人自用，土地使用权的对价就仅仅是海域使用金和填海成本，而不包含土地价格，有失公允。

此外，2010 年福建省人民政府颁发的《福建省填海项目海域使用权证书换发国有土地使用证实施办法（试行）》中对换证的规定较为详细，根据填海主体以及填海造地后土地用途的不同，分别规定了不同的换证情形，主要包括填海项目竣工后，项目业主申请换发国有土地使用权证或林权证，或由政府土地储备机构申请换证。[39]

海南省人民政府《关于海域使用权证换发国有土地使用权证有关问题的批复》中作了明确的规范。该种模式区分海域使用权的取得方式与土地使用权的取得方式和用途，对“换证”是否需要缴纳土地出让金作了较为细致规定，与《土地管理法》的结合也较为紧密，但以“政府批复”这种政府规范性文件来加以规范，其效力层级较低。

浙江省将新增土地以划拨与协议出让的方式相区分并作出不同规定，兼顾了国家利益与海域使用权人利益的保护，而第 36 条规定整体也从立法层面体现出了浙江省海域开发的市场化程度颇深。

《广西壮族自治区海域使用管理条例》第 34 条对填海造地的换证作出了规定，与浙江省的规定类似，但又有所区别，即对于招拍挂方式取得海域使用权证换发土地使用权证书和依申请批准取得海域使用权填海形成的划拨土地进行了模糊化处理，没有规定是否补缴土地出让金，仅对依申请批准取得的海域使用权填海后土地使用权取得方式为协议出让的规定补缴土地出让金。可见，随着海域使用的市场化程度

---

〔38〕 参见詹华安：《辽宁尝试海域和土地使用权整体出让》，载《中国国土资源报》2009 年 9 月 11 日。

〔39〕 参见《福建省填海项目海域使用权证书换发国有土地使用证实施办法（试行）》（闽政办〔2010〕267 号）第 2 条的规定。

的加深，对于通过招拍挂方式取得填海造地海域使用权的，换取土地使用权证时不再补缴土地出让金，主要是因为在招拍挂的竞争方式中，因市场因素的影响，海域使用金的构成在一定程度上包含了土地出让金，但不能全面表达。

除上述模式外，存在部分省份并未根据上位法制定适合实务操作的下位法规范的情况。例如，广东省与填海造地相关的地方性法规有四个，分别是《广东省海域使用管理条例》《广东省海域使用管理规定》《广东省河口滩涂管理条例》《广东省湿地保护条例》。但《广东省海域使用管理规定》制定于 1996 年，1998 年修订一次，在《海域使用管理法》施行之前，效力明显较弱，且其对填海造地新增土地的处理问题也并未明确规范，2017 年被废止。《广东省河口滩涂管理条例》《广东省湿地保护条例》均将规制重点置于环境保护方面。仅有《广东省海域使用管理条例》（2007 年）在第 27 条对填海造地新增土地使用权作出原则性规范，要求原海域使用权人履行登记手续，但并不细致，只是说明"按照国家有关规定办理"。广东省《关于加强我省填海造地管理的通知》（粤海渔〔2004〕146 号）中对填海形成的土地按用途区别三种情况确定是否收取土地出让金。〔40〕

上海市与填海造地新增土地的权利转换相关的立法主要有两个，即《上海市海域使用管理办法》和《上海市滩涂管理条例》，二者均未对填海造地新增土地作出规范，但并不意味着上海市对此方面的管理空白，因为上海市对填海造地新增土地的态度是将新增土地纳入土地储备范围。〔41〕 这也是由上海市的特殊性决定的。与其他沿海省份不同，上海市作为临海的直辖市，海岸线短、海域少是其拥有的客观现实，同时经济的发展致使土地在上海属于极为宝贵的资产，因此，每一部分海域或因其新增的土地都应当被珍视，所以上海市也采取特殊的态度，即纳入土地储备作统一管理。

---

〔40〕 该通知中明确：填海形成的土地用于农业用途和划拨建设用地的，不缴纳，划拨以外的建设用地需缴纳，经营性用地由政府收储后按相关规定公开交易。

〔41〕 参见《上海市土地储备办法》第 6 条的规定。

山东省对此问题采取回避态度，与之相关的四部法律文件，即《山东省海域使用管理条例》、《山东省海域使用管理规定》(已失效)、山东省人民政府《关于海域使用管理有关问题的通知》(已失效)、《山东省湿地保护办法》对填海造地新增土地的处理问题均未涉及。

河北省2020年修正的《河北省海域使用管理条例》未对填海造地新增土地使用权的权利转换作出具体规范，但与其他地方的海域使用管理方面的规定相比，河北省有一条较为特殊的规定，就是该条例第30条规定了挖陆成海的土地使用权证换取海域使用权证的换证程序和海域使用金的收取问题。[42]

《天津市海域使用管理条例》，与其他省份的地方性法规不同的是其对填海造地工程的施工与竣工作出了比较详细的规范，《天津市海域使用管理条例》第26条至第29条均是对填海造地工程施工过程与完工后验收、换证的规范。该条例规定：海域使用权人应当在验收合格后三个月内，凭市海洋行政主管部门出具的海域使用验收文件、海域使用权证书，办理土地登记。该条例可以说是在上位法——《海域使用管理法》规定以海域使用权证书换发国有土地使用权证书的基础上，新增了海域使用验收文件的申请条件与办理土地登记的程序规定[43]，增强了实务操作性，但是仍然没有回答办理登记是否需要审批、换证是否需要另行缴纳土地出让金及如何计算土地出让金的问题。

综上所述，由于《海域使用管理法》对"换证"部分的权利衔接规定有所欠缺，各地只能通过自己的地方性法规作具体的调整、规范，且一些省市并未有实质性的关于该问题的地方性立法，而是通过一些政府的批复、部门规范性文件等加以规定，各地对"换证"是否要重新审批、补缴土地出让金、方式等问题有着不同的规范。这种不统一的法律规

---

〔42〕 参见《河北省海域使用管理条例》第30条的规定："挖陆成海项目竣工后，土地使用权人应当自竣工之日起三个月内，凭土地使用权证书，向原批准使用土地的人民政府海洋行政主管部门申请换发海域使用权证书。海域使用权期限为土地使用权剩余期限。原土地使用权以有偿方式取得的，不收取海域使用金；原土地使用权以划拨方式取得的，收取海域使用金。"

〔43〕 参见《天津市海域使用管理条例》第26~29条的规定。

范对海域的开发有着较大的负面影响。

(三)填海造地新增土地使用权期限

由于填海造地新增土地的产生基础是先前用于开发的海域,故新增土地的使用权期限必然与先前的海域使用权权利期限密切相关。但目前对于这部分的立法较少,施行于全国的《海域使用管理法》对此并无统一规定。地方性法规及文件中,浙江省明确了"填海形成土地的使用权期限为海域使用权期限的剩余期限。剩余期限超过法律、法规规定的土地使用权最高期限的,填海形成土地的使用权期限按照法律、法规规定的最高期限确定"[44]。《广西壮族自治区海域使用管理条例》第35条、《江苏省海域使用管理条例》第34条、《海南省人民政府关于海域使用权证换发国有土地使用权证有关问题的批复》第4条中也有类似规定。而我国对于土地使用权期限,在《土地管理法》《民法典》《城镇国有土地使用权出让和转让暂行条例》等法律法规中均有规定。农业用地以及建设用地因土地的具体用途不同规定了不同的期限。填海造地所形成的土地的使用权期限与以上法律法规的规定并不一致。我国《土地管理法》第4条中将土地分为建设用地、农用地和未利用地,而填海造地在换证登记的时候注明土地用途为"填海",使得填海作为一类独立的土地用途,不仅在期限方面,而且在前文所述的土地使用权的取得以及土地使用金的缴纳方面与现行有关土地的法律法规的规定迥异。不同制度规定造成填海造地新增土地使用权的特殊性,与土地法律法规衔接不畅。

三、填海造地物权承接登记制度的规定及评析

填海造地涉及海域使用权的登记和"海变地"后土地使用权的登记、海域使用权的注销问题,我国现行法律法规对此有相应的规定。

《海域使用管理法》第19条规定了海域使用申请经依法批准后,由国务院海洋行政主管部门或地方人民政府登记造册,颁发海域使用权证书;第32条规定了海域使用权证换发国有土地使用权证及其登记

---

[44] 参见《浙江省海域使用管理条例》第37条的规定。

的有关事项，但并没有进一步规定海域使用权的注销问题。国家海洋局于2006年发布了《关于印发〈海域使用权登记办法〉的通知》（已失效），明确了海域使用权登记是指对海域的权属、面积、用途、位置、使用期限等情况以及海域使用权派生的他项权利所作的登记，并对海域使用权的初始登记、变更登记、注销登记、不予登记、暂缓登记、更正登记，以及登记资料的管理、查询和处罚措施等事项作出了较为详细的规定。填海造地作为海域使用权的一类，对其登记的相关规则也包含于此。该通知中有三处特别提及填（围）海造地的情形，体现在第4条、第13条和第20条。该通知规定海域使用权登记的基本单位为“宗海”，即权属界址线所封闭的用海单元，但填（围）海造地的，应独立分宗登记。[45] 填（围）海造地项目已竣工验收的，海域使用权人应当申请变更登记[46]，如果填（围）海造地项目已竣工验收并办理相关手续的，由登记机关直接办理注销登记。[47] 2015年开始实施的《不动产登记暂行条例》明确将海域作为不动产，海域使用权作为不动产上的权利纳入《不动产登记暂行条例》的规制范围，现行法律框架下，填海造地属于海域使用权的一类，其登记当然适用该条例，但该条例对填海造地并无特别的针对性规定。此后，2016年1月1日，国土资源部发布了《不动产登记暂行条例实施细则》（国土资源部令63号）并于2019年进行了修正，其中第59条第2款规定了因围填海造地导致海域灭失的，由申请人在围填海造地工程竣工后申请国有土地使用权登记并办理海域使用权注销登记。从以上的规定可以看出，对于因填海造地导致的海域使用权注销登记，《海域使用权登记办法》和《不动产登记暂行条例实施细则》的规定略有不同，前者是由登记机关直接注销，后者规定由申请人申请注销。

---

〔45〕 参见国家海洋局《关于印发〈海域使用权登记办法〉的通知》（国海发〔2006〕28号）第4条的规定。

〔46〕 参见国家海洋局《关于印发〈海域使用权登记办法〉的通知》（国海发〔2006〕28号）第13条的规定。

〔47〕 参见国家海洋局《关于印发〈海域使用权登记办法〉的通知》（国海发〔2006〕28号）第20条的规定。

第五节　填海造地中的征收补偿与权利损害赔偿制度现状分析

填海造地可能造成原有海域及邻接的滩涂上的既存权利的消灭以及损害,主要表现为原海域使用权的提前收回和滩涂的收回,以及征收及其补偿问题〔48〕,填海造地造成环境污染导致相关权利损害及赔偿的问题,本节对此做一简单梳理。

一、填海造地导致的征收及其补偿方面的规定及评析

(一)填海造地导致征收及其补偿的相关规定

填海造地可能会引发海域(滩涂)上权利的征收问题,对于海域征收补偿,我国法律法规仅存在原则性规定,具有实践性的法律制度并没有建立起来。《民法典》第 329 条规定:"依法取得的探矿权、采矿权、取水权和使用水域、滩涂从事养殖、捕捞的权利受法律保护。"第 327 条规定,因不动产或者动产被征收、征用致使用益物权消灭或者影响用益物权行使的,用益物权人有权获得相应补偿。《渔业法》第 14 条规定,国家建设征用集体所有的水域、滩涂,按照《土地管理法》有关征地规定办理,仅针对"集体拥有所有权的养殖水域"征用补偿作出了概括性规定。而我国《海域使用管理法》仅以第 30 条一个条文加以了原则性规定,该条规定收回原因为"公共利益或者国家安全的需要",程序为

---

〔48〕 不少学者认为对"提前收回"建设用地使用权等不动产上的权利的行为应定性为"征收"。参见朱广新:《论建设用地使用权的提前收回》,载《华东政法大学学报》2011 年第 4 期。相同的观点见参见《〈中华人民共和国物权法〉条文理解与适用》,人民法院出版社 2007 年版,第 444 页;梁慧星、陈华彬:《物权法》,法律出版社 2007 年版,第 277 页;申卫星:《物权法原理》,中国人民大学出版社 2008 年版,第 287 页;刘俊:《中国土地法理论研究》,法律出版社 2006 年版,第356 ~ 358 页。本书认为海域使用权以及滩涂使用权的提前收回与建设用地使用权的提前收回本质上是一致的,因此将其称为"海域使用权征收""滩涂使用权征收",并与集体滩涂所有权的征收统称为填海造地导致的征收。

经原批准用海的人民政府批准，补偿为“相应的补偿”[49]，沿海省区市制定的地方性法规中大多也以此条规定为依据分别对海域使用权的收回问题作出了相应的规定，本书通过表4.3进行了梳理。

表4.3　沿海各省区市海域使用管理条例(办法)中关于海域使用权提前收回的相关规定

省份	收回原因	是否补偿及补偿标准	依据
海南	1. 取得海域使用权后连续闲置满2年的 2. 以非有偿方式取得的海域使用权，虽然期限未满，但不再使用的	无偿	《海南省实施〈中华人民共和国海域使用管理法〉办法》第21条
广西	公共利益或者国家安全的需要	相应的补偿	《广西壮族自治区海域使用管理条例》第33条
广东	1. 公共利益或者国家安全需要的 2. 海域自然资源或者自然条件发生重大变化，海域使用权人提出注销申请获批准的 3. 严重破坏海域环境和生态平衡的 4. 擅自改变海域用途并在限期内拒不改正的 5. 经批准使用的海域无正当理由闲置或者荒废满二年的	因公共利益或国家安全需要提前收回海域使用权的，根据海域使用年限和开发利用情况确定相应补偿	《广东省海域使用管理条例》第26条

〔49〕《海域使用管理法》第30条规定：“因公共利益或者国家安全的需要，原批准用海的人民政府可以依法收回海域使用权。依照前款规定在海域使用权期满前提前收回海域使用权的，对海域使用权人应当给予相应的补偿。”

续表

省份	收回原因	是否补偿及补偿标准	依据
福建	1.公共利益、国家安全的需要 2.因不符合海洋功能区划不能继续从事养殖生产的单位和个人	1.相应补偿:原批准用海的人民政府与原海域使用权人协商或者共同委托有资质的评估机构进行评估 2.合理补偿 3.海域使用补偿的具体办法由省人民政府制定	《福建省海域使用管理条例》第27条
浙江	公共利益或者国家安全的需要	相应的补偿:原批准用海的人民政府与海域使用权人协商确定或者共同委托具有相应资质的评估机构评估确定; 收回村集体经济组织或者其成员的养殖海域使用权的,应当保障村集体经济组织成员的生活,维护其合法权益	《浙江省海域使用管理条例》第35条
河北	1.公共利益或者国家安全的需要 2.不符合海洋功能区划不能继续从事养殖生产的单位和个人	1.相应补偿:根据海域使用权人已使用的年限和开发使用的具体情况,经依法评估后给予 2.合理补偿 3.海域使用补偿的具体办法,由省人民政府制定	《河北省海域使用管理条例》第29条

续表

省份	收回原因	是否补偿及补偿标准	依据
天津	1. 公共利益、国家安全和天津滨海新区开发建设的需要 2. 海域使用权期限届满，未申请续期或者申请续期未获批准的；无正当理由闲置海域满一年的；法律、法规规定应当依法无偿收回海域使用权的其他情形	1. 按照国家和本市有关规定给予补偿 2. 无偿收回	《天津市海域使用管理条例》第25条、第24条
山东	公共利益或者国家安全	相应的补偿：根据海域使用权人已使用的年限和开发利用的实际情况，经评估后给予	《山东省海域使用管理条例》第31条
辽宁	公共利益或者国家安全等原因	相应补偿：补偿标准可以协商或委托具有评估资格的评估机构，根据海域使用权人使用海域的年限和开发利用等情况评估确定	《辽宁省海域使用管理办法》第22条
上海	无	无	
江苏	1. 取得海域使用权后，连续二年未开发利用 2. 未经批准转让、出租海域使用权，自然资源行政主管部门责令限制改正，拒不改正的 3. 擅自改变经批准的海域用途的，责令限期改正，拒不改正的	无	《江苏省海域使用管理条例》第26条、第37条、第38条

从表4.3可以看出，11个省、市、自治区中，除上海和江苏没有特别规定外，其他9个省、市、自治区基本上依据《海域使用管理法》第30条作出了规定。提前收回的理由包括公共利益和国家安全需要征收、

闲置以及违法行为三大类情况，其中，公共利益和国家安全需要属于法定事由，几乎各省份都有此项规定，但海南省仅规定了闲置和违法行为两类，并未对《海域使用管理法》的规定进行重申，广东省关于收回理由的规定比较全面，涵盖了上述三大类，福建省、河北省除了国家征收外，还规定了因海洋功能区划调整导致的提前收回海域使用权，天津市除了国家征收外，还规定了滨海新区发展需要以及几种无偿收回的情形。对于收回的补偿问题，因闲置和违法行为收回的情形当然没有补偿，因征收和其他原因收回海域使用权的有补偿，《海域使用管理法》的表述为“给予相应的补偿”，各省份对此也并未有大的突破，天津表述为“给予补偿”，其他省份都采用了“相应补偿”或“相应的补偿”的表述方式。此外，福建省和河北省对因海洋功能区划调整原因收回海域使用权的给予海域使用权人“合理补偿”。对于如何细化补偿标准，各省份一般根据海域使用年限和开发利用情况确定相应补偿或原批准用海的人民政府与原海域使用权人协商或者共同委托有资质的评估机构进行评估确定补偿标准，河北省和福建省还规定了海域使用补偿的具体办法由省人民政府制定，浙江省对于收回村集体经济组织或者其成员的养殖海域使用权的，还规定了“应当保障村集体经济组织成员的生活，维护其合法权益”。可见，总体上看，海域使用权收回的法律法规规定还相当不完备，规定过于粗线条，仅限于应当补偿来保护原海域使用权人的合法权益。

（二）对填海造地导致征收的相关规定的评析

与海域使用权收回法律体系不同，我国对于土地征收及其补偿方面的法律规定较为详细。根据《民法典》物权编第 243 条的规定〔50〕，征收集体土地的补偿主要包括土地补偿费，安置补助费，农村村民住宅、其他地上附着物和青苗等的补偿费，社会保障费用等。《土地管理

---

〔50〕《民法典》第 243 条规定：为了公共利益的需要，依照法律规定的权限和程序可以征收集体所有的土地和组织、个人的房屋以及其他不动产。征收集体所有的土地，应当依法及时足额支付土地补偿费、安置补助费以及农村村民住宅、其他地上附着物和青苗等的补偿费用，并安排被征地农民的社会保障费用，保障被征地农民的生活，维护被征地农民的合法权益……

法》(2004 年修正)第 47 条明确了补偿标准,即“征收耕地的土地补偿费,为该耕地被征收前三年平均年产值的六至十倍。征收耕地的安置补助费,按照需要安置的农业人口数计算”等。实践中,普遍认为该补偿标准偏低,补偿机制不健全。2019 年 8 月,我国修正《土地管理法》,以区片综合地价取代原来的年产值倍数法,在原来的土地补偿费、安置补助费、地上附着物和青苗补偿费的基础上,增加农村村民住宅补偿费用和被征地农民社会保障费用的规定,并明确将“保障被征地农民原有生活水平不降低、长远生计有保障”作为征收补偿的基本原则,为被征地农民构建更加完善的保障机制。[51] 此外,2019 年修正的《土地管理法》更是完善了土地征收范围确定标准以及土地征收程序制度,表现为:一是增加第 45 条,通过列举方式明确对土地征收的公共利益范围进行界定,该条的规定对缩小征地范围,限制政府滥用征地权,解决现实中征地规模不断扩大,被征地农民的合法权益和长远生计得不到有效的保障等问题将产生一定的积极影响[52];二是改革土地征收程序,将原来的征地批后公告改为征地批前公告,明确了对征地补偿安置方案有异议的听证会制度,进一步落实被征地的农村集体经济组织和农民在整个征地过程的知情权、参与权和监督权等。[53] 除了《民法典》和《土地管理法》之外,还有《土地管理法实施条例》、国土资源部《关于完善征地补偿安置制度的指导意见》等一系列相关文件共同构成土地征收补偿法律制度体系,包含土地征收的依据、补偿标准、征收程序、善后工作等内容,可谓十分完善。

然而,海域征收却没有这样的法律法规体系,与土地征收相比,海域征收的具体标准、程序、内容和方式都过于抽象和原则,正是由于对海域征收缺乏明确细致的法律规定,各地在征收海域中存在滥用行政裁量权的现象,忽视了海域使用者的合法权益。这是我国海洋与渔业立法上的一大缺失,也是造成渔业权益人与填海造地人屡次发生争议

---

〔51〕 参见《土地管理法》(2019 年修正)第 48 条的规定。

〔52〕 参见《土地管理法》(2019 年修正)第 45 条的规定。

〔53〕 参见《土地管理法》(2019 年修正)第 47 条的规定。

纠纷的根源所在。[54] 除此之外，在海域征收程序的构建上，海域征收也远逊于土地征收。海域征收程序混乱，程序性权利严重缺位，在征收、听证、补偿和分配等程序性规定上依然过于笼统、抽象，缺乏实践可能性。《海域使用管理法》等更是只字未提，与之相关联的，就是在海域征收实践中普遍存在忽视相对人知情权、参与权、听证权的现象，进而严重侵害了相关当事人的实体权利。

填海造地可能涉及对"滩涂"进行征收，如前文所述，由于滩涂在法律性质上不甚明确，实践中的认识也不一致。因此，如果滩涂属于土地，则征收时可能涉及的权利包括集体土地（滩涂）所有权和国有滩涂上的滩涂使用权；如果将滩涂定性为海域，则仅存在国家所有权，征收时也仅涉及滩涂使用权的收回问题。据前文对海域使用权收回补偿和土地征收补偿的比较，不难看出，补偿实体和程序标准方面存在较大差距，其结果也自然大不相同，因此，由于立法的缺漏，为实践中填海造地征收滩涂埋下了纷争的种子。

二、填海造地造成环境污染导致相关权利损害及赔偿的规定及评析

（一）填海造地造成环境污染导致相关权利损害及赔偿的规定

我国目前已经制定了一系列与海洋环境相关的法律法规，如《环境保护法》、《海洋石油勘探开发环境保护管理条例》、《防止船舶污染海域管理条例》（已失效）、《海洋倾废管理条例》、《防止拆船污染环境管理条例》、《防治海岸工程建设项目污染损害海洋环境管理条例》、《防治海洋工程建设项目污染损害海洋环境管理条例》和《防治陆源污染物污染损害海洋环境管理条例》等，但是对于填海造地污染造成的权利损害赔偿，仍然主要规定在侵权责任法和环境保护法的框架下。《民法典》第1229条规定："因污染环境、破坏生态造成他人损害的，侵权人应当承担侵权责任。"《环境保护法》第64条规定："因污染环境和破坏生态造成损害的，应当依照《中华人民共和国侵权责任法》的有关

---

〔54〕 参见王建廷：《海域征收补偿制度研究》，载《中国渔业经济》2008年第4期。

规定承担侵权责任。”《海洋环境保护法》第 46 条第 1 款规定：“兴建海岸工程建设项目，必须采取有效措施，保护国家和地方重点保护的野生动植物及其生存环境和海洋水产资源。”《防治陆源污染物污染损害海洋环境管理条例》第 3 条第 1 款规定：本条例适用于在中华人民共和国境内向海域排放陆源污染物的一切单位和个人。

（二）对填海造地造成环境污染导致相关权利损害及赔偿的规定的评析

对填海造地导致的环境污染立法并没有特殊的规定，由于环境侵权涉及实体权利的确定，因而主要的原则性规范集中于《环境保护法》和《民法典》侵权责任编中，将填海造地导致的环境污染划分成两种：一是因环境污染导致的民事侵权，二是因环境污染引发的行政责任。我国相关法律基本都对环境污染的侵权责任进行了规制，以“损害填补”为宗旨，但对于整体的环境及生态遭受到的破坏难以从法律上找到依据要求责任人承担侵权责任，特别是在填海造地中，填海可能导致的环境问题不仅仅是污染，更多的是可能造成生态损害。对于修复环境和恢复生态等问题没有规定，也是导致填海造地活动蔓延的重要原因之一，因此，对破坏生态环境侵权立法上应予以回应。值得庆幸的是，2020 年 5 月 28 日公布的《民法典》侵权责任编第七章“环境污染和生态破坏责任”以专章的形式对污染环境和生态破坏行为应承担的责任进行了规定，相比之前的《侵权责任法》仅规定“环境污染责任”有了较大的进步，一是增加了生态损害责任制度，二是区分了侵权行为对民事主体的人身、财产损害和对生态环境本身的损害两类不同损害。对前者侵权人应当承担侵权责任，对后者即违反国家规定造成生态环境损害，侵权人应承担生态修复责任以及损害赔偿责任，损害赔偿包括赔偿生态环境功能永久性损害造成的损失、生态环境损害调查和鉴定评估费等损失和费用。[55] 此外还增加了污染环境、破坏生态的惩罚性赔偿制度，[56] 但相关制度还需进一步完善。

---

〔55〕 参见《民法典》第 1229 条、第 1234 条、第 1235 条的规定。

〔56〕 参见《民法典》第 1232 条的规定。

第六节　我国填海造地物权的相关配套法律制度

填海造地过程中物权的设立、变更和终止不仅要遵循私法规则，还有一系列的公法规则需要遵守，特别是在填海造地海域使用权取得过程中，海洋功能区划制度、海域使用管理制度、海域使用论证制度和环境影响评价制度是不可或缺的。我国《海域使用管理法》《环境影响评价法》《环境保护法》等法律法规以及政府的一些规范性文件对这些制度有较明确的规定。下文对我国填海造地物权的相关配套法律制度进行梳理。

一、海洋功能区划制度

海洋功能区划是指在某一海域多种功能并存的情形下，根据海域的地理位置、自然资源状况及当地社会需求等因素，在分析对比选定最佳功能的基础上，划分出不同的海洋功能类型区，以指导、约束海洋开发利用实践活动，保证海上开发的经济、环境和社会效益。同时，海洋功能区划又是海洋管理的基础。具体而言，海洋功能区划是根据海域及相邻陆域的自然条件、环境状况和地理区位，并考虑海洋开发利用现状和社会经济发展的需要，将海域划定为若干具有主导功能，能够发挥经济、社会和生态综合最佳效益并在自然条件上具有相对独立性的地理单元。因此，海洋功能区划有助于实现政府对海洋开发活动的宏观指导，协调各涉海行业之间的用海矛盾，优化区域生产力布局。我国《海域使用管理法》第二章专章规定了海洋功能区划制度，对海洋功能区划编制的主体、编制原则、审批、公布、修改，以及与其他规划的衔接、配合等方面作了总体性的规定。按照《海域使用管理法》第4条第1款的规定："国家实行海洋功能区划制度。海域使用必须符合海洋功能区划。"同时，海洋功能区划应与城乡规划以及土地利用规划之间相互衔接、配合,形成合理的、科学的规划开发利用方案。[57] 我国现行法上将填海造地作为海域使用的一种方式进行管理,因此,我国海洋功能区划制度对填海造地规划和实施具有约束作用。

二、围填海规划计划管理制度

填海造地规划是海洋规划的重要组成部分。海洋资源有很强的公共性、外部性,完全靠市场自发调节来配置海域资源,不仅会导致资源配置的严重不公,而且还会导致资源配置的低效率,应通过海洋规划进行调控。海洋规划是在一定时期内,统筹安排海洋开发、利用、治理、保护活动的战略方案和指导性计划,是国家经济与社会发展规划体系的重要组成部分。[58] 它是海洋行政主管部门对海洋各项事业发展的宏观调控,以及海洋事业在一定时期内的发展方向的体现。在行政法学的视野下,海洋行政规划属于行政规划的一种,与其他的行政规划一样,是行政机关进行海洋管理的行政手段,侧重于更为宏观的战略安排和计划拟定。同时,它的内容又是特定的,即针对海洋领域的综合管理,涵盖了海洋资源的开发、海洋环境的保护与治理、海洋的可持续发展等内容。海洋行政规划在海洋行政管理活动中的作用举足轻重:通过制定和实施海洋行政规划,能够综合平衡和协调人类的海洋利益、海洋活动与海洋生态保持之间的关系,既保障海洋开发利用的有序进行,同时维持海洋生态平衡。[59] 海洋规划的制定有利于落实海洋可持续发展原则,也为公私利益平衡提供了协商平台。海洋规划中的填海造地规划是针对填海造地而进行的专项规划,是根据区域海域的特点以及国民经济发展的要求,在一定规划期限内对该海域内各类填海造地的范围、强度、开发、利用、保护、恢复和管理所作的总体安排,也属于行

〔57〕 我国《海域使用管理法》第15条第2款规定:“沿海土地利用总体规划、城市规划、港口规划涉及海域使用的,应当与海洋功能区划相衔接。”

〔58〕 参见孙施文:《现代城市规划理论》,中国建筑工业出版社2005年版,第416~421页。

〔59〕 参见杨蕾、王寰、孙军平:《海洋行政规划视域下海洋生态补偿制度之构建——从概念分析到行动路径》,载《中国海洋大学学报(社会科学版)》2014年第2期。

政规划的范畴。

为合理开发利用海域资源,规范围填海秩序,提高海域使用效率,确保落实海洋功能区划和有效实施国民经济宏观调控,2009 年国家发展和改革委员会、国家海洋局联合发布了《关于加强围填海规划计划管理的通知》,要求建立区域用海规划制度,分别对区域建设用海和区域农业围垦用海进行规划,确立了实施围填海年度计划管理制度,并依托规划计划制度,加强围填海项目审查。此后,2011 年,两部门又联合发布了《围填海计划管理办法》,该办法中规定围填海计划实行统一编制、分级管理,全国围填海计划指标由中央和地方年度围填海计划指标两部分组成,该办法对围填海计划的编报、下达、执行、监督考核等方面进行了较为详细的规定。

2016 年 1 月,国家海洋局印发了《区域建设用海规划管理办法(试行)》(已失效),该办法共六章 31 条,包含了区域建设用海规划的含义、管理体制、编制、审批和实施等主要内容。2018 年 7 月 14 日国务院发布的《关于加强滨海湿地保护严格管控围填海的通知》(国发〔2018〕24 号)中指出,为进一步加强滨海湿地保护,严格管控围填海活动,严守海洋生态保护红线,改善海洋生态环境,提升生物多样性水平,维护国家生态安全,要完善围填海总量管控,取消围填海地方年度计划指标,除国家重大战略项目外,全面停止新增围填海项目审批。党中央、国务院、中央军委决策部署的国家重大战略项目,在审批程序上要更为严格,对围填海造地的选址、规模、生态影响等方面都应按照相关权限和程序进行论证、审核并一律报国务院审批。我国目前正在推行"多规合一",国土空间资源的各种规划需要协调,减少矛盾和冲突。填海造地规划也应当在上级规划的范围内制定。

三、海域使用论证制度

我国《海域使用管理法》第 16 条规定单位和个人申请使用海域的,申请人应当提交海域使用论证材料。同时,为了规范和指导海域使用论证工作,国家海洋局于 2008 年制定了《海域使用论证管理规定》,明确了海域使用论证工作的范围和形式,规范了论证报告的编制、评审以及监督管理工作,明确了论证报告的主要内容。国家海洋局还编制《海域使用论证技术导则》,修订《分类型海域使用论证报告编写大纲》(已失效)、《海域使用论证资质分级标准》,对海域使用论证工作的技术要求作出更为细致的规范。与之相应地,我国各地的海域使用论证制度也逐渐发展,日趋完善,海域使用论证工作呈现不断加强和逐步规范的势头。我国沿海各省区市在地方性法规和政府规章中,结合当地实际,对海域使用论证工作作出了相关规定。天津、山东、浙江、福建、广西、海南等省份还专门制定了具体的管理办法,使海域使用论证工作逐步纳入了规范化管理的轨道。

但是,我国的海域使用论证制度并没有具体对围填海造地工程提出要求。虽说由于围填海造地工程属于海域使用范畴,因而应当进行海域使用论证工作,但是围填海造地的特殊性是其他海域使用方式所不能比拟的,因此应当考虑针对围填海制定专门的海域使用论证制度。

四、环境影响评价制度

环境影响评价(EIA)的概念是在1964年加拿大召开的国际环境质量评价会议上首次提出的,其被定义为:"对建设项目环境变化,包括自然环境和社会环境的影响变化所进行的预测和评价,以及减缓环境变化的措施,包括影响识别、预测和评价三项内容。"[60]环境影响评价制度是指法律、法规及规范性文件所确立的环境影响评价工作必须遵守的规则的总称,环境影响评价制度是协调经济社会环境保护的重要手段,是防止和控制新的污染问题的基本法律制度。我国于1979年颁布的《环境保护法(试行)》,首次在法律文本中确立了环境影响评价制度。随之,1982年颁布的《海洋环境保护法》,1989年颁布的《环境保护法》,2002年颁布的《环境影响评价法》进一步细化了我国的环境影响评价制度。其后,上述法律经过几次修订使得环境影响评价制度日趋完善,行政规章等下位法的出台也使得环境影响评价制度更加丰富。

---

〔60〕 王万茂主编:《土地利用规划学》(第7版),中国大地出版社2008年版,第539页。

我国《环境影响评价法》(2018年修正)第2条中的定义为:"本法所称环境影响评价,是指对规划和建设项目实施后可能造成的环境影响进行分析、预测和评估,提出预防或者减轻不良环境影响的对策和措施,进行跟踪监测的方法与制度。"该法中主要包括规划的环境影响评价和建设项目的环境影响评价,对填海造地规划以及填海造地项目建设的环境影响评价也都提供了相应的制度规则。此外,针对围填海造地,我国制定有《海洋环境保护法》《防治海洋工程建设项目污染损害海洋环境管理条例》《防治海岸工程建设项目污染损害海洋环境管理条例》《海域使用管理法》等法律及关于海洋环境质量标准的文件,如《海水水质标准》《海洋沉积物质量》《海洋生物质量》等,都对围填海工程的环境影响评价制度作出了具体而细致的规范。相应地,我国大多数沿海省份也都制定了海洋环境影响评价工作制度,使涉及海域的环评工作能有章可循,推动海洋环境影响评价行政许可事项更加规范化。但是即便如此,填海造地的环境影响评价制度仍在实践中难以落实。例如,法律要求建设单位在开工建设之前应该委托有资质的机构进行环评,但是许多建设项目未经环评就直接报送到计委、发改委,甚至直接由后者发起某项项目。很多时候往往是在受理海域使用权申请或者废弃物海洋倾倒申请的时候,才发现该涉海工程建设项目海洋环评方面的内容和管理程序存在缺损和瑕疵,如有的没有开展海洋影响评价,有的没有海洋管理部门签具的环境影响报告书(表)审核意见。项目由计划部门立项以后,意味着开发行为已基本上被政府有关部门认可,后来环评程序的功能似乎只是论证该建设项目没有不利的环境影响,或者寻求减少环境影响的对策。这样就失去了从源头上把关海洋环境影响项目的良机,涉海工程建设项目环境影响评价的最后落脚点只能是提出合适的治理方案,实质上就成了一个在社会行为末端和尾部的行为,本身是为限制填海造地的不利影响而建立的环境影响评价制度,却由于制度设置缺漏而未能发挥本来应该发挥的作用。

五、海域使用金管理制度

海域使用金管理制度是对海域有偿使用原则的贯彻,海域使用者必须按照规定向国家支付一定的海域使用金作为使用海域资源的代价。同时,实行海域有偿使用制度也是在一定程度上对市场经济的完善,因为海域从性质上讲,是我国国有的自然资源,通过海域使用金管理制度的确立可以确保海域资源得到更好的配置。

我国于1993年颁布实施的《国家海域使用管理暂行规定》对海域有偿使用制度作了详细的规定,确定海域使用金包括海域出让金、海域转让金和海域租金三种。随后,于2002年实施的《海域使用管理法》第33条中重新对海域有偿使用制度进行了规定:"国家实行海域有偿使用制度。单位和个人使用海域,应当按照国务院的规定缴纳海域使用金。"2007年,财政部、国家海洋局联合下发了《关于加强海域使用金征收管理的通知》(财综〔2007〕10号),于2007年3月1日起正式施行,该通知将全国海域进行了综合划分,根据不同用海类型以及海域等分别制定了全国统一的海域使用金征收标准,这不仅有助于提高海域资源配置效率、确保海域资源性资产保值增值,而且统一了海域使用金征收标准,有助于海域有偿使用的全国规范化管理。《关于加强海域使用金征收管理的通知》规定海域使用金上缴分为一次性缴纳和逐年缴纳两种方式。其中围填海造地用海、构筑物用海中的非透水构筑物、跨海桥梁和海底隧道等类型用海需一次性缴纳海域使用金,其他类型用海则按照使用年限逐年征缴。用海单位和个人不按规定足额缴纳海域使用金并提供有效缴款凭证的,不能取得海域使用权证书,如符合海域使用金减免条件,应依法申请并严格按照财政部、国家海洋局联合公布的《海域使用金减免管理办法》(财综〔2006〕24号)的规定审批。截至2008年年底,沿海11个省、自治区、直辖市均出台了海域使用金征收管理的具体实施办法。海域使用金作为国家财政收入,主要用于海域整治、保护、开发和管理。海域使用金既不是行政性收费,也不是一般的税收,而是国家以所有者的身份,将所有权与使用权分离,出让海域使用权获得的收益,是国家凭借资产权利征收的财政收入。填海造地作为海域使用的一种方式,在我国属于征收较多海域使用金的用海方式,如前文所述,一方面体现了海域市场价值,另一方面,对填海造地征收较高的海域使用金也导致了地方政府为追求经济利益而盲目批准填海造地项目的情况。此外,由于海域使用金的价格远远低于同地段的土地出让金的价格,导致填海造地之风蔓延,并且填海项目竣工验收合格后,填海造地海域使用权人是否需要补缴土地出让金并不确定,各地规定也不一致。因此,对于填海造地应当缴纳的使用金等问题需要进一步研究,设计出科学合理的填海造地使用金制度。

第五章　我国填海造地导致纠纷的司法案例实证考察

填海造地在实践中引发了各种类型的纠纷，下文对我国各级法院有关填海造地引起的权利纠纷已判案件进行司法实证研究，对填海造地引发的典型案例所涉及的案件类型、争议的事由、裁判适用的实体法规范等问题进行总体上的梳理，以此为视角，管窥我国填海造地所引起的纠纷现状，并反思其中凸显的问题。

第一节　司法案例样本概览

一、案例样本筛选及分布情况分析

本书案例通过搜索中国裁判文书网、无讼案例网以及北大法宝司法案例数据库得来，截止日期为 2019 年 11 月 28 日。首先，笔者在中国裁判文书网数据库以“填海造地”为关键字，进行全文检索，共获得裁判文书 401 篇，以案由分类为划分标准，其中刑事案件 51 篇，民事案件 185 篇，行政案件 146 篇，执行案件 18 篇，国家赔偿案件 1 篇。利用相同的方式，笔者还在无讼案例网上搜集到 373 篇裁判文书，其中刑事案件 51 篇，行政案件 119 篇，民事案件 196 篇，执行案件 7 篇；在北大法宝上搜集到 459 篇裁判文书，其中刑事案件 57 篇，民事案件 231 篇，行政案件 152 篇，执行案件 12 篇，国家赔偿案件 7 篇。按照本书研究的角度——填海造地的物权相关问题，对上述案件进行筛选。刑事案件可以直接排除在本书的研究范围之外，在民事案件中，有关借款合同纠纷、造地工程合同纠纷及管辖等多数案件被排除在外，主要选取物权纠纷及侵权责任纠纷，在行政案件中主要选取未取得海域使用权而违法占用海域进行填海造地的案件及对违法处罚不服和执行案件作为研究对象定为适格案件。最后，对不同审级的同一案件进行筛选并过滤掉重复的案件，在三大数据库中适格的案件一共得到49个。[1] 当然，受案例选取角度和笔者个人认识的影响，对填海造地相关的案例搜索存在不全面或者片面的现象在所难免，但不影响本书通过对这些典型案例的分析总结出填海造地与物权相关的纠纷现状。

从表5.1可以看出，涉及填海造地相关案例的时间分布比较集中，2014—2015年的案例占案例总数的50%，主要原因在于沿海土地资源的日益匮乏、人们向海要地的热潮不断升温，填海造地规模不断扩大，进而导致纠纷也不断增多。受填海造地政策的影响，2015年后，国家收紧了对填海造地的管控，案例数量也有所下降。当然，各案例所涉及的纠纷可能年份已久，没有及时诉讼，也可能经过不同审级导致同一案例跨越多年才得以解决，以及作者在案例样本选取上的个人倾向，表5.1仅代表时间分布的大致走向，仅供参考。

表5.1　样本案例中涉及填海造地的时间分布

单位：个

项目	2019年	2018年	2017年	2016年	2015年	2014年	2013年	2011年
案例数	3	3	2	1	10	15	4	2
项目	2010年	2009年	2008年	2007年	2004年	2002年	2000年	1999年
案例数	1	1	1	1	1	2	1	1

从表5.2可以得知，案例主要集中在福建、浙江、山东、辽宁等地区，分析这些地区发生纠纷的情况得知：福建省案例纠纷的面较宽，除违法填海的案例较多外，其他有关权属纠纷、征收补偿以及环境污染等

[1] 考虑到文档篇幅的美观性，该50个案例的目录作为附录附于本书后。

的案例均有涉及;浙江省主要是海域与滩涂权属的争议案例;山东省主要是污染的案例;辽宁省主要是污染和海域使用权权属争议。可见,争议案例的发生与各地填海的自然环境条件等有一定关系。浙江省滩涂资源丰富,并且开发活动较多,在 2011 年,浙江乐清千亩“滩涂被征收”引发维权,由于滩涂的界定模糊,一方面,集体滩涂的所有权与国家的海域所有权产生冲突,另一方面,渔民对滩涂、浅海等的使用权与填海造地的海域使用权等发生纠纷也就在所难免。而山东、辽宁一带海域污染本来就较为严重,再加上填海造地改变海域的自然属性,更容易引起海域的污染导致纠纷增多。福建省经济发达,填海较多,监管方面对违法填海的查处也较为有力度。

表 5.2　样本案例中涉及填海造地的地域分布

单位:个

省区市	福建	辽宁	山东	浙江	海南	广东	广西	天津	上海	河北
案例数	11	9	8	7	5	4	3	1	1	1

二、样本案例争议当事人和争议事由分析

笔者对 50 个适格案例的争议当事人、争议事由进行了统计(见表 5.3、表 5.4、表 5.5),以期挖掘填海造地引起的案件所反映出的事实问题和法律问题。

(一)争议当事人

表 5.3　不同原告身份案例数量及所占比例统计

原告身份	案例数/个	所占比例/%
海洋与渔业局	3	6
居委会/村委会	11	22
公司	21	42
个人	15	30

表 5.4 不同被告身份案例数量及所占比例统计

被告身份	案例数/个	所占比例/%
地方政府	16	32
海洋与渔业局	4	8
居委会/村委会	4	8
公司	23	46
个人	3	6

从表5.3和表5.4可以看出,本书所研究的50个适格案例中公司、个人作为原告的案例占总体的72%,而公司、个人作为被告身份的案例占总体案例的52%,地方政府、海洋与渔业局和村(居)委会作为被告身份的案例占总体案例的48%。结合争议的类型来看,居委会、村委会作为原告身份主要存在于涉及对地方政府的确权登记或行政许可不服提起的诉讼中,海洋与渔业局作为原告身份主要存在于对行政相对人不执行违法填海造地的行政处罚而提起的诉讼中,个人、公司作为原告身份主要存在于承包合同、滩涂上权利、污染侵权、行政处罚、征收补偿等纠纷提起的诉讼中。地方政府作为被告身份主要发生在行政相对人对地方政府的行政许可和权属登记不服引发的诉讼中,海洋与渔业局作为被告的情况主要是涉及行政相对人对行政处罚措施不服引起的诉讼,居委会、村委会作为被告,主要是涉及海域(滩涂)的承包合同纠纷引起的诉讼,公司作为被告主要是填海造地造成污染和损害以及海域之上的权属纠纷引起的诉讼。

(二)争议事由

1. 争议事由的数据分析

如表5.5所示,因填海造地导致的案例,当事人争议的事由多样化,但也存在一定的共性,可以将其进行分类,需要指出的是,在纠纷案例中存在多种事由并存于同一案例中,或者在一类争议事由中存在多种不同的观点的情况,所以,案例数大于50个。

表 5.5　不同争议事由的案例数量统计

单位:个

争议事由	案例数
填海造地海域使用权设立中的权属争议问题	19
因填海造地引起的征收补偿问题	8
填海造地海域使用权和土地使用权衔接导致的问题	3
填海造地造成的环境污染、财产损害及其赔偿问题	12
违法填海造地的认定、处罚、执行问题	11
其他问题	5

2. 争议事由表现的具体纠纷类型

笔者通过对 50 个案例的研读,总结出各类争议事由表现的具体纠纷类型如下:

(1)填海造地海域使用权设立中权属争议导致的纠纷类型主要包括"集体土地(滩涂)所有权"与"国家海域所有权"的争议,以及集体实际控制的海域(海涂)的使用权与填海造地海域使用权的权属争议。

(2)因填海造地引起的征收(收回)补偿纠纷类型主要包括因填海造地而收回原有的海域使用权或征收沿海滩涂导致的征收补偿的范围、标准和受偿主体的确定,以及因缺乏征收、使用权收回的法定事由或程序不完善等导致的纠纷。

(3)填海造地海域使用权和土地使用权衔接导致的纠纷类型主要体现为填海造地海域使用权抵押、"海变地"后抵押权的实现,以及未及时"换证"产生的权利纠纷。

(4)填海造地造成的环境污染、财产损害及赔偿争议导致的纠纷类型主要包括填海造地造成环境污染导致周边其他合法海域使用权人的财产损害引起的纠纷,以及填海造地造成环境污染导致非法养殖户的财产损害引起的纠纷。

(5)违法填海造地的纠纷类型主要为行政相对人对相关部门实施的行政处罚不服的纠纷和违法填海造地的处罚执行纠纷。

(6)其他纠纷主要包括填海造地海域使用权的相邻关系纠纷以及不服填海造地规划的纠纷。

三、法院裁判适用的实体法规范分析

法院的判决或裁定等裁判时适用法律包括程序法规范和实体法规范,本书研究的主要对象为与填海造地有关的实体法规范,因此,笔者对50个适格案例所依据的实体法规范进行了大致的梳理。由于一个案例有可能涉及多部法律法规及规范性文件,因此,所统计的案例数多于50个。(见表5.6)

表5.6 法院裁判适用的不同实体法规范案例数量统计

单位:个

裁判依据*	案例数
《海域使用管理法》	22
《物权法》	7
《民法通则》	8
《土地管理法》	6
《侵权责任法》	8
《合同法》	6
《渔业法》	5
《海洋环境保护法》	3
《海上交通安全法》	2
《担保法》	2
《港口法》	1
全国性的部门规章及规范性文件**	22
地方性法规及规范性文件***	10

*2021年1月1日《民法典》实施后,《物权法》《民法通则》《侵权责任法》《合同法》《担保法》废止。

**部门规章及规范性文件主要包括:《海域使用权争议调解处理办法》(国海办〔2002〕10号,已失效)、《海籍调查规程》(国海管字〔2002〕222号)、《关于确认海涂、滩涂土地权属问题的复函》(国土资厅函〔2004〕281号)、《海域使用权管理规定》(国海发〔2006〕27号)(已失效)、《海域使用权登记办法》(国海发〔2006〕28号)(已失效)、《关于加强海域使用金征收管理的通知》(财综〔2007〕10号)、《填海项目竣工海域使用验收管理办法》(国海发〔2007〕16号)(已失效)、《水域滩涂养殖发证登记办法》(农业部令〔2010〕9号)、《防治海岸工程建设项目污染损害海洋环境管理条例》(根据2018年3月19日国务院《关于修改和废止部分行政法规的决定》修订)和《海洋行政处罚实施办法》(国土资源部令第15号)。

***地方性法规和规范性文件主要包括:浙江省《关于做好浅海滩涂使用权证处理工作的通知》、《浙江省海域使用管理办法》(已失效)、《山东省海域使用管理条例》、《福建省海域使用金征收管理暂行办法》(已失效)、《广东省海域使用管理规定》(已失效)、《上海市滩涂管理条例》等。

从表5.6来看,法院裁判的依据主要是《海域使用管理法》,但单独适用《海域使用管理法》的情形并不多见。[2] 填海造地涉及海洋资源的开发与利用,同样也涉及土地资源的开发与利用,会发生有关海域、滩涂、土地等资源之上的权利义务关系。因填海造地引发的纠纷类型涉及权属争议、征收补偿、环境污染侵权、财产损害及赔偿和违法填海造地的认定、处罚、执行问题,因此法院裁判适用的实体法规范当然也涉及《土地管理法》《物权法》《民法通则》《渔业法》《侵权责任法》《合同法》《海洋环境保护法》等相关法律,以及其他相关的法规及规范性文件。可见,填海造地在实践中是采用民事、行政、经济和环境方面的法律法规综合规制的。现行法律制度下将填海造地作为海域使用权的一类加以规范,《物权法》将海域使用权规定在"用益物权"一章,但实践中,如表5.6所示,法院裁判的依据主要是《海域使用管理法》及一些部门规章和规范性文件,将《物权法》作为裁判依据的仅为7个。通过对这7个相关案例的解读发现,主要是涉及承包合同纠纷案中,适用《物权法》第42条(《民法典》物权编第243条)、第128条(《民法典》物权编第334条)以及第132条(《民法典》物权编第338条)规定的土地承包经营权及其征收补偿方面的规定。可见,具有行政色彩的《海域使用管理法》及其他相关的部门规章及规范性文件和地方性法规等成为填海造地中权利义务变动的基本依据,而《物权法》亦即如今的《民法典》发挥的实际效用稍欠。因此,如何建构以《民法典》为主导的填海造地中权利义务变动的法律制度体系是值得思考的问题。

第二节　各类纠纷的典型案例引证

在对填海造地案件争议有了大致直观了解的基础上,笔者再通过对50个适格案例的仔细研读,总结出在司法实践中填海造地案件争议的焦点问题以及法院对于该类纠纷的判决结果和依据。下文通过典型

〔2〕 在50个案例中,单独适用《海域使用管理法》的案例仅有5个。

案例引证的方式进行说明。

一、填海造地海域使用权设立的权属纠纷

(一)椒江区葭沚街道三山村民委员会与浙江省人民政府行政许可纠纷案[3]

椒江区葭沚街道三山村民委员会(以下简称三山村委会)于2005年9月与台州市椒江三山小普陀装卸站(以下简称装卸站)签订了《小普陀西场地租赁协议书》,约定将7.472亩场地租赁给装卸站。浙江省人民政府于2011年1月以建设填海造地用海方式颁发给装卸站业主即本案第三人海域使用权证书。该证书记载的0.4508公顷海域与三山村委会租赁给第三人的上述场地面积、四至等基本一致。三山村委会不服省政府将海域使用权证书颁发给第三人装卸站业主向法院提起诉讼。

本案争议的焦点:(1)关于涉案区块属于海域还是土地的问题。原告三山村委会认为涉案的0.4508公顷面积不属于海域,属于平均大潮高潮线之上的土地,不属于高潮线之下的滩涂海域,其租赁给第三人的"堆场"属于土地,涉案区块的土地所有权属于原告,原告提出早在1993年根据原椒江市人民政府作出的椒土征字(95)第1号关于征用土地的批复,原告将与涉案区块相邻的另一块土地转让给原黄岩市第一外海航运公司,证明讼争区块与其相邻区块同属于集体所有的土地。被告则认为涉案区块属于海域并且所涉及区块的所有权不属于村集体。而第三人则主张,因该区块属于海域应归国家所有,其与原告于2000年和2005年所签订的两份《小普陀西场地租赁协议书》无效,原告对本案涉及的堆场既无所有权,也无使用权;堆场权属明确,原告与第三人之间不存在海域使用权纠纷。(2)关于被诉颁证程序是否合法的问题。原告认为被告颁发给第三人海域使用权证书的程序违法。诉争区块存在使用权争议,界址、面积不清不符合颁发海域使用权证书的条件,并且颁发海域使用权证没有在当地媒体和原告村公示栏内公示。

---

[3] 参见台州市中级人民法院行政判决书,(2013)浙台行初字第9号。

被告认为涉案区块属于国家所有的海域，不存在使用权争议，其颁证程序合法。

争议的处理：法院认定涉案区块属于海域（海涂），法院认定的依据包括海籍调查表、台州市海洋功能区划表明涉案区块属于海域，水利部门对涉案区块曾作为河滩进行管理，以及椒江区海洋与渔业局将该区块作为海域进行了管理。此外，争议的区块（现有的“堆场”）的形态为“土地”是因第三人在使用过程中“回填”形成的，原告提供的国土部门的文件不能证明其在2005年之前属于陆地。最后，法院认为，根据国土资源部办公厅《关于确认海涂、滩涂土地权属问题的复函》（国土资厅函〔2004〕281号）中的规定，“除土改时分配给农民和在1962年实施《人民公社工作条例修正草案》时确定为集体所有之外，海涂、滩涂应当确定为国家所有”。由于本案原告没有提供涉案区块在土改时分配给农民和在1962年实施《人民公社工作条例修正草案》时确定为集体所有的证据，因此，不能认为原滩涂属于集体所有。按照《海域使用管理法》《浙江省海域使用管理办法》《海域使用权登记办法》等法律、规章的相关规定，省政府有批准海域使用以及颁发海域使用权证书的法定职权。

（二）广西钦州庚柏能源有限公司与国投钦州港口有限公司海域使用权纠纷上诉案[4]

上诉人广西钦州庚柏能源有限公司（以下简称庚柏公司）因与被上诉人国投钦州港口有限公司（以下简称国投钦州公司）海域使用权纠纷一案，不服北海海事法院（2015）海商初字第49号民事判决，向广西壮族自治区高级人民法院提起上诉。基本案情如下：2009年3月4日，原告庚柏公司取得广西壮族自治区人民政府颁发的海域使用权证书，项目为建设钦州港庚柏油库，用海方式为填海造地7.072公顷，终止日期为2058年6月18日，并一次性缴纳了海域使用金。2012年5月14日，国家发展和改革委员会向广西壮族自治区发展改革委和国家开发投资公司下发了文号为发改基础〔2012〕1330号的《国家发展改革

---

〔4〕　参见广西壮族自治区高级人民法院民事判决书，（2016）桂民终190号。

委关于钦州港国投煤炭码头工程项目核准的批复》,同意广西壮族自治区钦州市建设钦州港国投煤炭码头工程,项目单位为被告国投钦州公司。2012 年 6 月,钦州市建规办、国土资源分局、海洋分局、招商局及庚柏公司和国投钦州公司等单位代表就国投煤炭储运基地项目土地盘整工作有关事宜召开会议进行协调,会议纪要中记录:"由于钦州港区产业规划调整,需要把庚柏公司在钦州港区的项目用地盘整用于国投钦州公司的国投煤炭储运基地项目建设,庚柏公司对此表示理解和支持;庚柏公司要求以资金偿还其在该项目上所发生的实际投入并给予其合理适当补偿,国投钦州公司对庚柏公司的有关要求表示理解。"但庚柏公司的海域使用权并未被收回,双方并未就补偿达成具体的一致意思表示,国投钦州公司从 2013 年 1 月 10 日开始进入涉案海域建设煤炭码头,使用了庚柏公司已取得海域使用权的 7.072 公顷涉案海域并且国投钦州公司投资约 14 亿元建设的煤炭码头主体工程已完工。国投钦州公司认为其取得了所需的所有政府许可建设煤炭码头依法合规且原告并未反对政府提出的海域盘整并由国投钦州公司建设煤炭码头的建议。原告认为国投钦州公司在未能完成涉案海域相关建设用地手续的办理,没有取得施工许可证,亦未得到庚柏公司的许可的情形下使用讼争海域进行码头建设,后引发纠纷,庚柏公司诉请法院要求国投钦州公司停止在涉案海域建设的侵权行为、恢复原状、返还涉案海域。

本案争议的焦点:一是国投钦州公司建设涉案煤炭码头是否侵害庚柏公司依法取得的海域使用权;二是庚柏公司请求国投钦州公司承担停止侵害、恢复原状、返还涉案海域等民事责任是否具有事实和法律依据。

争议的处理:一审法院认为,庚柏公司取得了涉案海域的填海造地海域使用权,国投钦州公司虽然通过了政府审批取得涉案海域的建设许可,但庚柏公司对涉案海域享有绝对的、排他的使用权,有权排除他人妨害其海域使用权的行为,除非对其享有的海域使用权因公共利益或国家安全的需要,原批准用海的人民政府才可以依法收回海域使用权。国投钦州公司未经庚柏公司的许可,在其已依法取得海域使用权的涉案海域上建设煤炭码头的行为侵害了庚柏公司享有的海域使用权,已构成侵权,应当承担侵权民事责任。但国投钦州公司建设的涉案煤炭码头项目是为了钦州煤炭运输系统而建设的具有社会公共利益性质的建设项目。通过对双方的投入、建设规模以及使用目的等方面进行考量,为避免给社会造成额外的巨大损失,国投钦州公司承担侵权责任的方式不宜为停止侵害、恢复原状、返还涉案海域,但对于庚柏公司为此遭受的经济损失,庚柏公司可另案起诉。二审法院认为一审判决对国投钦州公司的行为构成侵权的事实查明清楚,证据充分,定性准确,应当维持。对于庚柏公司主张国投钦州公司停止侵权、恢复原状并返还涉案海域的诉讼请求应否支持的问题,综合国民经济与社会发展规划之考量,钦州煤炭码头的建设符合公共利益的评判标准,停止建设、恢复原状并返还海域的请求虽是物权保护的方式,但并不是唯一或不可替换的方式,机械地执行只会造成社会物质的极大浪费及项目所涉海域的不可恢复性破坏,不利于社会经济的发展和生态环境的保护,故对庚柏公司的诉讼请求不予支持。由于庚柏公司明确不在本案中主张经济损失赔偿,又因双方在过往有关政府部门主持的协调会议中表示过对码头项目建设和补偿的理解和支持,双方可以庭外自行协商达成和解方案,或者另行诉至法院主张权益。

（三）类似案例

类似的因填海造地海域使用权设立导致权属纠纷,引起村委会不服政府的行政登记、行政许可而向法院起诉的案例还包括乐清市清江镇永光村村民委员会诉浙江省人民政府行政许可案及行政登记案[5]、乐清市柳市镇上岩后村村民委员会与浙江省人民政府行政许可案及行政登记案[6]、电白县树仔镇罟海村民委员会与电白县人民政府海域使用行政许可纠纷上诉案[7]、厦门市集美区杏林街道高浦社区居民委员

---

〔5〕参见浙江省温州市中级人民法院行政裁定书,(2014)浙温行初字第70号;浙江省温州市中级人民法院行政判决书,(2014)浙温行初字第45号。

〔6〕参见浙江省温州市中级人民法院行政判决书,(2014)浙温行初字第46号;浙江省温州市中级人民法院行政判决书,(2014)浙温行初字第1号。

〔7〕参见广东省高级人民法院行政判决书,(2013)粤高法行终字第536号。

会不服厦门市集美区人民政府土地权属争议处理案[8]、厦门市翔安区马巷镇井头社区居民委员会与厦门市翔安区人民政府土地权属争议处理决定纠纷上诉案[9]等;涉及权属纠纷的案例还包括台州市远征船舶修造有限公司与路桥区金清镇海滨村村民委员会合同纠纷案、三亚鹿城食品饮料有限公司与三亚市河西区榆港社区居民委员会国有土地租赁合同纠纷上诉案、营口经济技术开发区明珠渔业服务有限公司与鞍钢股份有限公司物权保护纠纷上诉案、营口经济技术开发区明珠渔业服务有限公司与国网辽宁省电力有限公司营口供电公司等物权保护纠纷上诉案[10],以及沧州渤海新区新村回族乡狼坨村民委员会、沧州渤海新区新村回族乡新村村民委员会与刘金月、时祥、高福青用益物权纠纷案[11]和湛江经济技术开发区乐华街道平乐下社区居委会诉广东省人民政府复议纠纷案[12]等,可谓不在少数。此外,一些关于侵权纠纷的案例中,也涉及权属纠纷,例如在平潭县平原镇江楼村民委员会与福建省平潭县福鑫围垦开发有限公司海域侵权纠纷上诉案[13]中对滩涂的权利属于国家还是集体所有存在争议;在李全水与南安市森态木业有限公司恢复原状纠纷上诉案[14]中,对诉讼中填海形成的土地的使用权归属于填海造地海域使用权人公司还是长期在滩涂上养殖的村民个人存在争议;等等。

(四)对填海造地海域使用权设立的权属纠纷案例的反思

1. 滩涂属于“土地”还是“海域”的界分问题成为权属争议纠纷之源

沿海滩涂是属于海域还是土地,不同的划分界限可能会产生不同

---

〔8〕 参见福建省厦门市中级人民法院行政判决书,(2011)厦行终字第33号。

〔9〕 参见福建省厦门市中级人民法院行政判决书,(2011)厦行终字第11号。

〔10〕 参见浙江省高级人民法院民事裁定书,(2008)浙民三终字第173号;海南省三亚市中级人民法院民事判决书,(2007)三亚民一终字第185号;辽宁省高级人民法院民事裁定书,(2014)辽民一终字第49号;辽宁省高级人民法院民事裁定书,(2014)辽民一终字第68号。

〔11〕 参见河北省黄骅市人民法院民事判决书,(2014)黄民初字第2808号。

〔12〕 参见广东省湛江市中级人民法院行政判决书,(2017)粤08行初217号。

〔13〕 参见福建省福州市中级人民法院民事判决书,(2014)榕民终字第1534号。

〔14〕 参见福建省泉州市中级人民法院民事判决书,(2018)闽05民终5913号。

的权利主体、不同的管理部门以及不同的征收补偿制度。滩涂的性质不明不仅导致实践中集体土地所有权与国家海域所有权的争议或集体的滩涂使用权与填海造地的海域使用权的争议，而且可能导致征收过程中到底是按照土地还是按照海域进行征收的征收补偿争议，以及国土管理部门和海洋行政管理部门的关系错位带来争议等问题。这几类争议在上述案件中得到了充分体现。如本书第一章所述，我国目前无论是法律法规的规定还是实践部门对于沿海滩涂的界定都存在模棱两可的现象，由此引发一系列矛盾，因此，对滩涂的范围和性质进行明确成为亟待解决的问题。

2. 滩涂的性质在法律层面和事实层面的分离问题

在法律层面上，按照《宪法》和《民法典》的规定，滩涂资源除法律规定属于集体所有的以外，都属于国家所有。通过阅读以上案例发现，无论将滩涂界定为土地还是海域，基本上其所有权都是归国家，集体一般提供不了证据证明其在土改的时候或在 1962 年就确权给集体所有了，也提供不出其他的土地使用权证书或海域使用权证，因而不能主张集体的土地所有权、土地使用权或海域使用权。即便是有些集体能提供原政府颁发的“海涂使用权证”〔15〕，但因 2002 年《海域使用管理法》实施后，地方政府要求“滩涂许可证”要换取“海域使用权证”才能取得合法的“海域使用权”，使得原有的“海涂使用权证”失效。也就是说，地方政府自 2002 年《海域使用管理法》实施后，将大部分滩涂（海涂）作为海域进行管理。但现实中，多数集体将滩涂当成是集体所有的土地或集体拥有土地使用权的土地进行利用，集体并没有意识到使用“自己的土地”或享有“土地使用权”的土地需要去办理“海域使用权证”。因此，集体在这场“法与实情”的较量当中，当然处于不利地位。事实层面上，大多数沿海村落在几十年上百年的历史发展进程中对滩涂及浅海资源一直享有实际意义上的控制权和使用权，将滩涂（或浅海）俗称为“祖宗地”或“祖宗海”。在 20 世纪六七十年代的一轮填海

〔15〕 参见台州市远征船舶修造有限公司与路桥区金清镇海滨村村民委员会合同纠纷案，浙江省高级人民法院（2008）浙民三终字第 173 号民事判决书。

造地风潮中，滩涂围垦形成了土地，但因种种原因没有确权，沿海滩涂一般都由集体当作集体所有的土地长期使用或出租承包给第三人使用。滩涂（浅海）的国家所有权遭遇事实层面的实际控制权的包夹。但当诉诸法院之时，情况又突然发生了大逆转。如在上述案例中，当发生所有权纠纷之时，法院一般根据国土资源部办公厅《关于确认海涂、滩涂土地权属问题的复函》（国土资厅函〔2004〕281号）来认定滩涂（海涂）的权属。[16] 集体一般都没有所有权凭证，处于不利地位。从上述案例中可以看出，争议的滩涂（海域）在国家没有规划为港口、交通运输、临港工业园区等用途之前，集体是"近水楼台先得月"，长期地控制使用海域（海涂），付出了劳动也获取了收益，滩涂成为沿海村民祖祖辈辈赖以生存的场所；在国家海洋功能区划修编后，集体不仅要承受"这片海这片地"行将失去之痛，还落得"非法占用"之名。此外，所有权凭证还成为集体与第三人所签订的合同效力阻却之因，导致合同归于无效，产生合同履行纷争，第三人要求退还租金或承包费。[17] 那么，沿海村集体究竟有没有权利对海域（海涂）这种资源进行使用？对这种长期的习惯性的使用是否应当予以保护？这些也是现实中因填海造地带来的亟待解决的问题。

3. 填海造地海域使用权设立或变更的程序问题

上述案例材料显示，当政府作为被告被诉作出的填海造地海域使用权行政许可或行政登记不合法时，政府往往会提供海洋功能区划、第三人（填海造地海域使用权人）提交的海域使用申请、海域使用论证、海籍调查、环境影响评价报告书、海域使用金收费依据，以及海域管理的一系列法规及政策文件以证明政府行政行为的合法性。而原告（村

---

〔16〕 该复函规定："……除土改时分配给农民和在1962年实施《人民公社工作条例修正草案》时确定为集体所有之外，海涂、滩涂应当确定为国家所有……"

〔17〕 类似案例还有台州市远征船舶修造有限公司与路桥区金清镇海滨村村民委员会合同纠纷案，浙江省高级人民法院（2008）浙民三终字第173号民事裁定书；三亚鹿城食品饮料有限公司与三亚市河西区榆港社区居民委员会国有土地租赁合同纠纷上诉案，海南省三亚市中级人民法院（2007）三亚民一终字第185号民事判决书。

委会)会主张讼争“海域”(滩涂)存在权属纠纷并且政府的公示程序不合法,一些原告还会对规划的效力提出疑义。法院判决通常认为海域都归国有,讼争“海域”不存在权属纠纷,法律法规并没有规定海域使用权设定的具体公示方式,政府在其海洋行政主管部门门户网站上进行公示合法。值得思考的是:在我国,海洋功能区划的作出,或地方政府规划某区域海域要填海造地,是否需经过公众参与程序,充分了解到利益相关人的意见,公示方式是否应针对沿海渔民普遍文化素质较低,不会关注政府的门户网站的情况,而要求提供另外的公示方法。此外,因规划改变,政府相关部门等改变海域使用权的主体,应当依法办理海域使用权审批,而非仅依照政府的规范性文件或工作会议的精神,杜绝为赶项目进度,边批边建等违法行为。

综上所述,在填海造地海域使用权设立过程中出现的权属纠纷问题需要法律法规更进一步明确海域、土地等自然资源的国家所有权在行使和管理过程中,相关利益人的实体性和程序性的权利。

二、因填海造地引起的征收(收回)补偿纠纷

(一)乐清市后塘村、岩坑村等四村村委会诉乐清市政府海域其他行政行为案〔18〕

纠纷的缘起在2009年10月乐清市政府因乐清湾港口建设需要,发布政府通告(乐政发〔2009〕67号)收回部分海域使用权,并宣告该范围内原乐清县政府颁发的“浅海滩涂使用权证”废止。其中涉及原告后塘村、岩坑村等四个村的有合法“滩涂使用权证”的约5000亩滩涂、围塘。2009年11月,南岳镇政府及乐清湾港区开发建设管委会联合发布收回该区浅海滩涂海域经济补偿方案的公告,拟定的补偿标准为:围塘(含围塘养殖)每亩补偿1.62万元,其他滩涂每亩补偿1000元。2010年2月11日,南岳镇人民政府受乐清市人民政府的委托与后塘村等几个村委会签订《乐清湾港区北港区收回国有围塘(滩涂)政策处理(补偿)协议书》(以下简称《协议书》)。2011年11月,后塘村等村委

---

〔18〕 参见浙江省温州市中级人民法院行政裁定书,(2012)浙温行初字第46号。

会向温州市中级人民法院提起行政诉讼,要求撤销政府发布的补偿方案公告以及认定原南岳镇人民政府签订的《协议书》无效。本案先后经过一审、二审和再审〔19〕,最后以原告败诉告终。

在该案中原告村委会认为政府错误地将土地当作海域收回并且收回程序严重违法,发布补偿方案公告的主体错误、程序错误、内容违法;被诉补偿《协议书》没有经过村民代表大会或村民会议讨论通过,违反了《村民委员会组织法》的强制性规定,《协议书》中的补偿价格过低,协议所涉及的补偿款系政府强制转移到该村委会的账户之上,由于"村账镇管",村委会也无可奈何。村委会认为涉案"滩涂及围塘"属于土地,而非海域,应当按照土地征收标准进行补偿。被告乐清市政府认为,该涉案的沿海滩涂属于海域,因海洋功能区划变更为港口区,涉及公共利益需要提前收回海域使用权是符合法律规定的,涉案滩涂不是土地,不适用土地征收程序,因此,不属于需经村民代表大会事先决议的事项。法律法规等并未对收回海域使用权的具体程序有所规定,政府的补偿方案和程序合法,协议系双方当事人真实意思表示,合法有效。

本案涉及的焦点问题有三个:一是滩涂、围塘〔20〕属于土地还是海域;二是政府废止"滩涂使用证"收回海域使用程序是否合法;三是补偿标准应按土地征收补偿还是海域收回补偿,补偿标准是否合理、补偿协议是否有效。法院的认定及裁判依据如下:一是滩涂属于海域,依据的是《海域使用管理法》第 2 条的规定。〔21〕 二是政府收回海域使用权和废止"滩涂使用证"程序合法。判决依据是《海域使用管理法》第 30 条的规定〔22〕,以及浙江省人民政府《关于做好浅海滩涂使用权证处理

〔19〕 参见浙江省温州市中级人民法院行政裁定书,(2012)浙温行初字第 46 号;浙江省高级人民法院行政裁定书,(2015)浙行申字第 117 号。

〔20〕 围塘是指滩涂中围起来的部分。

〔21〕 从裁判文书上看,此处法院认为的滩涂是指潮间带。"海岸线是指平均大潮高潮时水陆分界的痕迹线。而沿海滩涂是指沿海大潮高潮位与低潮位之间的潮浸地带。"参见浙江省高级人民法院行政裁定书,(2015)浙行申字第 117 号。

〔22〕 《海域使用管理法》第 30 条第 1 款规定:"因公共利益或者国家安全的需要,原批准用海的人民政府可以依法收回海域使用权。"

工作的通知》(浙政发〔2006〕61号)第3条和第6条的规定〔23〕。本案中涉案滩涂所在海域功能区划已于2006年经浙江省人民政府批准变更为港口区,本案属于因公共利益需要提前收回海域使用权。三是补偿协议有效。乐清市人民政府因乐清湾港口建设需要收回涉案海域使用权,并委托原南岳镇人民政府与原海域使用权人就补偿方案进行协商达成协议,并不违反法律规定。原被告约定的补偿金额高于政府先前制定的补偿标准〔24〕,补偿协议系双方意思的真实表示,且不违反法律、行政法规的强制性规定,也没有损害其他人的利益,当属合法有效。

(二)佘金龙与林国清、黄天祥、莆田市涵江区某村委会承包地征收补偿费用分配纠纷案〔25〕

第三人莆田市涵江区某村委会(以下简称涵江区某村委会)于2002年将228.2亩滩涂承包给被告林国清,承包期限为2010年10月1日至2020年10月1日,共10年。其间,被告林国清将部分滩涂转包给他人,原告李文才转包的滩涂面积为32亩,合同期限为3年,至2013年10月1日到期,2013年4月政府因工业园区建设征收第三人涵江区某村委会的滩涂及养殖海域时,涉案滩涂由原告李文才实际使用进行海蛏养殖。按照《莆田市涵江区某园区填海造地工程海域使用补偿实施细则》规定,滩涂补偿款支付给"养殖户",补偿项目含海域附着物、种苗费用、人工费等共计6000元/亩。原告转包的32亩滩涂共计补偿款19.2万元,该部分补偿款由莆田市涵江区某政府转入涵江区某村委会账户后,又从该村委会账户转入被告林国清账户。原告李文才要求法院判决19.2万元补偿款归其所有。

法院认为,土地承包经营权人依法有权将土地承包经营权转包,原

〔23〕 根据这两条的规定,对海洋功能区划的主导功能不是养殖,已经或即将按海洋功能区划开发利用的,原发放的浅海滩涂使用权证由县级人民政府收回;根据本通知规定依法妥善处理并换发海域使用权证后,原浅海滩涂使用权证由县级人民政府公告废止。

〔24〕 双方的补偿协议中约定"收回围塘的价格是每亩20200元,滩涂价格是每亩2000元",但相邻区域的土地征收补偿达十几万元甚至几十万元。

〔25〕 参见莆田市涵江区人民法院民事判决书,(2014)涵民初字第1232号。

被告之间的滩涂转包合同合法有效,原告李文才取得土地承包经营权人的合法权益。依照《物权法》第42条第2款(《民法典》物权编第243条)、第128条(《民法典》物权编第334条)、第132条(《民法典》物权编第338条)的规定,国家征收集体所有的土地,应当依法足额支付土地补偿费、安置补助费、地上附着物和青苗的补偿费等费用。承包地被征收的,土地承包经营权人有权依照上述规定获得相应补偿。原告李文才用于养殖海蛏的滩涂在承包期间被征收,依照相关法律及补偿分配方案有权获得相应补偿。该案按照“谁投资,谁受益”的原则,最后将补偿款分配给了原滩涂的次承包经营权人。

该案涉及政府因填海造地征收滩涂,给予的补偿款的受偿主体如何确定的问题。该案法院按照土地征收补偿的法律法规判案,土地征收补偿中有土地补偿费、安置补助费等费用,但本案中政府补偿项目含海域附着物、种苗费用、人工费,对于“滩涂(海域)使用权”的补偿及安置补助费却难觅踪影。莆田市涵江区政府征收滩涂补偿款是支付给“养殖户”,实际养殖户——次承包人的“海域附着物、种苗费用、人工费”等获得了补偿。但集体、原承包经营权人的滩涂使用权及承包经营权没有到期即被政府征收而不能得到任何补偿,凸显了不公平并且导致了实践中与次承包人的纠纷的发生。

因征收补偿导致的纠纷案例还包括张海福与林国清、黄天祥、莆田市涵江区江口镇海星村村民委员会承包地补偿费用分配纠纷案〔26〕,以及羊山与洋浦经济开发区管理委员会海上养殖搬迁补偿纠纷上诉案〔27〕等。

(三)对因填海造地引起的征收(收回)补偿案例的反思

该类案例反映的典型问题是政府在海洋功能区划修编后,涉及原有的浅海、滩涂、围塘等的区域要进行建设(包括填海造地),如何对该海域之上原来的权利人进行补偿的问题。实践中常常因为征收或者收回海域(包括滩涂)使用权的法定事由、补偿范围和标准、受偿的主体、

---

〔26〕 参见莆田市涵江区人民法院民事判决书,(2014)涵民初字第1231号。

〔27〕 参见海南省高级人民法院行政判决书,(2012)琼行终字第84号。

征收(收回)程序等不明确导致纠纷。该类案例值得思考的问题主要包括四个方面。

1. 立法层面,对于海域使用权收回(征海)的法定事由和补偿问题的规定较少

我国《海域使用管理法》对海域使用权收回的规定较为简单,仅第30条有所涉及,对收回(征收)的法定事由即“公共利益或者国家安全的需要”规定为“对海域使用权人应当给予相应的补偿”。〔28〕其他沿海各省区市的地方性法规或政府规章也未有突破性的规定,提前收回的理由包括违法行为、国家征收、闲置等三大类,因海洋功能区划的调整收回海域使用权的可以划归到因公共利益的需要由国家征收(收回)的法定事由当中;对于补偿的标准,大多含糊其词,一般表述为“合理补偿”、“适当补偿”或“相应补偿”。〔29〕实践中对于补偿的范围、补偿的标准、补偿的对象等各省份规定也不一致。

2. 沿海滩涂的征收补偿定性问题存在差异

对滩涂属于土地还是海域,不仅当事人之间有争议,不同的法院对此定性也不同。在对滩涂征收进行补偿时,是按照“土地征收”补偿还是“海域使用权收回”补偿,法院援引法律法规时模棱两可。

3. 补偿的受偿对象和补偿范围方面的问题

受偿对象一般为滩涂或海域的实际使用人(养殖户);补偿范围和标准方面,没有统一规定,各地对滩涂(海域)养殖户的补偿标准各异。福建李文才案中海水养殖海蛏苗的补偿包括海域附着物、种苗费用、人工费共计6000元/亩;洋浦的案例中对搬迁渔排养殖鱼虾蟹等的补偿包括海域补偿费(使用权征收),地上附着物、青苗、投工投劳补助费,办理海域使用权证的按9400元/亩,没有海域使用权证而由养殖户扩建的按4700元/亩进行补偿,对习惯性的使用权人的权利予以了保护;

---

〔28〕 参见《海域使用管理法》第30条规定:“因公共利益或者国家安全的需要,原批准用海的人民政府可以依法收回海域使用权。依照前款规定在海域使用权期满前提前收回海域使用权的,对海域使用权人应当给予相应的补偿。”

〔29〕 辽宁、山东、广东、广西和浙江等省区市的海域使用管理办法或条例的规定为相应补偿,福建、河北为“合理补偿”。

浙江乐清后塘村案中滩涂征收补偿范围包括养殖补偿费和国有滩涂海域使用权收回补偿,滩涂2000元/亩,围塘养殖的2万元/亩。可见,对“海域使用权收回”的补偿费用一般包括海域附着物、养殖种苗费用、人工费用,但对“海域使用权”本身,有些地方政府予以补偿,有些地方政府不予补偿。如果没有对“海域使用权”的补偿,那么集体及原有的滩涂承包经营权人的合法利益通常无法保障,难以体现养殖用海域使用权的用益物权意义上的补偿。此外,从案例材料中可以看出,多数被征收人的养殖证的期限都较短,养殖证一年一换(检),养殖用海域使用权的期限按照法律规定最长是15年,但实践中,海洋行政管理部门为了避免规划改变带来的征收(收回)海域使用权的不便,一般也只设定1—5年,期满前再申请续期,如果主管部门不续期,养殖户就沦为了非法养殖,很可能得不到补偿或补偿的数额大大减少。由此看来,失海渔民的利益保障更为艰难,在征收补偿的上述案例中,对于失海渔民的补偿无论是按土地征收补偿方面的规定,还是按海域收回由征收主体与失海渔民协商确定的补偿范围,均没有对失海渔民的“安置补偿”以及对因填海造地而对环境造成的影响的生态价值方面的补偿。

4. 滩涂(海域)使用权征收补偿的程序方面的问题

确定征收海域(滩涂)使用权一般都是因为政府海域功能规划改变,涉及的海域主导功能改变,由原来的养殖变为港口、交通、旅游或工业园区等用途需要填海造地。由政府发布公告征收滩涂(海域)或组织实施搬迁并发布相关的经济补偿方案,与被征收人签订补偿协议后实施补偿。通常被征收人(失海渔民)对于规划改变不知情,也没有机会发表意见,政府发布的收回海域使用公告、补偿方案及签订的补偿协议的程序等常常受到被征收人的质疑,引发纠纷。

可见,对滩涂(海域)的征收补偿问题由于立法的缺失,导致各地征收补偿时做法不一,产生的纠纷错综复杂。因此,关于海域(滩涂)征收补偿问题在立法层面需要进一步完善。

三、填海造地海域使用权和土地使用权衔接纠纷

在查阅到的案例当中,没有直接因填海造地后海域使用权“换证”

问题起诉到法院的情形，但笔者在调研过程中了解到，现实中，填海造地后，没有及时换领国有土地使用权证以及申请换领而国土部门没有及时办理的情况并不在少数。查阅到的案例中体现出来的海域使用权与土地使用权衔接的纠纷通常出现在合同案例当中。有的是贷款合同中填海造地海域使用权人将海域使用权抵押贷款后，因“海变地”，抵押的标的物改变，因抵押权的实现出现纠纷；还有的是由于没有“换证”，在确认填海造地海域使用权人是否享有土地使用权并对土地使用权可否出租的案例。

（一）福建省中小企业信用再担保有限责任公司与福安市东明船舶修造有限公司、阮韩斌等追偿权纠纷案〔30〕

被告福安市东明船舶修造有限公司（以下简称东明船舶公司）向上海浦东发展银行股份有限公司福州分行（以下简称浦发银行）申请借款人民币1500万元，原告福建省中小企业信用再担保有限责任公司（以下简称再担保公司）为被告借款提供连带保证，东明船舶公司将位于福安市湾坞乡徐江村的海域使用权、填海造地工程及地上船台抵押给再担保公司作为反担保，并为上述抵押物中的福安市湾坞乡徐江村海域使用权办理了抵押登记，原告再担保公司取得了海域使用权抵押登记证。之后，原告再担保公司与债权人浦发银行签订了《权利质押合同》，并将金额为人民币1700万元的定期存单质押给债权人浦发银行，为东明船舶公司履行借款合同债务提供担保。债权人浦发银行于合同签订当天向东明船舶公司发放人民币1500万元的流动资金贷款。后因被告东明船舶公司未依约及时偿还浦发银行的借款，导致再担保公司因承担担保责任代偿款项的本息，再担保公司向东明船舶公司追偿。原告其中一项诉讼请求是申请法院以折价或申请拍卖、变卖等方式处置被告东明船舶公司提供的抵押物，即位于福安市湾坞乡徐江村的海域使用权、填海造地工程及地上船台工程，并在所得价款中享有优先受偿权。法院认为，因原告取得了福安市湾坞乡徐江村的海域使用权抵押登记证海域使用权抵押登记有效，抵押权成立，但对涉案填海造

---

〔30〕　参见福州市中级人民法院民事判决书，(2014)榕民初字第1541号。

地工程及地上船台工程,原告不享有抵押权。理由在于,按照《海域使用管理法》第32条的规定,填海形成的土地归国家所有,被告应在填海工程竣工后3个月内办理"换证"手续,而本案中被告没有在法定的期限内"换证",对填海造地工程形成的土地未向相关部门确认土地使用权,地上船台工程作为在填海造地工程中形成的土地上正在建造的建筑物,亦未办理产权登记,并且原告在本案审理中确认填海造地工程及地上船台工程客观上无法办理产权证。因此,依据《物权法》第187条(《民法典》物权编第402条)的规定,不动产抵押登记设立,未经登记,抵押权未设立。法院判决不予支持原告对填海造地工程和船台工程的优先受偿权。

(二)临高县农村信用合作联社等与哈尔滨工大集团股份有限公司等金融借款合同纠纷案[31]

该案中,一审原告临高县农村信用合作联社等(抵押权人)对一审被告厚水湾集团有限公司(以下简称厚水湾公司)(抵押人)提供的五宗海域的海域使用权享有抵押权,其中一部分填海造地形成四块土地,厚水湾公司向国土环境资源局申请换证并取得了土地使用权证,一审原告即与厚水湾公司签订了上述四块土地的抵押合同,并立即向临高县国土环境资源局申请办理换发土地抵押他项权证,但临高县国土环境资源局以必须先注销海域使用权证书为由,不予受理,导致一审原告未能及时换发土地使用权抵押登记。最后一审法院判决,原告对填海造地形成的四块土地享有优先受偿权,二审认为一审认定事实清楚,适用法律正确,维持原判。但二审查明,海南森基建设工程有限公司(填海施工方)在与厚水湾公司工程款纠纷案中申请法院执行,执行中查封了本案的抵押物海域使用权中填海形成的三块土地。临高县农村信用合作联社提出异议,被海口海事法院驳回。因此,该案中,临高县农信社等对被查封的填海形成的三块土地的优先受偿权的顺位将受到影响。

---

〔31〕 参见海南省高级人民法院民事判决书,(2015)琼民一终字第35号。

（三）深圳市大铲湾港口投资发展有限公司与中检集团汽车检测股份有限公司土地租赁合同纠纷案[32]

该案原告深圳市大铲湾港口投资发展有限公司（以下简称大铲湾公司）在2008年8月15日取得了深圳市某大道西乡某港区436.14公顷的海域使用权证书，使用日期自2001年12月24日至2051年12月23日。在填海造地完成之后，原告并没有按照《海域使用管理法》的规定及时取得涉案土地的土地使用权证书。原告称涉案土地之所以暂未办理国有土地使用权证，是因为海域使用权证所涉及的整片海域尚未完全竣工，故暂时无法办理土地使用权证。2015年10月深圳市政府要求市规划国土委、国资委、宝安区政府协调大铲湾公司，在中检集团汽车检测股份有限公司（以下简称中检公司）已建成的某港区汽车临时检测线附近安排1万平方米土地作为监测设施、汽车堆场（库）用地。经过几次“中检集团汽车检测股份有限公司1万平方米用地协调会”协调，2015年10月19日中检公司开始接手涉案土地进行平整、硬化、建设。一审时，原告请求被告交付2015年11月28日至2017年11月28日的土地使用费（租金），解除大铲湾公司与中检公司之间的土地租赁关系并返还涉案土地。一审深圳市宝安区人民法院认为，按照《海域使用权管理规定》第41条的规定，海域使用权人有权出租的是海域使用权，而非海域使用权上填海造地所形成之土地。因此，大铲湾公司不能据此规定证明其有权将涉案土地进行出租、收取租金。大铲湾公司对涉案土地不享有使用权，继而无权将涉案土地进行出租、收益，大铲湾公司没有证据证明其是与本案有直接利害关系的主体，因此，驳回大铲湾公司的起诉。二审深圳市中级人民法院查明大铲湾公司主张其虽未取得土地使用权证，但涉案土地系其填海造地而成，其对涉案土地享有使用权，有权要求中检公司支付土地使用费。而中检公司认为其系根据政府的安排使用涉案土地，其与大铲湾公司之间不存在租赁合同关系，大铲湾公司也不是涉案土地的使用权人，其无须向大铲湾公司支付土地使用费。二审法院认为，根据我国2004年《土地管

---

[32] 参见广东省深圳市中级人民法院民事裁定书，（2019）粤03民终7737号。

理法》第16条第1款的规定，土地所有权和使用权争议，由当事人协商解决，协商不成的，由人民政府处理。本案双方当事人对涉案土地使用权的权属存在争议，而该问题影响到本案的处理结果，双方应先就涉案土地使用权权属问题向人民政府申请处理，不应由人民法院主管，一审法院以大铲湾公司无利害关系为由驳回起诉，理由不当，但裁定结果正确。最终，二审法院驳回大铲湾公司的上诉。

（四）对填海造地海域使用权和土地使用权衔接导致的纠纷案例的反思

填海造地的海域使用权抵押后，抵押权的效力和实现问题存在不明确之处，抵押权本身是设立在海域之上的，但经过填海后，海域变为了土地，抵押权的标的物改变，海域使用权及其抵押权的效力是否延伸到土地使用权之上，是否需要单独对土地使用权抵押进行登记才能确认土地之上的他项权利，不同的法院判决结果不同。这一情况折射出在填海造地过程中不动产权利登记的相关规范存在不健全的地方，相关部门的衔接存在不顺畅之处。目前，我国的不动产登记分属不同的部门，虽然《不动产登记暂行条例》实施后，此种现象可能有所改变，但填海造地的“换证”问题带来的衔接不畅仍然存在。另外，从上面的案例可以看出，当将海域使用权抵押、“海变地”后，抵押权人需要与抵押人另行签订土地使用权抵押并登记，如果没有登记可能导致其抵押权不能实现。而根据担保物权的物上代位性，抵押权的效力应当及于新生的物，对于将填海造地的海域使用权设定了抵押权的情况，换证时国土部门如何处理，也没有统一的规定。笔者调研收集的材料显示，国土部门一般是不见海域使用权证不予换发国有土地使用权证，但如果不换发国有土地使用权证，又可能导致新增土地之上的抵押权未经登记而无效，因填海造地这一事实行为的实施导致原有的海域使用权抵押权人的权利落空。另外，如果没有及时“换证”，填海造地海域使用权人对填海形成的土地究竟有何权利？其合法权益受到侵害时应当如何救济？这些问题均是“换证”制度衔接不畅引发的，因此，立法层面上应当对“海变地”的衔接问题导致的合法权益以及抵押权的效力和实现等问题作出规定。

四、填海造地造成环境污染导致相关权利损害及赔偿纠纷

（一）吴秉林、施玉升与中海港务（莱州）有限公司海上、通海水域养殖损害责任纠纷案〔33〕

原告吴秉林等是莱州市三山岛海区的养殖户，于2008年12月30日取得一宗39.23公顷的开放式养殖用海域使用权，进行海底养殖海参，用海终止日期为2010年7月1日，并于2008年、2009年和2010年向莱州市海洋与渔业局分别缴纳了海域使用金。2012年4月23日，莱州市海洋与渔业局出具《证明》一份，证明吴秉林上述海域使用权终止日期为2010年7月1日，正在办理续期中。2010年11月23日，中海港务（莱州）有限公司（以下简称中港莱州公司）取得原告邻近海域的一宗44.7080公顷的海域的填海造地海域使用权。自2011年3月开始，中港莱州公司在吴秉林等使用的海域西侧围堰建港施工，并从海里抽吸泥沙充填到围堰内，原告认为，中港莱州公司的抽沙填海行为导致原告养殖区海底出现大量泥沙，泥沙沉淀后海参全部灭失，并导致原告投放的石料损失。对于上述损失，双方多次协商未果，原告起诉要求中港莱州公司赔偿海参损失620万元，赔偿石料损失460万元，合计1080万元。

法院另查明，吴秉林、施玉升诉称的养殖区位于海军航海保证部2009年3月版11881号《莱州港海图》、中国海事局2008年5月版31303号《莱州港海图》所标示的莱州港港界范围内。一审开庭结束后，2014年5月莱州市海洋与渔业局又向吴秉林颁发了海域使用权证书，海域使用权的终止日期为2015年3月31日。

法院认为，本案系因环境污染所引起的损害赔偿纠纷案件，争议焦点问题为：一是中港莱州公司是否为适格诉讼主体，二是吴秉林、施玉升是否为合法养殖，其养殖损失应否予以保护。关于第一个焦点问题，中港莱州公司在经营莱州港期间，作为建设方将工程的围堰建设发包给中建筑港集团有限公司进行施工，被告并不直接参与施工。因此，即便吴秉林、施玉升所诉称的污染损害事实确实存在，因中港莱州公司未

---

〔33〕　参见山东省高级人民法院民事判决书，（2015）鲁民四终字第34号。

具体实施侵害行为,其并不是致损人,又由于中港莱州公司在本案审理过程中向吴秉林、施玉升说明了施工单位,中港莱州公司对于吴秉林、施玉升诉称的损害结果无行为、无过错,其无须承担侵权责任,吴秉林、施玉升要求中港莱州公司承担侵权责任无法律依据,对吴秉林、施玉升的该项诉讼请求不应予以支持。关于第二个焦点问题,法院认为根据吴秉林、施玉升诉称内容,其养殖区出现大量泥沙,泥沙沉淀后养殖物全部灭失的时间发生在 2011 年 11 月,考虑到泥沙污染养殖区并进行沉淀需要经过一定时间,该养殖区遭受污染的时间大致在 2011 年中后期。在该时间期间内,吴秉林、施玉升并不具有海域使用权证书,而且政府主管部门也未向其发放水域滩涂养殖使用证,吴秉林、施玉升的养殖行为不符合我国《海域使用管理法》第 3 条第 2 款和《渔业法》第 11 条的规定,其养殖行为不合法。另外,因吴秉林、施玉升养殖区位于莱州港港区内,其养殖行为也违反了我国《港口法》第 37 条和《海上交通安全法》第 22 条关于“禁止在港口水域内从事养殖、种植活动”的法律禁止性规定,吴秉林、施玉升违反法律禁止性规定,在港区内从事养殖活动,其所遭受的损害不受法律保护。因此,对吴秉林、施玉升要求侵害人承担侵权责任,赔偿其损失的诉讼请求不予支持。综上,吴秉林、施玉升无证在港区内从事养殖活动违反法律禁止性规定,且选择侵权主体不当,其诉讼请求不应得到支持,本案无需去核定其遭受的损失,并对原告委托鉴定评估申请不予准许。

(二)类似案例

在笔者查阅到的适格案例当中,因填海造地造成环境污染导致的纠纷案例比较多,共有 11 例,填海造地环境污染案件争议的焦点有:第一,受到污染的养殖户是否有养殖许可证和海域使用证;第二,养殖户请求的损失构成情况;第三,填海造地行为是否对养殖海域造成污染(对环境污染的评估),污染与损害之间是否具备因果关系;第四,赔偿的主体、赔偿范围等。

按照养殖户是否具备“海域使用权证和养殖证”,可将这些案例分为两大类。一类是填海造地造成环境污染导致合法养殖户的财产损害引起的纠纷。对于具备养殖许可证和海域使用权证的养殖户,当填海造地造成环境污染导致养殖户财产损失时,法院一般都判决予以赔偿。譬如东港市长阳水产养殖公司诉东港市西南航道围堰工程办公室等海上污染损害赔偿纠纷案[34]、景连喜等51户虾农诉中晨公司等在建港吹填作业中回水污染其养殖水源损害赔偿案[35]、刘日应诉钦州国星油气有限公司等滩涂污染损害赔偿纠纷上诉案[36]、刘芳钰诉钦州国星油气有限公司等滩涂污染损害赔偿纠纷案[37]等4例。值得一提的是,一些地方海洋与渔业主管部门没有及时发放海域使用权证,但养殖户逐年缴纳海域使用金的,法院认定虽无海域使用权证,但并非非法养殖,其养殖海域受到填海造地带来的污染导致养殖户财产损失的,侵权人应当予以赔偿。例如在大连凌水湾投资有限公司诉大连三丰建设集团有限公司海上、通海水域污染损害责任纠纷上诉案[38]中,法院认为胡光君虽未取得涉案海域的海域使用权证,但由于海洋与渔业主管机构逐年收取该海域使用金,视为胡光君的养殖活动经过主管部门允许及认可,胡光君使用该海域进行养殖的行为并非非法养殖,可以获得赔偿。

另一类是填海造地造成环境污染导致非法养殖户的财产损害引起的纠纷,包括薛瑞本、张瑞周等与青岛港口投资建设(集团)有限责任公司等海上养殖损害责任纠纷案[39],大连金昱新能源科技开发有限公司与大连通圣海珍品有限公司海域污染损害赔偿纠纷上诉案[40],平潭县平原镇江楼村民委员会与福建省平潭县福鑫围垦开发有限公司海域侵权纠纷上诉案[41],日照市盛华水产集团公司诉天津航道局等水域污染损害赔偿纠纷案[42],戚本东、邓忠伦等与威海华滋海洋工程

---

[34] 参见大连海事法院民事判决书,(2010)大海事初字第65号。

[35] 参见天津市高级人民法院民事调解书。

[36] 参见广西壮族自治区高级人民法院民事判决书,(2002)桂民四终字第20号。

[37] 参见广西壮族自治区高级人民法院民事判决书,(2002)桂民四终字第21号。

[38] 参见辽宁省高级人民法院民事判决书,(2018)辽民终502号。

[39] 参见山东省高级人民法院民事判决书,(2015)鲁民四终字第4号。

[40] 参见辽宁省高级人民法院民事裁定书,(2009)辽民三终字第221号。

[41] 参见福建省福州市中级人民法院民事判决书,(2014)榕民终字第1534号。

[42] 参见青岛海事法院民事判决书,(2000)青海法海事初字第41号。

有限公司养殖损害赔偿纠纷案[43],吴秉林、施玉升与中海港务(莱州)有限公司海上、通海水域养殖损害责任纠纷案[44],王井军与大连凌水湾投资有限公司、大连三丰建设集团有限公司海上污染损害责任纠纷案[45]等7例。法院认定事实和权利的依据一般是《海域使用管理法》第3条、第19条及《渔业法》第11条,要求养殖户使用海域必须依法取得海域使用权、领取海域使用权证书以及养殖许可证。对没有"两证"的非法养殖户,司法实践中仅保护养殖成本,如投放的鱼苗等成本。但如果养殖户不能提交养殖成本等方面的证据,法院会认为养殖户没有证据证明自己的事实主张,认定由其承担举证不能的不利后果,对养殖户主张的经济损失不予赔偿,如在戚本东案中就是如此。可见,习惯性使用海域的权利人在司法实践中受到一定保护,但力度不大。

(三)对填海造地造成的环境污染、财产损害及赔偿争议案例的反思

1. 养殖用海域使用权证和养殖许可证的期限过短导致养殖户的合法权益难以维护

此类案例中,一些养殖户并非一开始就是非法养殖,多数都具备海域使用权证和养殖证,但由于所获得的海域使用权证的期限较短,一般都是1—5年,养殖证的期限更短,某些地方是要求每年年检,从这个意义上来看,养殖用海域使用权很难起到用益物权的作用,养殖户的权利相当不稳定,实践中很多海产品养殖投入巨大,在如此短的期限内要收回成本比较困难。如果某片海域功能区划修编,政府一般不会给原来的养殖户续办海域使用权证和养殖许可证,导致养殖户不能及时取得"两证"而成为非法用海,填海造地造成污染时,财产受到损害而得不到充分保护。例如在吴秉林、施玉升与中海港务(莱州)有限公司海上、通海水域养殖损害责任纠纷案中,原告原来有海域使用权证,后来申请续办海域使用权证,但未能及时领取到,导致受到填海污染之时,

---

[43] 参见山东省高级人民法院民事判决书,(2014)鲁民四终字第24号。

[44] 参见山东省高级人民法院民事判决书,(2015)鲁民四终字第34号。

[45] 参见大连海事法院民事判决书,(2015)大海事初字第192号。

养殖户被定性为非法养殖。

2. 地方政府在海域规划修编时对相关权利人的程序性权利和实体性权利保障不力

当海域被规划为其他用途时，是否需要履行公众参与程序？是否需要给予原合法的海域使用权人搬迁补偿？填海造地可能导致周边环境的改变以及污染，对相邻海域的海域使用权人是否需要补偿？这些问题涉及相关权利人的程序性权利和实体性权利，应当予以重视，不能因为国家（政府）作为海域所有权人和海域管理者的双重身份，混淆角色，与民争利：一方面，作为海域所有权人，改变海域的用途不考虑其他权利人的合法权益；另一方面，作为海域管理人，当海域改变用途时，可以通过不给原来的海域使用权人颁发海域使用权证或养殖许可证而轻松地将原权利人的合法权利消灭，导致污染可以不予赔偿。因此，现行制度下将填海造地作为海域使用权的一种类型容易使得政府在经济利益的驱动下滥用权力和权利，引发各种纠纷，需要重新审视这种制度带来的弊端，重新安排海域相关权利人程序性和实体性的权利。

3. 对填海造地导致海域污染的赔偿主体、赔偿范围以及对环境污染的评估差异较大

首先，填海造地工程项目对于填海造地的环境污染评估只是集中于填海造地前的事前评估阶段，对于填海造地工程项目施工之中以及填海造地施工之后的关于环境污染方面的评估，相关法律法规并没有规定且实践中也做法各异。其次，填海造地一般是由填海造地海域使用权人发包给具体的施工方进行施工，对于赔偿的主体，法院一般判决谁污染谁赔偿，一般是填海造地的施工主体赔偿，而对填海造地的海域使用权人不予追究。当然，也有法院判决填海造地的施工方和项目建设单位承担连带责任。例如，在大连凌水湾投资有限公司诉大连三丰建设集团有限公司海上、通海水域污染损害责任纠纷上诉案中，法院认为大连三丰建设集团有限公司作为填海工程的实际施工方，亦是污染损害的实际侵权人，应承担赔偿责任，大连凌水湾投资有限公司虽然没有直接实施污染行为，但是其作为该项目的建设单位，没有做好施工的防护措施，也未按要求对水质情况进行监测，对整个填海项目的施工情

况负责,作为海洋环境保护的总体负责人,其未尽到管理责任,应当对包括大连三丰建设集团有限公司在内的所有项目施工单位的污染环境行为承担连带赔偿责任。[46] 从物权角度来看,填海造地海域使用权和其他的养殖用海域使用权都属于海域使用权的类型,属于不动产用益物权,填海造地海域使用权人在行使权利的过程中造成他人财产损害的可以不承担责任,而将责任推脱给工程承包方,在法理上说不通,应当对此作出规定。最后,赔偿的范围一般是养殖户的直接投入方面的损失,填海造地的环境污染损害赔偿不包括对于生态环境价值的损失赔偿或者补偿,也缺乏这方面的规定。

五、违法填海造地的纠纷

(一)违法填海造地纠纷的类型

违法填海造地的纠纷比较多,但案情相对简单,笔者在此不再引证典型案例,仅对其进行归类。在查阅到的案例中,违法填海造地导致的纠纷主要包括以下两大类:一是行政相对人对相关部门实施的行政处罚不服提起的诉讼,二是海域与渔业管理部门作出处罚决定后,违法填海方没有执行,管理部门向法院申请执行的案例。第一类案例包括:三亚新机场临空产业园空港区建设发展有限公司不服三亚市海洋与渔业局行政处罚案[47]、刘长连不服莱州市海洋与渔业局海监行政处罚案[48]、福建金沙湾海洋开发有限公司不服福州市海洋与渔业局行政处罚案[49]、海丽国际高尔夫球场有限公司与国家海洋局行政处罚纠纷上诉案[50]、荣成海达造船有限公司与国家海洋局行政处罚纠纷上诉案。第二类案例包括:霞浦县海洋与渔业局与福建省霞浦县雄隆船舶有限公司非诉执行审查案[51]、福安市海洋与渔业局与福建顺江船

〔46〕 参见辽宁省高级人民法院民事判决书,(2018)辽民终502号。

〔47〕 参见海口海事法院行政判决书,(2018)琼72行初6号。

〔48〕 参见山东省莱州市人民法院行政判决书,(2014)莱州行初字第31号。

〔49〕 参见福建省福州市中级人民法院行政判决书,(2014)榕行终字第263号。

〔50〕 参见北京市高级人民法院行政判决书,(2013)高行终字第1622号。

〔51〕 参见福建省霞浦县人民法院行政裁定书,(2015)霞执审字第24号。

舶有限公司执行行政处罚案〔52〕、漳州市海洋与渔业局与林辉平非法占用海域行政处罚执行案〔53〕等。

（二）对违法填海案例的分析

违法填海案例争议的焦点在于：第一，填海行为是否合法；第二，处罚措施是否合理；第三，对用海方式的界定问题。下面结合相关案例就这三个问题进行分析。

1. 对于填海行为是否合法的判断

对于填海行为是否合法的判断标准即是否取得填海用海域使用权证，上述案例中一般都是填海人并没有取得填海造地海域使用权证，有些仅仅是与相关政府部门签订了一些项目协议书，有些是取得了政府相关部门的批复文件而主张自己有权填海。前者如在福建金沙湾海洋开发有限公司不服福州市海洋与渔业局行政处罚案中，福建金沙湾海洋开发有限公司虽然与连江县安凯乡政府签订了《关于珍品育苗养殖加工项目的协议书》，但未见有关海域使用权的约定，也没有取得海域使用权证，因此，不能以签订协议基于对政府行为的合理信赖来免除行为人违法行为的责任。后者如荣成海达造船有限公司与国家海洋局行政处罚纠纷上诉案中，荣成海达造船有限公司（以下简称海达公司）虽然是在取得了荣成市计划委员会《关于海达造船有限公司新建船坞项目的批复》后才开始实施填海工程的，但是计划部门的工程立项批准，不能代替政府颁发的海域使用权证。所以，该案中海达公司的行为属于未经批准擅自用海。

2. 对违法填海予以处罚的措施是否合理

在查阅到的案例中，一般是原海洋与渔业管理局以及海监部门作为主体对违法填海予以处罚，处罚措施一般都严格按照《海域使用管理法》第42条的规定，对于非法占用海域实施围海、填海活动的，责令退还非法占用的海域、恢复原状、没收违法所得，以及罚款，罚款金额一般较高，是填海造地海域使用金的10—20倍。样本案例中对于违法填

〔52〕 参见福安市人民法院行政裁定书，（2015）安执审字第137号。

〔53〕 参见漳州市芗城区人民法院行政裁定书，（2015）芗执审字第33号。

海予以处罚产生的争议主要有两方面，一是罚款数额确定时如何认定“非法占用海域期间”和非法占用“海域面积应缴纳的海域使用金”，二是“恢复原状”的可行性问题。

在三亚新机场临空产业园空港区建设发展有限公司不服被告三亚市海洋与渔业局海域行政处罚案〔54〕中，原告在三亚新机场人工岛的环评报告尚未审批通过，也未依法取得海域使用权的情况下，开始进行人工岛起步区工程建设，其行为属于未经批准非法占用海域实施填海造地，应当依照《海域使用管理法》第42条的规定予以行政处罚。对此，原被告双方并无异议。法院也认为，虽然三亚新机场迁建符合国计民生、“一带一路”建设和海南经济社会发展需要，在规划、选址等方面也获得了相应的支持性文件，但是该项目仍应依照法律规定在环评报告审核通过并且已取得海域使用权的情况下才能进行填海施工。原告在人工岛的环评报告未审核通过也未取得海域使用权的情况下，为赶工期而未批先建，启动填海造地工程，其行为已构成非法占用海域进行填海活动。被告对原告的违法行为作出行政处罚是必要的。而本案争议的焦点在于被告三海执处罚〔2016〕15号处罚决定所确定的罚款金额是否符合《海域使用管理法》第42条的规定，以及责令被告恢复海域原状是否明显不合理，主要是对《海域使用管理法》第42条“非法占用海域期间”和非法占用“海域面积应缴纳的海域使用金”的理解对罚款数额确定的影响。法院认为，在确定罚款时应当考虑非法占用期间和所涉面积应缴纳的海域使用金，被告对此因素考虑不周，因此造成处罚决定明显不当。此外，法院认为无论“责令退还非法占用的海域，恢复海域原状”是对违法现状的修复措施还是对违法行为的处罚措施，该条所规定的责令退还非法占用的海域、恢复海域原状、没收违法所得及罚款四种措施都并不一定要全部适用于某一特定违法行为。本案被告依照《海域使用管理法》第42条规定对原告未经批准占用海域进行海洋工程建设的行为作出处理时，应当充分考虑三亚新机场项目作为“一带一路”的专项机场，事关国计民生和海南经济社会发展等实际情

〔54〕　参见海口海事法院行政判决书，(2018)琼72行初6号。

况,根据《海南省环境保护督察反馈意见》提出的"该恢复的恢复、该调整的调整、该补救的补救"的原则,采取"该补救的补救"方式作出妥善处理,而不是简单机械地完全套用《海域使用管理法》第42条的规定。

即便不是国家或省级重点项目,针对"恢复原状"的处罚措施来看,大部分违法填海造地人也不愿意履行该义务,例如在荣成海达造船有限公司与国家海洋局行政处罚纠纷上诉案中,海达公司称其在填海新增土地上新建船坞和滑道工程施工花费3000余万元,如果要拆除又要花费3000多万元,且会对周边环境造成污染,国家海洋局认为,原告仅从自身利益出发,没有考虑到国家的根本利益、法律的尊严和海洋管理秩序。因此,在没有取得海域使用权证的情况下填海应当严格按照法律的规定处理,但"恢复海域原状"在实践中操作起来比较困难。笔者在调研过程中发现,实践中,各省海洋与渔业管理部门(海监部门)查处的违法填海造地的情况较多,特别是对于一些大型的填海项目,由于种种原因没有取得海域使用权证而实施了填海造地行为,海洋(海监)部门查处后,考虑到恢复原状的技术难度、成本和对周边海域环境的污染等因素,并没有强制执行"恢复原状",而是对违法填海造地罚款后将土地纳入政府土地储备机构。同时,在实践中,很多项目在没有取得海域使用权证的情况下就开始建设,有些是边批边建,有些是直接颁发国有土地使用权证(没有取得海域使用权证),管理乱象并不少见。

值得一提的是,即便是法院判决违法填海造地人退还非法占用的海域、恢复原状,但由于恢复海域原状成本高、可能导致二次污染、破坏自然生态环境等,实践中被告一般不再继续占有填海造地所形成的土地(海域)范围,而并不实际履行恢复海域原状的义务。相关行政管理部门(原告)向法院申请强制执行,法院一般不予支持,而是根据《行政强制法》第50条之规定,认为行政机关依法作出要求当事人履行排除妨碍、恢复原状等义务的行政决定,当事人逾期不履行,经催告仍不履行,其后果已经或者将危害交通安全、造成环境污染或者破坏自然资源的,行政机关可以代履行,或者委托没有利害关系的第三人代履行。上述法律规定的代履行是指行政机关或者第三人代替义务人履行法定义务，并向义务人征收必要费用的强制执行制度，《行政强制法》第 50 ~ 52 条对代履行的适用条件、主体、程序、方式及即刻代履行等均作出了明确规定。依照前述规定，若当事人对行政机关依法作出的要求其履行排除妨碍、恢复原状等义务的行政决定不自动履行，行政机关或其委托的适格第三人均可代履行，从而实现行政管理目标。在此情形下，行政机关因当事人不履行其行政决定确定的排除妨碍、恢复原状等义务而申请人民法院强制执行于法无据。比如在辽宁省大连市金普新区农业局与大连海润德股份有限公司、大连青云河建设有限公司、大连灏泰基础设施建设投资有限公司等系列申请强制执行案[55]中，法院均以《行政强制法》第 50 ~ 52 条为依据，认为原告金普新区农业局申请执行责令被执行人改正违法行为、退还非法占用的海域、恢复海域原状的内容，法律已经授权行政机关通过代履行的方式进行强制执行，在《行政强制法》有明确授权的情况下，行政机关不应再申请人民法院强制执行。可见，违法填海造地导致的损害后果，往往难以弥补，在实践中也难以执行，虽然法律规定了相关行政部门或委托第三人代履行费用由违法的当事人承担，但实际执行起来困难重重。

3. 用海方式的界定问题

对于用海方式的界定问题，涉及海域使用权人的行为是否构成《海域使用管理法》第 42 条规定的填海行为。一般案件中，违法填海造地的实施主体对其活动属于《海域使用管理法》第 42 条规定的填海活动没有异议，但对于一些没有形成有效岸线的用海活动的实施主体来说，对处罚的措施持有异议。例如在海丽国际高尔夫球场有限公司与国家海洋局行政处罚纠纷上诉案中，海丽公司在没有取得海域使用权的情况下，修建弧形护堤，实施了填海活动，非法填海修建非透水构筑物，其主张没有填海造地，不属于“填海活动”，但法院认为，海丽公司修建弧形护堤的行为虽然没有形成有效岸线即没有造地，但属于修

---

〔55〕 该系列案共计 18 份裁定书。参见大连海事法院行政裁定书，(2018)辽 72 行审 27 号；大连海事法院行政裁定书，(2019)辽 72 行审 34 号；大连海事法院行政裁定书，(2018)辽 72 行审 32 号；辽宁省高级人民法院行政裁定书，(2019)辽行审复 20 号；辽宁省高级人民法院行政裁定书，(2018)辽行审复 21 号；等等。

建非透水构筑物[56]的填海活动。海丽公司修建弧形护堤应按照《海域使用管理法》第42条关于非法“填海活动”的规定进行罚款。可见，填海不一定是填海造地，实践中一些填引桥围堤的，以及修建弧形护堤、码头、路基等的均构成填海。

六、不服填海造地规划导致的纠纷

在李金顺等诉国家海洋局行政批复案[57]中，福建省海洋与渔业厅2013年2月向国家海洋局报送《关于报请审批莆田市涵江区区域建设用海的请示》及《莆田市涵江临港产业园区域建设用海规划》，国家海洋局作出《关于莆田市涵江临港产业园区域建设用海规划的批复》（国海管字〔2013〕86号，以下称为被诉《批复》），主要内容为：原则同意《莆田市涵江临港产业园区域建设用海规划》，规划期限为2013年至2017年，规划用海面积约1484.95公顷，其中填海造地1317.72公顷，水域167.23公顷。原告李金顺等不服被诉《批复》，向法院起诉。一审法院认为被诉《批复》系国家海洋局依据区域用海规划制度的相关规定作出的区域用海规划批复，是在海洋功能区划制度下所采取的一种宏观管理手段，其内容只是一定区域内的用海总体规划，并不针对具体的建设用海项目，规划区内单个用海项目仍应按照规定的程序和审批权限办理用海手续。因此，被诉《批复》属于对公民、法人或者其他组织权利义务不产生实际影响的行为，不属于人民法院行政诉讼受案范围，最后驳回原告起诉，二审法院维持一审裁定。从该案可以看出，海洋功能区划、区域用海规划等行为，属于行政相对人不可诉的行为，法院认为规划对自然人、法人和其他组织不产生实际影响，因此对规划的批复不可诉，但实际上，规划将会对利害关系人的生产生活等产生影响，利害关系人是否应当享有一些程序性权利，制度设计上应当如

---

〔56〕 财政部、国家海洋局《关于加强海域使用金征收管理的通知》（财综〔2007〕10号）中对构筑物用海中“非透水构筑物用海”的定义是“采用非透水方式构筑不形成有效岸线的码头、突堤、引堤、防波堤、路基等设施的填海用海”。

〔57〕 参见北京市高级人民法院行政裁定书，（2015）高行终字第1806号。

何保障这些权利是不容回避的问题。

此外，由于政府的规划改变，原来用于养殖的海域被规划为填海造地建设重点工程，可能导致原有的海域使用权人合法权益受到影响，相关海洋行政主管部门对海域使用权证不予续期导致纠纷，例如在温廷修诉乳山市人民政府行政登记案[58]中，虽然系海域使用权行政许可纠纷案件，但实质上是因规划导致的纠纷，原告认为规划将原告原来使用海域的邻近海域改变用途为填海造地建设一级渔港码头，不具备公益性质，请求确认被告作出的《海域使用权不予续期通知书》违法，并要求撤销该行政决定。一审法院和二审法院均认为南泓渔港及其周围海域的开发，存在公益开发的性质，原告温廷修的养殖海域与扩建工程距离过短，工程施工极可能对其海水养殖造成损失，乳山市政府依此理由向温廷修作出的《海域使用权不予续期通知书》，适用法律正确，符合法定程序。后山东省高级人民法院再审认为对于海域使用权期限届满后，海域使用权人需要继续使用海域的，海域使用权原则上应予以续期，不予续期的情况只有公共利益需要或者国家安全需要。本案中申请人温廷修所使用的海域只是与待开发项目相毗邻，并不在项目海域范围内，二者在法律权属上也无关联，地理坐标及空间并不重叠，被申请人在作出不予续期决定时并未提供科学论证和客观数据证明涉案海域与扩建工程的距离能够影响到渔港扩建工程建设，也未提供其他证据证明涉案海域与扩建工程的距离能够影响到申请人的海水养殖。由此，被申请人作出不予续期决定的合法性缺少事实根据，证据并不充分，违反法定程序，应当确认该被诉行政行为违法。鉴于涉案海域目前已经被划为威海市海岸带保护带，并已列为非海域养殖区，为充分保护海岸资源和生态安全，促进经济社会持续健康发展，如果撤销被诉行政许可决定，责令被申请人继续就涉案海域使用权的续期作出许可决定，不仅会损害区域内公共利益，也会影响到当地生态安全，故确认乳山市

---

[58]　参见山东省乳山市人民法院行政判决书，(2015)乳行初字第5号；山东省威海市中级人民法院行政判决书，(2015)威行终字第73号；山东省高级人民法院行政判决书，(2018)鲁行再79号。

人民政府作出的涉案海域使用权不予续期行政行为违法,但不撤销该行政行为。原审期间,申请人并未提出赔偿请求。由此带来的经济损失,双方可在充分协商下解决。可见,规划改变将导致周边海域使用权人或海域利用人权益受到影响,政府部门因规划调整作出的一些具体行政行为一般具有不可撤销性,或者即便撤销也无实益,相关权利人的合法权益保护在制度设计上还需要进一步完善。

第六章　填海造地物权的理论创新及总体制度架构

目前我国填海造地必须以获得海域使用权作为前提，而我国海域使用制度是以海域国家所有权制度为基础的。由于目前填海造地的理论和实践上都存在诸多问题，必须回到海域国家所有权这一本源问题做进一步的探讨，在此基础上对填海造地的性质、填海造地权利的性质、规范填海造地的制度理念、总体制度安排等问题进行反思、创新。

第一节　公产理论的引入与海域国家所有权理论的完善

填海造地的对象是海域，是对海域开发利用的特殊方式，而对海域的功能、价值等认识的不同，会导致人类在海域开发利用的方式、方法、价值取向等方面存在重大差异，进而影响相关制度安排。目前我国在填海造地方面存在的诸多问题正是源于对海域价值、功能的错误认识，因而应正本清源，在对海域的价值、功能等做出更为深入、科学分析的基础上，尊重海域开发利用的客观规律，深入探讨填海造地的相关理论基础，为重构相关权利制度和管理制度打下基础。与普通物品的价值比较单一不同，海域属于自然资源的范畴，对人类而言，海域具有多重价值。由于海域是海洋的一定范围或一定区域,包括水上和水下,海域价值的多样性就体现为海洋价值的多样性,下文探讨海洋价值的多样性来说明海域价值的多样性。

一、海洋价值的多样性分析

(一)海洋的经济价值分析

人类的生产和发展离不开自然资源,正如英国古典政治经济学家威廉·配第所说,劳动是财富之父,土地是财富之母,土地等自然资源是财富的重要源泉,是经济、社会稳定、持续发展的基础。同样,海域是自然资源的重要组成部分,是人类生产原料的重要来源和生产、生活的重要场所,具有重大的经济价值。首先,海洋资源是人类生产、生活的重要资源,对经济的发展越来越重要。海洋是生命的摇篮,目前依然是人类生存和发展的资源宝库。特别是随着全球人口不断增长,人类对陆地资源的开发不断深化,陆地资源日益匮乏,环境污染不断加剧,人类的目光逐渐投向海洋,并且随着科学技术的进步,人类对海洋特别是近海海域的利用不断扩展,海洋经济日益成为一个国家或地区发展的重要增长极。一方面,海洋通过岸线、港口、航道、路由(海底隧道、海底油气管道等)资源和领空资源等为其他资源、产业的发展提供依托;另一方面,海洋直接提供盐、天然气、石油、重金属、稀有金属、放射性元素等矿物资源以及种类繁多、品种丰富的海洋生物资源,此外还提供光、热、水、风力、潮汐等丰富的生态资源和滨海旅游资源。海洋资源对国民经济增长的贡献愈加显著,成为推动经济社会持续发展的重要基础。其次,海洋产业在国民经济中的地位越来越重要。随着科学技术的进步,人类开发利用海洋的能力也越来越强,各国都开始注重发展海洋产业,海洋渔业经济、海洋旅游经济、海洋交通运输经济、海洋商业经济、海洋制盐和盐化工经济、海洋土木工程经济、海洋能源经济、海洋环保经济和海洋服务业经济等发展迅速,在国民经济中的比重越来越大。在我国,国家海洋局的数据显示,2015 年我国海洋生产总值 64 669 亿元,在国民经济中的比重达到9.6%。[1] 最后,海洋资源对改善经济结构的作用越来越大。一方面,通过滨海娱乐、海洋药业、海洋水产养殖、海洋运输、海洋制造业等产业的发展,有助于改善经济增长方式;另一方面,由于海洋经济更具开放性,海洋经济带动的主要是第二产业以及第三产业,并且海洋经济的发展是以科技创新为主要动力的,科技创新带来的不仅是经济增长质量与效益的提升,也必将促使三次产业结构的显著调整,对于一个地区经济结构的优化升级很有帮助。因此,无论是海洋资源还是海洋经济产业都成为各国重点发展的领域,21世纪已经成为海洋的世纪。

(二)海洋的生态价值分析

海洋占地球表面积的71%,是地球上综合生产力最大的一个生态系统,能为人类提供有效的海洋生态系统服务,有重大的生态价值。海洋生态系统服务是指在特定的时空尺度上,海洋生态系统以自身及其生物和非生物组成部分为服务载体,通过生物组分、系统本身、系统功能产生,以海洋生态系统以及海洋生态经济系统为实现途径,为人类提供具有异地实现性和开放性的正效应。[2] 海洋生态系统具有多样性,比如按海区的不同,全球可划分为浅海生态系统、深海生态系统、大洋生态系统、火山口生态系统、河口生态系统、海湾生态系统、上升流生态系统等64个大洋生态系统;按生物群落划分,可分为红树林生态系、珊瑚礁生态系、海草床生态系等。[3] 作为自然界稳定的有机碳库、基因库、资源库、能源库,海洋不仅向公众提供丰富的原材料和食品,而且对改善地球环境、维持全球生态平衡具有十分重要的作用。比如,海洋是地球生物圈的重要组成部分,海洋生物资源既为人类提供大量工业、医药等原料,也对维护整个地球生物圈生态平衡至关重要;海水的比热容高达3.89×10^3J/(kg·℃),远高于陆地,加之其面积占地球表面的

---

〔1〕参见《2015年中国海洋经济生产总值超6万亿元》,载国家海洋局网,http://finance.sina.com.cn/roll/2016-03-02/doc-ifxpzzhk1967552.shtml。

〔2〕参见杨洋等:《海洋生态系统服务与人类福祉关系评估的概念框架》,载《中国海洋社会学研究》2015年卷。

〔3〕参见王友绍:《海洋生态系统多样性研究》,载《中国科学院院刊》2011年第2期。

71%,使其成为地球吸收与保存太阳能的主要环节,也使海洋成为影响全球气候的重要因子;由于海洋浮游植物的高生产力,海洋吸收的碳比陆地多25倍,比大气多65倍,海洋也是调节CO_2循环的主要力量。[4]在全球各类生态系统服务中,有63%来自海洋生态系统[5],海洋成为影响自然生态系统的最重要因素。

(三)海洋的安全价值、生存保障价值与文化价值分析

海洋的安全价值、生存保障价值与文化价值主要体现在:

首先,内水、领海、毗连区、专属经济区等已经成为领土的重要组成部分,随着对海洋资源开发的不断深入,这些"蓝色国土"成为各国争夺的目标,海洋对国防、安全等的意义越来越重要;与此同时,由于海洋资源的开放性,加快海洋资源开发有助于深化对外合作交流,有助于增强国际分工参与,并且对海洋石油等资源的开发有助于保障国家资源安全,因此加快海洋资源开发、促进海洋经济发展是保障国家经济安全的客观要求。[6] 其次,与其他自然资源一样,海洋资源是人类生存、生活的重要物质基础,特别是对那些世代以海洋为生的人们而言,海洋更是其生存的保障,有重要的生存保障价值。最后,海洋是人类文明的发源地,目前滨海旅游娱乐、海洋考古等为人类提供了越来越丰富的文化服务,海洋也有着重大的文化价值。

总体而言,海洋的价值如图6.1所示:

---

〔4〕 参见高乐华:《我国海洋生态经济系统协调发展测度与优化机制研究》,中国海洋大学2012年博士学位论文,第1页。

〔5〕 See Costanz R. et al. ,*The Value of the World's Ecosystemservicesand Natural Capital*, nature,1997,p. 387.

〔6〕 参见张祥国、李锋:《我国海洋资源价值及其开发的经济学分析》,载《生态经济》2012年第1期。

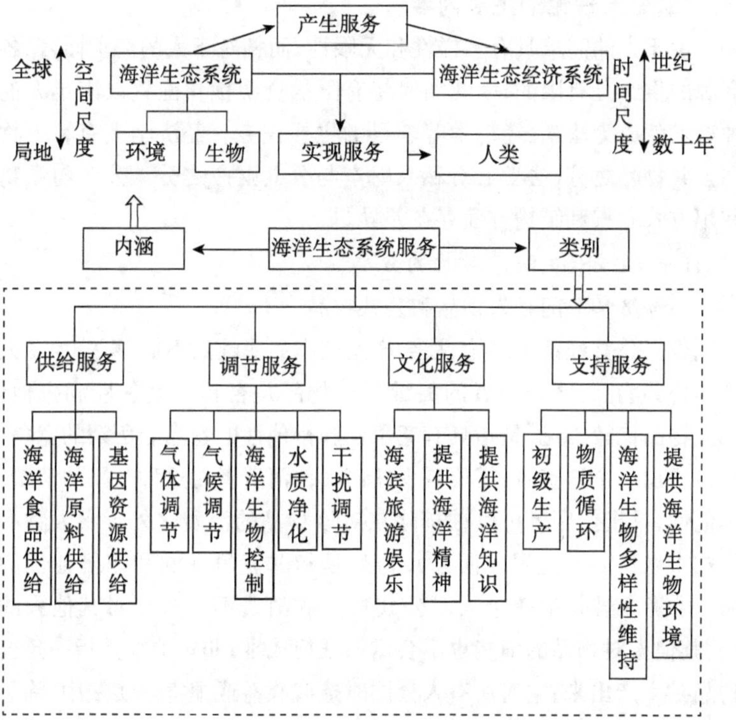

图 6.1　海洋生态系统服务的内涵与类别

资料来源：杨洋等：《海洋生态系统服务与人类福祉关系评估的概念框架》，载《中国海洋社会学研究》2015 年卷。

可见，对人类而言，海洋具有经济、生态、社会等多重价值维度，能满足人类不同的需求，正因如此，应根据其不同价值进行综合考量，以保障海域各种价值的充分实现。单独的私权或单独的公产无法同时满足海域多种价值的实现，目前我国相关制度并没有仔细区分海域不同价值的实现方式，由此产生了诸多问题，也是导致填海造地问题的根本原因。笔者认为，可以引入公产理论，根据海域的不同性质区分公产或私产，从而做出多样性的制度安排。

二、公产理论的主要内容

由于人的需求具有多样性和无限性,而相对于人的需求而言,各种资源的供给是有限的,因此如何将有限的资源优化配置以满足人的各种需求就成为法学、经济学等学科的主要任务。经济学上有私人物品和公共物品之分,法学上有私人财产与公共财产之分。公产与私物在利用方式和权利结构方面存在差异。

(一)经济学、法学对物的分类

1.经济学上的私人物品和公共物品

根据公共经济学理论,社会产品按产品属性的不同,可分为私人物品和公共物品,区分两者的关键在于物品是否具有竞争性和排他性。私人物品比较常见,是指具有竞争性和排他性的物品。所谓的竞争性,是指增加一个消费者,需要减少任何其他消费者对这种产品的消费;而排他性,是指使用者可以被排除在对该物品的消费之外。私人物品主要按市场机制来配置。而公共物品是指非竞争性的和非排他性的物品。非竞争性是指一个人对公共物品的消费不会减少对其他人的供给,其他人对物品的消费也不会增加任何成本;非排他性是指一旦公共物品被生产出来,它对所有人会同时造成收益或损害。实践中,除了物品本身属于非竞争性、非排他性的物品可以纳入公共物品的范围外,为了公共利益需要,经过公众的决策,有些竞争性、排他性的物品也可以人为地纳入公共物品的范畴。公共物品在消费上的公共性使得利益相关者无法独立地作出选择,对公共物品的消费进行收费也变得不可能或成本过高,因此公共物品主要由政府通过行政方式进行提供,两者性质的差异为其不同的制度安排奠定了基础。

现代意义上的国家既是一个政治组织,也是一个经济组织;既行使公共管理权,也进行经济活动,以便为管理活动提供物质保障以及为社会成员的生存与生活提供物质帮助。尤其是随着给付行政、福利行政的兴起,国家通过其掌控的资源为人民提供服务与保障的功能越加明显,公共财产大量增加。经济学中的公共物品包括以下几类:一是空气、阳光、河川、海岸等自然物;二是公路、公共图书馆、博物馆、公共体育场、城堡、公共戏院等人造公共设施;三是国防、外交、政策、法律法规、行政管理、司法等公共管理类公共产品；四是公共服务类公共产品，包括环境保护、基本社会保障、公共医疗卫生保障、公共基础教育、公共防疫、自然灾害等基本福利类公共产品，以及消防、气象预报、公共电视广播和园林绿化等普通公共服务类公共产品。

2. 法学上的私有财产与公共财产

对处于多数地位的、具有竞争性和排他性的私人物品，主要按市场机制来配置，民法中的民事主体制度、物权制度、合同制度等为其配置提供了基本的制度保障。私有物、私有财产等产权安排为人类的经济行为提供了激励，对促进经济发展起到了积极的作用。但私有物、私有财产无法解决公共物品、公共利益的需求，需要有一定数量用于公共目的的财产。

早在罗马法时代，就已经有了私有物与非私有物（包括神法上的非私有物和人法上的非私有物）的区分。而到了近代，在法国最先提出公产、私产的划分并建立起独立的公产制度后，大陆法系国家也大都对公产与私产做了区分。大陆法系国家一般将非私有物统称为公共财产，简称公产，大都包括公物和国家私产两大类。[7] 狭义上的公产一般指公物，是公法意义上的物，是指由行政主体提供的直接用于公用目的的物，受到公法约束的物，为保证公用目的的实现，公物在融通性、强制执行、取得时效和公用征收等方面都受到很大的限制。[8] 虽然各国的公物制度还有差异，但公物一般主要包括以下分类：一是根据利用人地位的不同，分为公务用公物（又称为行政用公物）和公众用公物。[9] 公务用公物是指由行政主体为执行公务目的而支配和使用的行政财产，如办公大楼、公务用车等。公众用公物则是指直接提供给社会民众使用的公共财产，如湖海、河川、公共道路等。二是以公物的实体存在是否需要人力作用为标准，分为自然公物与人工公物。凡是需要人工

---

〔7〕 参见冉克平：《论公物的概念、权利属性及其适用》，载《重庆大学学报（社会科学版）》2009 年第 5 期。

〔8〕 参见杨解君、赖超超：《公物上的权利（力）构成——公法与私法的双重视点》，载《法律科学（西北政法学院学报）》2007 年第 4 期。

〔9〕 参见肖泽晟：《公物法研究》，法律出版社 2009 年版，第 28 页。

加工或兴建方可供公用之物，为人工公物，如街道、市民广场、城市公园、图书馆、博物馆等。凡是依照其原有自然状态不需要人工加工或兴建就可供公用之物，为自然公物，如湖海、河川、沙滩、草地、原始森林公园等。[10] 当然，并不是所有的自然资源都是公物，只有那些非排他性的、用于保障每个人最低限度自主需要的自然资源才纳入公物的范畴。那些与公民的生活保障关系较远、可以排他性使用的自然资源（如用于住宅开发的土地），以及石油、天然气等一经使用就消耗掉了的自然资源不属于公物而纳入国家私产的范围，甚至可以作为私人财产，对这些自然资源的配置应采取市场方式以提高其使用效率。与私有物的私人排他使用、满足私人利益需要不同，公物设立的主要目的在于通过将公物直接提供给公众使用以确保每个公民最低限度的自由与自主，公物成为保障所有公民基本人权、提高所有公民基本生活水平、维护社会公平的重要物质基础，因而公物显然不能成为政府收益最大化的工具。由于公物承载着重大公共利益，需要公法保障其目的的实现，因而公物有两个显著特征：一是公物设定的目的在于直接满足公共利益，二是公物适用公法规则。[11] 与私有物的单一的私权性质不同，在公物上存在公权和私权两种性质迥异的权利（力）束，具有复合性的权能结构。公物制度成为公共物品配置的基本制度保障。

此外，广义上的公共财产还包括国家私产。如法国1957年《国家财产法》中除了公物，其第2条还规定了“公法法人的私产”，也就是“属于公法人所有但又不属于公产”的那些财产。这样的私产可以进行商业交易，公法法人对这些财产享有所有权，可以转让这些财产，可以用其设置利于个人的物权，个人也可以依时效取得这些财产。在德国，国有财产包括狭义上的公物和财政财产。财政财产属于行政机关的私产，行政机关对其享有私有所有权，与私人享有的所有权并无不

〔10〕 参见肖泽晟：《公物法研究》，法律出版社2009年版，第19页。

〔11〕 参见冉克平：《论公物的概念、权利属性及其适用》，载《重庆大学学报（社会科学版）》2009年第5期。

同。[12] 国家私产虽然也属于国有财产,但它们并不直接为社会公共利益服务,而是通过扩大财产和为公共预算获取收益而间接地服务于公益。[13] 随着福利国家和世界一体化进程的加快,现代政府的职能发生了很大变化,经济管理的职能大为增强,既行使公共权力,又参与民事关系。国家通过市场的方式提供公共品、调节市场的行为越来越常见,国家私产的数量也大为增加。国家在市场经济条件下参与市场投资与经营活动时,实际上成为民法观念上的国家,是同个人等其他市场主体一样参与经济事务的私人主体,政府和市场之间的界限逐渐模糊,公法和私法之间的界限也逐渐模糊。因此,国家私产并不直接用于公共利益,与公物已经有很大差异,属于国家私有物的范围,主要适用私法规则。同样,对于属于国家私产的自然资源,并非一定要设定为公物直接提供给公众使用,也可以采取市场化的配置方式以提高其使用效率。

(二)公物的利用方式与权利(权力)结构

由于公物主要用于满足公共利益并适用公法规则,因此其利用方式和权利(权力)结构与私有物有很大的不同。

1. 公物利用的方式

公物是国家保障所有公民生存权的最重要手段之一,每个人均应有其受益权。西塞罗说过:"正义之主赐予的第一批礼物之一就是为了共同利益而使用的共同财产。"[14] 国家所有的根本目的就在于把海域、土地、森林等自然资源收归国有,并作为公物以保障每个公民自由、不受限制地使用这些资源从而为其提供基本的生存保障。但在资源稀缺的情况下,为平衡利用人之间的利益冲突,维护利用秩序,实现公物设置的目的,公物管理机关不得不对公物进行利用限制或禁止。对于公物利用的类型,各国的规定虽然有差异,但大多分为一般利用、许可利用(又包括限制利用与许可利用)、特许利用、习惯利用和私法利用

---

〔12〕 参见孙宪忠:《国家所有权的行使与保护研究》,法律出版社 2015 年版,第 100 ~ 104 页。

〔13〕 参见肖泽晟:《公物的范围——兼论不宜由国务院国资委管理的财产》,载《行政法学研究》2003 年第 3 期。

〔14〕 [荷]格劳秀斯:《论海洋自由》,马忠法译,上海人民出版社 2005 年版,第 3032 页。

等类型。[15] 一般利用，也可称为自由利用，包括习惯利用。自由使用是公物最基本、最主要的存在方式，也是公物之公用本质最为明显的体现，而许可使用的出现则归因于某些公物的特性或者作为资源的有限性，为维持利用秩序、平衡利用人之间的利益冲突、实现公物公用目的，公物管理机关不得不对其加以利用上的限制。直接提供给公众利用而无需事前许可的是公物的一般利用，利用前需要得到主管机关同意的是许可利用。一般利用原则上向所有公众开放，除非法律为了公共目的的实现作出例外的规定。习惯利用是指在不涉及许可与否的情况下，仅依照历史或生活习惯承认在特定公物上的利用关系。许可利用包括一般许可、特别许可、私法利用。一般许可利用指的是在公共资源有限的情况下，管理机关为了维护公物的使用秩序，对公物的利用加以普遍的限制和禁止，如进入公园需要购买门票，此种许可的目的在于调和利用人之间可能发生的冲突。特别许可指公物管理机关在特定公物上，为特定人设定公法上的特别利用，使其持续占有、使用，且排斥他人同种性质的利用，此时特定利用人利用公物就构成公物特许利用。私法利用指的是授予公民对公物进行的公用目的以外的使用，法律一般对此予以禁止，只有在不损害公物公用目的的情况下方能授予利用人使用的权利。私法利用的目的在于增强公物设置的目的，而不对公物利用本身造成损害，这也是世界各国公认的利用方式。[16] 在我国，虽然理论上还存在争议，但实践中对公物也已经采取一般利用为主、许可利用为辅的做法。

需要注意的是，公物的特许利用与国有私产出让方式的利用有所不同。首先，适用的规则不同。特许利用使用的对象是公物，适用公法规则，而国有私产使用的对象是国有私产，主要适用私法规则。其次，取得方式不同。公物主要通过行政许可的方式取得，而国有私产则是通过招拍挂等市场的方式获取。最后，权利性质不同。特许利用人虽然对特许利用的公物会产生一定的排他性利用权利，但特许利用权受

---

〔15〕 参见翁岳生编：《行政法（上册）》，中国法制出版社 2002 年版，第 477 ~ 482 页。
〔16〕 参见肖泽晟：《公物法研究》，法律出版社 2009 年版，第 183 页。

到公物性质、用途的严格制约，特许利用人不能妨碍其他主体对公物法定用途的利用、不能妨碍其上的公共利益；而国有私产的使用主体、使用对象具有确定性、排他性，属于物权性质的权利。

2. 公物的权力（权利）结构

与私有物的单一的私权性质不同，公物性质的国有海域存在公权力、公权利以及私权利等性质迥异的多种权利（力），具有复合性的权能结构。

(1)政府对公物性质的国有海域享有公权力。政府对公物性质的海域资源有规划、命名、交给公众自由使用或许可使用等管理权，以及对这些海域上的公共设施享有维护、经营、除去妨害等公权力（当然也是职责），以保障公物的有效提供与管理，这是公物公权力的主要内容，属于行政权的范畴，其行使要符合行政法的原则和具体要求。

(2)公众也享有对公物自由使用或许可使用等公权利，以保障公众对公物的有效利用。对公物自由使用或许可使用等公权利，我国有的学者将其统称为“公物利用权”，“即人民依管理者、指导者或依法令规定或依一般习惯而为合乎其本来目的之享有各该公物功能之利用状态，以增进生活品质，所具有的资格或者可能”〔17〕。关于公物利用权的性质，目前学界存在不同的学说。第一大类为“反射利益说”，该学说认为公物使用者仅为行政客体，并非行政主体，使用者是在不影响彼此利益下的平等利用，因此对公物的利用仅是一种受益行为，属于反射利益，并非权利，不能以此对抗公物管理权人或第三人进行“权利”的主张。〔18〕 所谓反射利益是指“为实现行政目的而采取的命令、限制、禁止等结果，国民所享有的事实上的利益是法的反射性效果，而不是法对特定的个人权利予以保护的权利”〔19〕，这种反射利益不能成为司法救济对象。第二大类为“权利说”，该学说又存在“平等权构成说”“自由权构成说”“复合型人权说”“用益物权说”“公共信托理论”“主观公权利

〔17〕 翁岳生编：《行政法（上册）》，中国法制出版社2002年版，第475页。

〔18〕 参见杨解君、赖超超：《公物上的权利（力）构成——公法与私法的双重视点》，载《法律科学（西北政法学院学报）》2007年第4期。

〔19〕 杨建顺：《日本行政法通论》，中国法制出版社1998年版，第199页。

说”等不同观点。[20] “权利说”的观点与“反射利益说”最大不同在于不再认为公物利用人是行政客体,公物利用人的权利亦可以通过诉讼予以救济。“平等权构成说”认为公物利用人之间具有相同的利用公物的地位。“自由权构成说”认为公物利用属于自由权,是行使自由权的一种方式。“复合型人权说”认为公物利用权是公民的基本权利,是一种涵盖环境权、生存权和发展权的复合型人权,与社会公众的生存和发展直接相关。[21] “用益物权说”认为私法意义上的公众使用权是对公用物的自由使用,从性质上说基本属于传统的用益物权。[22] “公共信托理论”将公物利用关系视为自益信托关系。“主观公权利说”认为,公物设立反映个人私法利益之提取,公物管护反映公共利益之维护,公物利用反映个人公法利益之分享。[23] 行政主体运用税收手段,从个人利益中汲取财富,设立、管理公物以实现公共利益,社会成员则追求仅凭个人努力无法实现的“寓于公共利益中的分享份额——个人公法利益,其构成公物利用之权利来源——主观公权利”[24]。第三大类为“折中说”,又存在“诉讼利益扩大说”和“依赖程度说”。前者认为公物利用既非反射利益也非权利而是介于二者之间的法律上的利益。后者认为,公物利用究竟属于“权利”还是“反射利益”,应当以利用者对该物的依赖程度来确定,并据此分为依赖利用和事实利用两类。[25] 依赖利用(如公物利用之丧失将直接导致利用者的生活陷入困境)属于权利,而事实利用仅属于反射利益。

笔者认为“主观公权利说”较为合适。“反射利益说”过于强调公

〔20〕 相关观点参见李惠宗:《公物法》,载翁岳生编:《行政法(上册)》,中国法制出版社2009年版,第448~453页;梁君瑜:《作为复合型主观公权利的公物利用》,载《时代法学》2015年第2期;杨解君、赖超超:《公物上的权利(力)构成——公法与私法的双重视点》,载《法律科学(西北政法学院学报)》2007年第4期。

〔21〕 参见张杰:《公共用公物权研究》,法律出版社2012年版,第219页。

〔22〕 参见朱冰:《公用物法律问题研究》,上海人民出版社2010年版,第204页。

〔23〕 参见梁君瑜:《公物利用性质的反思与重塑——基于利益属性对应权利(力)性质的分析》,载《东方法学》2016年第3期。

〔24〕 梁君瑜:《作为复合型主观公权利的公物利用》,载《时代法学》2015年第2期。

〔25〕 参见翁岳生编:《行政法(上册)》,中国法制出版社2002年版,第89页。

物的设立与使用是国家行为利益的反射,“权利说”中的“平等权构成说”和“自由权构成说”则过于追求公物利用的平等自由效果,实质上是追求民法上利用的物权利用的平等。“用益物权说”着重于对公物的占有使用和收益权能,但忽略了公物利用中的“间接利益”的享有无须占有物。“公共信托理论”中公众为信托财产所有权人并不能包含我国的所有权中集体公物、私人公物的部分。“折中说”中的“诉讼利益扩大说”采用较为模糊的概念,并未明确公物利用作为“法律上的利益”是“由法律明确予以保护的利益”还是“法律上值得保护的利益”〔26〕,且诉讼利益的含义和范围、诉讼利益的法定依据等问题也难以厘清。而“依赖程度说”的依赖标准也过于模糊和玄妙,导致难以判断不同公众的公物利用到底是“反射利益”还是一种“权利”。“主观公权利说”保障了公物利用者的权利,明确了公物利用人的权利来源,明确了民众利用公物追求的目的兼具个人利益和公共利益属性,厘清了公物管理行为与公物利用行为之间的关系,也便于司法实践对于公物使用权的救济,有助于公私利益保护。但笔者认为这种主观公权利的实现需要私法和公法协同规定。

(3)公物性质的海域上的私权包括私权性质的物权和债权。随着公物范围的扩展,公物既可以在国有财产上设立,也可以在私人财产上设立。具体到海域上,虽然私人不能拥有海域所有权,但可以通过出让方式取得用益物权性质的海域使用权。在通过市场方式取得的海域使用权上设定公物时,在国家不征收该海域使用权的情况下,虽然该海域使用权的权能因公共利益的设定而受到很大的压缩,但该海域使用权仍归私人所有,不影响其私权性质,该海域使用权的某些权能在不违反公用目的的前提下仍然有效,包括对该海域的部分使用权、收益权甚至受到特定限制的转让权等。除非为了公共利益的需要,海域管理权不得妨碍私人权利的正常行使。此外,在公物性质的海域的管理甚至消灭过程中,还会出现因公物致害的赔偿请求权问题。当然,在公物性质的海域上的私权与公权的关系上,公权处于优先地位,私权受到了公物

---

〔26〕 杨建顺:《日本行政法通论》,中国法制出版社1998年版,第45页。

设定目的的严格限制，私权的行使以不妨碍公共利益的实现为前提，从而能有效平衡公物上的公私利益。

综上，公物性质的国有海域之上存在不同性质的权利（力），具有复合性的权能结构，但其核心在于保障公众的公物利用权。

（三）海域具有公共物品和私人物品的双重属性

1. 海域具有强烈的公共物品属性

海域具有强烈的公共物品属性。第一，海域等海洋资源虽然可以看作物的一种，但与私人物品不同，海洋是重要的自然资源，与其他自然资源一样是人类赖以生存和发展的重要物质基础，并且海域、沙滩、海洋鱼类等海洋资源长期以来一直被视为是人类的共同遗产，目前多数国家还是都将海洋纳入公用物的范畴[27]，允许公众在不妨碍他人的前提下自由利用这一遗产。第二，海域具有重大的生态价值，海洋生态系统是自然生态系统的重要组成部分，而生态环境具有非竞争性、非排他性的特点，具有公共物品的属性，因而海域的生态价值属于公共物品的范畴。第三，虽然海域具有重大的经济价值，其上逐渐被配置上民事权利而受制于民事权利，但在个人利用者的角度上，其仍然可以看作公共财产：海域权利人对一宗海域拥有海域使用权，因利用海域而获得经济收益，但他不是因经营海域而唯一获益的人，其他人因海域可作为一种审美、一块野生生物的栖息地、一种环境调节器等也可能享受到形形色色的利益，由此显现出该海域具有公共物品的性质。第四，除了生态价值、经济价值，海域还有丰富的文化价值和安全保障价值，这都属于典型的公共产品的范畴。第五，海域属于公共资源的范畴，其利用一方面有很强的外部性，另一方面与社会经济的可持续发展密切相关，因此对其的开发利用需要减少私人使用的盲目性，根据社会经济情况对其进行有节制、有计划的利用，无论是私有还是公有，海域上的民事权利都要受到更多的公法限制。可见海域有很强的公共物品属性，其制度安排必须符合这一重要特征。

---

〔27〕　参见中国民法典立法研究课题组：《中国民法典草案建议稿附理由——物权编》，法律出版社 2004 年版，第 71 页。

2. 海域亦具有私人物品属性

与其他自然资源一样，海域除了具有生态、安全等社会价值，也有重大的经济价值。近代物权制度主要是围绕土地资源建立起来的，土地主要被当作私人物品看待，而除土地外的自然资源大多被作为公共物品来看待，如任何人都可以自由使用海洋、流水、阳光、空气、野生动植物等自然资源。由于早期人类对这些自然资源的无节制使用或不当使用，致使某些自然资源变得稀缺或赋存状况恶化、质量下降，从而产生了“公地的悲剧”，导致了自然资源过度开发、环境不断恶化等诸多恶果，成为影响当代人类生存和发展的重要因素。对于资源、环境问题的解决，早期主要借助环境法、经济法等管制措施，并通过公众参与、信息公开、司法审查等制衡手段来克服“政府失灵”问题，取得了一定的效果。但单一的公法手段也逐步显示出其局限：一是公法运行中以国家利益为中心，往往会忽视资源配置的效率，并且其程序冗长、信息容易失真、执法成本高等弊端难以克服；二是公法的强制命令性容易使管理者与被管理者产生对立关系，再加上程序僵化禁锢，不利于发挥管理者和被管理者的主动性、积极性和创造性；三是公法的利益内容是公共性的，主要依靠道义发动机制，难以激发各方主体的主动参与和付出，难以形成长效机制；四是随着科学技术的进步，原来很多不可控的资源、环境要素变得可控，符合了私法上对物的要求，将其纳入私法调整的范围变得可行。因此，资源、环境问题的有效解决仍然要求助于私法形式，海域资源就是其突出代表。具体而言，一方面，随着认识和科学技术的进步，人类对各种海域资源的控制能力越来越强，开发、利用也越来越普遍，海域的私有物属性不断凸显；另一方面，随着人口的增长，自然资源的稀缺性逐渐显现，海域资源的重要性不断增强，其价值也不断增加。除了传统的管制制度外，很多国家逐渐将海域资源纳入财产法保护的范围〔28〕，通过改造传统的物权理论，扩展物的范围，将海域资源纳入物权的范畴以改变其“公地的悲剧”的命运，提高海域资源的

---

〔28〕 参见黄萍：《自然资源视角下的传统物权客体理论之反思》，载《江西社会科学》2012 年第 7 期。

配置效率,成为协调公共利益与资源使用效率、协调自然资源经济价值与生态价值的新路径,海域等自然资源因具备了排他性、可支配性、特定性、独立性等物权客体的要求,纳入物权法的保护范围成为一种趋势。同样,我国在确定海域国家所有的基础上,通过海域使用权出让的方式推进海域资源的市场化配置以提高海域的使用效率,海域逐渐从公共物品向权利客体过渡,海域使用权制度也成为我国物权制度的重要组成部分。

可见,虽然海域属于国有自然资源,但不同海域还存在私物性质和公物性质的差异,由此导致其使用制度有本质的区别,应做进一步的区分。

3. 对海域不同性质的进一步区分

正是由于海域既有强烈的公共物品属性,也可以作为物权的客体,因此应对国家所有的海域做进一步的区分。但目前我国海域使用和管理上并没有对此做出区分,混淆了不同性质海域的性质与功能。因此,在明确海域国家所有的基础上,还应进一步将海域类型化为公物性质的海域和国有私产性质的海域,公物性质的海域主要适用公法规则,国有私产性质的海域则主要适用私法规则,从而实现不同性质的海域的不同功能。

三、公产视角下我国海域国家所有权理论的完善

(一)对我国国家所有权本质的再思考

我国国家所有权深受苏联的影响,是与所有制、计划经济紧密联系的,混淆了所有权与所有制的关系。从本质上而言,国家所有的财产属于公共财产的范畴,应以实现公共利益为要旨,从而与私人所有的财产相区别。私有财产是个人生存和自由的保障,是生产和生活的基础。但个人离不开社会,仅有私有财产是不够的,私有财产的利用、个人的福利、公共安全和社会生活等都离不开基础设施、公益设施等公共财产。随着对个人和社会之间关系认识的深入,个人权利、私有财产受到了较多的限制,所有权神圣原则已经被所有权的社会化所修正,个人权

利本位过渡到社会利益本位。[29] 现代民法越来越强调所有权的社会责任,权利人在行使其权利的同时要承担相应的保护资源、环境的义务,这在资源所有权方面更加突出,甚至通过采取国家所有的方式来保证实现。特别是20世纪中后期以来,与基本人权从生存权向发展权、分享权发展相对应,很多国家保障财产权的重点也逐渐从"负向防御性权利"转移到正向的福利和分享权利,公共财产大量增加。尤其是对作为公民生存的物质基础和生产环境的重要自然资源,很多国家采取了国家所有的方式,以减少资源私人所有、私人对资源垄断而产生的财富分配不公,以及私人分散、无序利用对资源利用和环境保护的不利影响,从而为公民福利的提供和资源的整体开发利用、环境保护奠定物质基础。[30] 同样,我国宪法规定包括海域资源在内的自然资源国家所有的理由就在于通过规定资源国家所有以减少资源私人所有产生的对资源垄断的不利后果,为公民的生存、生活空间、公共福利和环境保护提供基本的物质保障,从而为实现我国的社会主义理想提供制度保障。因此,与私有财产不同,国有财产的本质在于实现公共利益而不是利益最大化,当前我国国家所有权的理论和实践必须以此作为前提。

(二)应将宪法层面的"自然资源国家所有"回归到公权的性质

《宪法》的相关规定是包括海域在内的我国自然资源国家所有权的基础。某某资源属于国家所有在我国1954年《宪法》和1982年《宪法》等中都有规定,但其价值内涵发生了重大变化。从我国最初的1954年《宪法》第6条[31]来看,国家所有条款的目的在于确立公有制的主导地位,与"公有制"和"计划经济"绑定以克服私有制所带来的盲目、非理性以及分配上的实质不公平,并与新中国成立初期制定的赶超战略和重工业优先发展战略相呼应。这种假定是以个体非理性而国家

〔29〕 参见王泽鉴:《民法总则》,中国政法大学出版社2001年版,第39页。

〔30〕 当然,对重要自然资源收归国有有重要的政治、主权方面的原因,但这些不是本书讨论的重点。

〔31〕 1954年《宪法》第6条规定:"国营经济是全民所有制的社会主义经济,是国民经济中的领导力量和国家实现社会主义改造的物质基础。国家保证优先发展国营经济。矿藏、水流,由法律规定为国有的森林、荒地和其他资源,都属于全民所有。"

理性为基础的，与自由主义的理性人假定完全相反。由于公有制和计划体制，国家所有条款在制定之初便包含了“经营”的理念，通过“国家理性”“国家经营”以实现全民的利益，因此不存在国家所有财产的“营利性”与“公共目的”之间的矛盾。随着改革开放的深入，我国1982年《宪法》实现了“静悄悄的宪法革命”。一方面，国家与个体之间的关系发生根本转变，个体理性取代国家理性成为《宪法》的核心，与之相应的是，个体在国家之外获得了独立存在的价值，人权的入宪、私有财产条款的修改、社会主义市场经济体制的确立等宪法修改实现了从公到私、从国家到个体、从计划到市场的变迁路径。另一方面，在市场体制下，国家对国有财产的利用向市场化方向发展，国家以市场逻辑经营国有财产，导致附着于国有财产之上的公共目的流失，将“国家所有”与“私有财产权”结合而成“国家所有权”也不利于公共目的的实现，如何避免国有财产的“营利性”与“公共目的”、国家调控与市场化之间的矛盾，成为当前“国家所有”规范分析的逻辑起点。因此，应将《宪法》中的“国家所有”条款置于“公共财产”的框架下进行解读，而不是与《宪法》第13条的“私人财产权”条款联系，只有这样才能既保证国有财产开发利用的效率和灵活性，又保证其公共目的的保持。〔32〕 在“公共财产”视野下，必须破除那种将所有权局限于民法的思维方式，从宪法、经济法、民法、行政法等多角度来进行解读。

宪法所有权与民法所有权有很大的不同。宪法主要调整公民与国家之间的关系，而民法调整私人之间的关系，二者调整的对象、作用、范围不同，目的、内容、功能以及法律效果也不同。对私人所有权而言，宪法所有权是一种人权性质的公权，其目的在于划定个人财产权的范围，防御国家的侵犯，体现的是个人取得民事财产权的资格，是消极权利，其本身并不能直接赋予个人财产；而民法所有权是一种物权性质的私权，其排除其他民事主体对民事权利的侵犯，并就物的支配贯彻自我意志，体现的是权利，是积极权利。因此，宪法所有权只是对个人可以依

---

〔32〕 参见李忠夏：《“国家所有”的宪法规范分析——以“国有财产”和“自然资源国家所有”的类型分析为例》，载《交大法学》2015年第2期。

法获得财产、排除国家侵犯的宪法资格的确认,是“个人对抗国家”的权利。对国家所有权而言,当权利主体由“个人”转换成“国家”时,宪法所有权的内容和效果也应由“个人对抗国家侵犯”转化为“国家对抗个人防御”,或者说从“防范国家侵犯”变成认可“国家侵犯”,从而在性质上转化为具有强制力和优先性的“国家权力”。[33] 在这个意义上《宪法》第9条第1款[34]确实是一种“赋权条款”,只是其赋权的主体是国家,内容是权力而已。这种转换的正当性在于:由于自然资源具有高度的公益性和权属的不确定性的特征,需要国家对自然资源利用进行积极的干预,掌握资源利用的主导权,从整体利益的高度出发,制定有关自然资源分配、利用、惠益分享的统一规则,建立起既富于激励又体现公平的自然资源利用秩序,既要防止私人对自然资源的非理性使用,又要克服“公地的悲剧”,实现自然资源的“合理利用”;但在传统制度框架下,国家进行积极干预又面临着长期以来将自然资源视为“无主物”、将自然资源作为土地的附属物而被土地权利所吸收,以及传统物权法主要是从交易角度对物进行分类等诸多障碍,由于传统的国家权力具有“消极性”,无法消除这些障碍,因而最有效的办法就是通过资源国家所有权的赋予,使国家可以对资源利用行使“积极干预”之权。这相当于把自然资源利用主导权从个人“移交”到国家手中,排除个人将资源作为私人财产客体的可能性,是对国家权力的扩张和对个人权利的限缩,这当然要以宪法授权为依据,我国《宪法》第9条第1款就起了这样的授权作用,只是授予的“积极干预”的国家所有权不是民事权利而是公权力。[35] 当然,除了授权条款,《宪法》第9条第2款也规定了作为自然资源所有权主体的国家应该承担的社会义务,即国家要保障自然资源的合理利用,自然资源国家所有权要受到“合理利用”

---

〔33〕 参见巩固:《自然资源国家所有权公权说再论》,载《法学研究》2015年第2期。

〔34〕 《宪法》第9条第1款规定:“矿藏、水流、森林、山岭、草原、荒地、滩涂等自然资源,都属于国家所有,即全民所有;由法律规定属于集体所有的森林和山岭、草原、荒地、滩涂除外。”第2款规定:“国家保障自然资源的合理利用,保护珍贵的动物和植物。禁止任何组织或者个人用任何手段侵占或者破坏自然资源。”

〔35〕 参见巩固:《自然资源国家所有权公权说再论》,载《法学研究》2015年第2期。

的限制；同时，这一规定为自然资源使用预留了制度空间：只要这种“利用”是合理的，就应受到《宪法》的保障。[36] 可见，《宪法》第9条是自然资源国家所有权的基础性规范，但该条不是民法规范，不具有民事赋权的效果，国家不能依据该条获得民事权利，而是获得“积极干预”自然资源利用的公权力。

从宪法层面的公权来解释海域等自然资源国家所有权能克服自然资源国家所有的私权说存在的无法解决物权主体的实体化、平等性与“全民国家”的抽象性、优越性之间的矛盾，物权客体的确定性与自然资源的不确定性之间的矛盾，物权内容的私权性与自然资源国家所有权内容的公权性之间的矛盾，物权救济的补偿性、责任自负性与自然资源国家所有权救济的惩罚性、“不负责任性”之间的矛盾等诸多缺陷。在主体上，全民意义上的抽象国家作为民事主体是难以成立的，但在宪法上，国家作为社会公益和公共权力的指代，本来就是一个抽象概念，等同于“全民”。在客体上，与物权对物的“直接支配权”不同，宪法上的自然资源国家所有权除了主权上的宣示作用外，其核心问题是通过立法权、管理权等手段推进自然资源整体的“合理利用”和实现“公共利益”，以防止个人利用的非理性，并不谋求对物的直接支配，因而也不存在客体特定性的问题。[37] 在内容和主体上，由于自然资源国家所有权的公法性，与其他行政权一样，国家机关无须具体授权就可以代表国家行使，而不可处分性及行使的积极性也是公权力的典型特征。在救济上，自然资源国家所有权不是私权，国家不是自然资源的直接支配者，没有直接照管自然资源的义务，因而无须对自然资源致害承担民事责任；相反，因严重失职或管理不善等导致资源物致害的，可以追究管理者的行政责任，而个人侵害国有自然资源的行为由于违反了公法秩序而应承担惩罚性责任。此外，从宪法层面的公权来解释自然资源国家所有权，强调其公共利益的价值取向，有助于克服目前实践中地方政

---

〔36〕 参见税兵：《自然资源国家所有权双阶构造说》，载《法学研究》2013年第4期。

〔37〕 对填海造地行为通过行政规划、行政许可等方式进行规制以使之符合公共利益就是其典型代表。

府滥用自然资源国家所有权的情况。

(三)理顺宪法自然资源国家所有权与民法自然资源国家所有权的关系

由于海域等自然资源兼具资源和资产属性,其制度安排要有利于同时实现海域资源的各项功能,既要保障我国宪法明示的公有制经济制度,又要实现民法所担负的定分止争、物尽其用的规范任务,因此海域等自然资源除了宪法上的国家所有,还要实现宪法所有权向民法所有权的转换。《宪法》第9条为自然资源国家所有权奠定了宪法基础,授予了公法上的国家控制生产要素的便捷途径,但要在私法领域确立自然资源国家所有权,还需要在私法领域通过确权性规范来完成其权利塑造。《民法典》物权编第247条、第250条、第251条的规定表面上看来不过是《宪法》第9条第1款的具体化,但实际上,法律概念之间依照"抽象程度"及"负荷之价值"的不同构成效力位阶,而法律规范之间同样存在效力位阶的区分,因此,看似相近的法律规范出现在不同的立法文本中会产生不同的立法效果。〔38〕宪法文本中的自然资源国家所有权转化为民法文本中的自然资源国家所有权后,其权利性质和权利内容都发生了根本变化,宪法所有权是一种人权性质的公权,而民法所有权是一种物权性质的私权,把自然资源国家所有权从宪法权利转换为民事权利,国家由此取得了排除其他民事主体对自然资源国家所有权的侵犯、就资源物的支配贯彻自我意志的权利。当然,国家所有权与私人所有权还是有本质的区别,还是要受到公共利益的严格约束。同时,《民法典》物权编第325条、第328条与第329条〔39〕等授权性规范对私法上的自然资源国家所有权的行使和保护进行了规定,即可以通过设立海域使用权、探矿权等方式实现自然资源的有偿使用。这些授权性规范不仅具有法律补充授权的意义,还具有引致条款的功能,与

〔38〕 参见税兵:《自然资源国家所有权双阶构造说》,载《法学研究》2013年第4期。

〔39〕 《民法典》物权编第325条规定:"国家实行自然资源有偿使用制度,但是法律另有规定的除外。"第328条规定:"依法取得的海域使用权受法律保护。"第329条规定:"依法取得的探矿权、采矿权、取水权和使用水域、滩涂从事养殖、捕捞的权利受法律保护。"

《民法典》物权编中的确权性规范一起开拓了连接公法与私法的通道，实现了宪法国家所有权到民法国家所有权的转化。这种转化具有合理性：宪法所有权与民法所有权并不冲突，二者既不是不相容的物权，又不是同一效力位阶的权利，不会发生权利冲突，反而相辅相成，通过民事立法把自然资源上蕴含的宪法价值纳入实体法的范畴，有助于宪法目标的具体实现。

（四）通过类型化立法来实现对海域资源的有效利用

宪法层面上的海域等自然资源归国家所有只是排除了将海域等自然资源作为私人所有权客体的可能性，而赋予国家积极干预自然资源利用的权力，但在具体的操作层面上，国家对资源利用如何干预、干预到什么程度，可以有多种选择：既可以根据需要将自然资源直接设定为公物交给公众使用以直接实现公共利益，也可以将自然资源授予国家机关或相关国有单位利用以间接实现公共利益，还可以依据公平和效率原则把不同资源分别交给最能发挥该资源之效益的社会主体去利用，国家只保留"名义上的所有权"——监管利用和分享收益的终极权力。[40] 一方面，国家无论采取何种模式，都只是资源国家所有权的具体实现方式，不等于国家所有权本身，不会影响其公权性质，更不会触动所有制的基础；另一方面，无论国家采取何种方式，都既要符合海域本身的属性与功能，又要符合自然资源作为"公共财产"服务于公共利益需要的宪法价值辐射，要受到合宪性大闸的控制。由于自然资源的种类繁多，功能和属性的差异较大，因此应根据不同的资源具体确定其利用方式。同样，海域是自然资源中的重要一类，也应将海域区分为国有自然公物和国有私物，并设定不同的使用规则，笼统谈论"海域国家所有权"或"海域使用权"是不科学的。

1. 应将海域区分为国有自然公物和国有私产

正是由于海域既有强烈的公共物品属性，又可以作为物权的客体，因此应对国家所有的海域做进一步的区分。

（1）将公益性强的海域纳入国有公物的范畴。国家对自然资源享

---

〔40〕　参见巩固：《自然资源国家所有权公权说再论》，载《法学研究》2015年第2期。

有所有权,并不是要剥夺公众对自然资源享有的公共财产使用的权利,而是为了克服私人所有的弊端,确保公众能更平等、自由地享有这种权利。现代的国家不仅要给予那些贫困公民以生活补贴,而且还须直接向公民提供可使用的自然资源,使每个公民都能在大自然中享受恬静、快乐的生活。因此,国家应利用其享有海域所有权的优势,为公民提供公共物品。一是划定一定范围的海域作为公众用公物,特别是历史上一直为公共使用的海域,作为海洋景观、娱乐等场所,免费提供给公众使用,为公民的基本福利提供物质基础。二是按基本生存权保障的要求,对以海域资源为生的社区所控制的海域,国家应免费提供给该社区使用作为该社区成员的生存保障。三是划定一定范围的海域作为国防安全、交通运输、港口设施等公益用海。四是其他符合公共物品属性的海域也要按其性质划定为公益性质用海,并通过相关立法确保其公益用途的实现。

(2)对具有竞争性和排他性又没有纳入公物范畴的海域,可以纳入国有私产的范畴。海域是重要的自然资源,除了生态价值、安全价值外,还有重大的经济价值。作为一种能为人类带来巨大经济价值的稀缺资源,对海域等海洋资源的利用要做到物尽其用,充分发挥其经济价值。对于那些没有纳入公物范围的海域可以作为国有私产按市场化的方式进行配置以提高其使用效率。在法律制度安排方面,国有私产主要适用私法规则。我国规定了海域归国家所有,海域国家所有权中包含了使用权能,但这显然还无法解决通过市场化配置来实现海域的经济价值的问题。对于具有国有私产性质的海域,国家可以将其作为物投入市场自由流通,前提是要完成宪法上国家所有权向民法上国家所有权的转化,就是要把海域作为国有资产授予具体的管理部门,作为民法上的物参与流通。由于国家直接利用海域的成本高昂,因此需要通过在海域所有权上设立海域使用权交给需要海域使用权的个人、单位使用,以达到海域分散利用、物尽其用的目的。虽然海域使用权构成了对国家海域所有权的限制,但它与海域所有权完全性与弹力性的矛盾可以通过海域使用权的期限来解决。因此,在海域归国家所有的基础上,通过对国有私产性质的海域设定海域使用权的方式来实现海域分散利用的制度构架总体上既能保障海域的公共性,又能满足促使物的有效利用的需要。当然,作为国有私产的海域仍然属于国有财产的范畴,与私人财产仍然有很多的不同,要符合公共利益的要求:一方面,与其他国有私产一样,国有私产性质的海域存在的目的在于弥补市场机制的不足,必须将国有私产性质的海域严格限制在市场机制无法有效发挥作用的领域,尽量压缩国有私产性质的海域的范围以避免与民争利〔41〕;另一方面,对国有私产性质的海域取得的收益必须严格监管,保证其严格用于公共利益的范围。

虽然将国家海域所有权进一步区分为公物性质的海域所有权和国有私产性质的海域所有权有助于总体上完善我国海域物权制度,但对于填海造地的权利基础问题依然要做进一步的分析。

2. 不论是公物还是国有私产性质的海域所有权都不能涵盖填海造地的内容

私产性质的国家海域所有权不能包含填海造地的内容,这在本书第一章已经论述,这里继续讨论公物性质的国家海域所有权与填海造地的关系。对公物性质的海域,国家只能通过设定公物的方式来加以利用。总体而言,公物设置的目的是满足公众对基本生存保障、对基本日常生活的需求。对管理者而言,只是代表国家行使管理职能,公物的设立与消灭并不能由其管理者随便决定,而必须体现公众意志;对使用者而言,只拥有对公物使用的权利,使用人对公物的使用要符合公物自身的性质与功能。因此无论是公物管理者还是公物使用者都不得改变公物的形态以保障公物持续用于公共利益。同样,公物性质的海域具有生态、景观、生存保障、交通等功能,通过公物管理制度将其交给公众自由使用或者通过许可交给特定主体使用是公共利益最基本的体现。一方面,要求管理者管理、维护好公物性质的海域以保障公物的持续利用;另一方面,使用人可以依法使用海域,但对海域的使用要符合海域

---

〔41〕 "退出不应进入的领域"是目前我国国家所有权改革的关键,从这个角度而言,我国历史上的承包制、租赁制、所有权与经营权分离、政企分开、政资分开等改革措施都只是治标不治本的做法。参见李昌庚:《国家所有权理论拷辨》,载《政治与法律》2011 年第 12 期。

自身的性质与功能。而填海造地是将海域变为土地的过程,该过程必将导致海域的灭失,这些海域上承载的公共利益必将遭到彻底的破坏,因此在公物性质的海域上进行填海造地,已经不属于对海域自然公物的管理和利用的范畴,对其填海造地行为的性质与内容均应重新审视。

第二节　填海造地权的证成

填海造地行为既不是公物性质海域的管理与利用行为,也无法包含在国有私产性质的国家海域所有权或者海域使用权等民事权利之中,应进行理论创新,通过创设全新的“填海造地权”来取代原有的“填海造地使用权”,统摄填海造地的物权关系。

一、设立填海造地权的必要性

(一)应重新审视填海造地的性质与内容

填海造地不是对海域的使用,而是将海域资源转变为土地资源以获得土地的使用权,其实质是将海域资源转变为土地资源,既涉及海域资源也涉及土地资源,并涉及众多的私人利益和公共利益,因此不能仅仅包含在国家海域所有权或者海域使用权当中。

(1)填海造地的本质是海域资源所有权变为土地资源所有权,国家只有基于国家海域所有权人和国家土地所有权人的双重身份,才能将海域资源变换为土地资源,其权利基础具有复合性。同时,将海域资源变换为土地资源的填海造地也涉及众多公共利益,国家也不能仅仅基于民法性质的资源所有权就能将海域资源变换为土地资源,还必须依据公法上的资源所有权,通过行政规划、行政许可等管理措施加强对填海造地的规制以维护公共利益。

(2)当国家基于国家海域所有权人和国家土地所有权人的双重身份,通过行政许可的方式允许民事主体从事填海行为后,则填海造地行政许可的被许可人(以下称为填海造地人)获得了从事填海造地的资格,其填海造地行为成为民事法律行为,会产生民事法律后果,需要通过确认、保护其民事权利的方式保护其利益。因此,从填海造地人角度来看,填海造地过程中,在通过填海造地行政许可获得填海造地资格后,其内容主要包括三个方面:一是可以使用被填海域范围内的海域以实施填海造地行为,二是通过实施民事法律行为性质的填海造地行为使海域变成土地,三是获得新增土地的使用权。

(3)为实施填海造地,在赋予填海造地人许可之前,首先要通过财产征收清空被填海域范围内已经设立的海域权利(包括国有私产性质海域上物权性质的海域使用权以及公物性质海域的公物利用权)以保障填海造地的顺利实施,从而影响到原海域使用权人和公物利用人的利益。[42] 同样,如果在填海造地过程中涉及国有滩涂或集体土地,也要先征收国有滩涂上的相关权利和集体土地以保障填海造地的顺利实施,会导致原国有滩涂上的相关权利和原集体土地的消灭,从而影响到原国有滩涂上的相关权利人和集体土地所有人、使用人的利益。

可见,现行制度将填海造地仅仅包含在海域使用权之中是对填海造地本质的错误解读。

(二)现行制度缺乏对填海造地人权利的科学安排

如第四章所述,目前我国立法对海洋功能区划、(填海造地)海域使用论证、环境影响评价和实施填海造地前的海域使用权提前收回、集体土地征收等已经有了相关规定,对填海造地完成后的海域使用权向土地使用权的转换与承接等也有了相关规定。但是现行制度将填海造地作为海域使用权的内容,混淆了填海造地的性质,混淆了海域所有权和海域使用权之间的关系,无法合理解释填海造地的权利基础,也无法解释填海造地人可以使用被填海域范围内的海域以实施填海造地行为,实施民事法律行为性质的填海造地行为使海域变成土地以及使用新增土地等三个方面的内容,从而造成诸多问题,无法有效保护填海造地人的利益。因此,在否定了海域所有权、海域使用权作为填海造地的权利基础而确认填海造地主要通过行政许可方式实施后,需要创设新

---

〔42〕 现行制度的做法是在设定填海造地海域使用权之前通过提前收回海域使用权清空已有的海域权利,其实质是财产征收,其内容最后一章详述。

的民事权利来理顺、统摄、固定被许可人在填海造地过程中的民事权利义务关系，而笔者认为填海造地权是合适的选择，其理由下面详细论述。

二、填海造地权的界定

（一）关于“填海权”的现有观点

在否定将填海造地作为海域使用权的内容的过程中，学者们从立法论的立场，提出来了用“填海权”“海域围填权”等来统摄填海造地过程中填海人的权利，甚至用“围填权”来作为包括海域围填、湖泊围填、滩涂围填、河流围填、湿地围填等资源围填权的上位概念。[43] 目前对“填海权”的性质有几种不同观点：一是认为填海权并不是目前立法所讲的海域使用权，因为填海并不是“使用”海域，而是“变海为地”，因而是具有财产内容的非专属性物权，但该学者对填海权是什么性质、有何内容的物权没做进一步论述，转而论述填海造地在性质上属于不动产的“添附”，填海行为是一种物权行为，通过填海行为可以获得新增土地的使用权。[44] 二是认为填海权是经行政许可产生的准用益物权，是指民事主体在海域使用范围内，经有权机关批准，对海域进行围栏、填充以便形成土地的权利，将填海权定位为“介于海域使用权和土地使用权之间的一个阶段性权利”。由于填海造地一般在一两年内就能完成，该学者建议将填海权的权利期限设定为两年，两年期满后填海权消灭，转化为土地使用权。权利行使完毕是填海权消灭的主要原因，即“海变地”后围填权自动消灭。[45] 这些观点为进一步的研究奠定了基础，但也存在明显的问题。

---

〔43〕 参见杨华：《海洋发展战略中填海造地的法律规制》，法律出版社 2014 年版，第 85 页。

〔44〕 参见郑瀛：《我国首例填海造地行政诉讼案的法律问题》，载《广东行政学院学报》2005 年第 4 期。

〔45〕 参见杨华：《海洋发展战略中填海造地的法律规制研究》，法律出版社 2014 年版，第 105 页。

（二）对现有观点的检视

以上两种观点都认识到填海造地不能包含在海域使用权中，应对两者做出明确的区分，这是认识上的一大进步。但第一种观点将填海权回归到不动产的“添附”性质是不合适的，第三章已经做了详细论述，这里不再重复。第二种观点将填海权与行政许可相联系，认为填海权是行政许可产生的准物权，从而区别于海域使用权。但只是将填海权界定为介于海域使用权和土地使用权之间的一个阶段性权利，从其权利内容来看，主要就是可以实施填海造地行为，将填海造地行为单独作为物权，并无实质上的内容，存在明显的缺漏。从理论上来看，准物权也是物权，也是支配物并排斥他人干涉的权利，将填海造地权利定性为“阶段性的权利”，使得权利人对“海域”这一物的支配仅限于实施填海造地行为以消灭海域，形成的新的土地所有权归属于国家，并且因其在形成土地后，填海权就消灭了，其后面的土地使用权也并不包含在“围填权”中，显然与物权是对物的支配权利并获取利益的本质相冲突，因为填海人并未取得资源利用并获取收益的权利；如果一定要认为其对资源进行了利用，那也只能解释为“消耗性”地使用了海域，使“海”变为了“地”，而此种情形，完全可以通过行政许可直接给予被许可人为填海行为的“行为许可”，没必要设立准用益物权性质的填海权。同时，作为阶段性的填海权与海域使用权都是指向海域，也与一物一权原理不符，存在明显的缺陷。

（三）填海造地权的概念与特点

针对现有理论上对填海权定位的不足，笔者认为，应用填海造地权的概念取代填海权，并将填海造地权界定为：“填海造地权是指权利人经批准依法使用特定海域进行填充，形成并使用土地并排除他人干预的权利。”在性质上，填海造地权是一种新型的用益物权，具有以下特点：

1. 填海造地权是以通过填海造地行为将海域变成土地并使用土地为目的权利。虽然我国海域资源、土地资源为国家所有，将海域资源转变为土地资源的权力属于国家，但具体的填海造地行为则由国家通过设立填海造地行政许可的方式授予特定的民事主体实施，国家设立填海造地权的目的在于赋予民事主体具体实施填海造地的权利。

2. 填海造地权的权利基础、权利内容和权利客体都具有复合性。在权利基础方面，填海造地的本质是将海域资源变成土地资源，涉及海域所有权和土地所有权两方面，国家不是基于单一的海域所有权而是基于海域所有者和土地所有者的双重身份将海域资源和土地资源进行转换，并通过许可的方式由被许可人实施，因而填海造地权的母权包括海域所有权和土地所有权两方面，其权利基础具有复合性。在权利内容方面，民事主体取得填海造地许可后，一方面可以依法使用被填海域，实施填海造地行为；另一方面在海域变成土地后可以依法使用新增土地，权利内容包括对原海域的使用、填海行为和对新增土地的使用三方面，具有复合性。相应地，在权利客体方面，填海造地权既包括对填海海域范围内一定海域的使用，也包括对新增土地的使用，客体也具有复合性。

3. 填海造地权的主体具有特殊要求。一方面，填海造地是技术要求高、投资与风险大的行为，另一方面填海造地新增土地的使用要符合产业政策、土地规划等的要求，因此填海造地、取得相应土地权利的主体必须具备相应的资质。

4. 填海造地权是有期限的。填海造地中对海域的使用不是目的，只是将海域填成土地的手段，通过填海造地获得并利用土地才是其最终目的，因此填海造地权主要根据填海新增土地的用途来确定期限，可以分别适用现有土地承包经营权 30 年或建设用地使用权 40 年、50 年、70 年的年限。

5. 填海造地权是具有公权性质的私权。一方面，填海造地权的设立实行行政许可制度。海域和土地资源都是重要的自然资源，关系到区域经济发展、海域习惯性利用人的生存和环境利益等众多公共利益，对填海造地必须采取特殊政策，体现在填海造地权的设立上，就是国家基于海域所有权和土地所有权这两个母权，通过实行行政许可制度设立填海造地权以保证公共利益，填海造地必须依法登记，领取填海造地许可证。另一方面，填海造地权的核心在于被许可人通过许可获得了从事填海造地民事法律行为的资格，并享有使用被填海域以及经填海转化而来的新增土地的权利，取得其相关利益，虽然受公法调整，但私权性更浓，可以实施填海造地民事法律行为、依法使用填海范围内的海域及新增土地并排除他人干涉，将其定位为具有公权性质的私权更为合适。

三、创设填海造地权的作用

创设填海造地权可以从根本上解决填海造地中的物权问题以及填海造地的制度安排问题。

（一）设立填海造地权可以合理解释填海造地中的物权理论问题

目前我国立法将填海造地作为海域使用权的内容，在理论上无法合理解释填海造地的母权、填海造地的权利基础，以及海域使用权为何能消灭原海域所有权、用益物权为何能消灭其客体、海域使用权为何能转变为土地权利等问题，在实践中也无法解决海域使用金与土地出让金的差异以及“换证”等难题，而通过设立填海造地权就可以合理解决这些问题。首先，在母权和权利基础方面，国家基于国家海域所有权人和国家土地所有权人的双重身份，可以将海域转变为土地，并通过行政许可将具体的填海造地行为赋予民事主体实施，国家海域所有权和国家土地所有权成为填海造地权产生的母权，而填海造地权成为填海造地的权利基础。其次，填海造地人通过填海造地行政许可取得了填海造地权，可以使用被填海域实施填海造地行为将海域变为土地，并进而取得新增土地的使用权。其中，填海造地人对被填海域的使用是过渡性的，包含在填海造地许可中，不用单独登记发证，并且填海造地人根据填海造地权就可以直接申请新增土地的登记发证，取得土地使用权，这就可以合理解释海域使用权、填海造地行为和新增土地使用权之间的转化、承接关系，并解决原有制度中的“换证”难题。最后，填海造地人要缴纳填海造地权出让金（包括了海域使用和土地使用两方面的费用）作为取得填海造地权的对价，从而解决了原有制度中海域使用金与土地出让金存在很大差异的难题。

（二）设立填海造地权可以合理分配填海造地带来的利益与风险

填海造地会产生一些风险与负面影响，也会带来很多收益，会涉及国家、填海造地人和原海域权利人、土地权利人的众多利益，特别是在填海造地人和国家之间如何合理分配填海造地带来的利益与风险至关重要。而通过设立填海造地权，明确填海造地人的权利义务就可以合理确定填海造地人的相关权利义务，从而为合理分配填海造地带来的利益与风险奠定基础。

（三）设立填海造地权可以为政府管理填海造地行为奠定基础

如果填海造地权构建起来，填海造地权就是主管部门进行登记的名词和种类，通过对填海造地权的登记，宏观上可以了解填海造地的总体情况，微观上能控制填海造地的数量和范围等。而在具体的管理行为上，所有填海造地行为必须取得填海造地权才可以进行，取得填海造地权的填海造地行为才合法，而对没有取得填海造地权的填海造地行为就可以依法进行处罚，填海造地权就成为政府管理填海造地行为的基础，围绕填海造地权可以设计出系统、科学的填海造地管理体系。

第三节　填海造地权的构建

现实中存在的大量填海造地现象以及将填海造地作为海域使用权造成的诸多问题呼唤创设全新的填海造地权取代填海造地海域使用权，并针对填海造地进行专门的立法以规范填海造地行为。

一、创设填海造地权的立法措施

（一）在立法层面确认填海造地权

我国《民法典》已于2020年5月28日颁布，于2021年1月1日起正式实施，在《民法典》中并未单独确认填海造地权，依旧仅规定了海域使用权，结合相关法律进行体系解释，填海造地仍然是海域使用权之下的亚类型权利。物权法定是《物权法》的基本原则，我国《民法典》再次确认了该原则，实行严格的物权法定原则，这就要求立法提供尽可能多的制度选择。[46] 如前文所述，填海造地的权利不宜被涵盖在“海域使用权”当中，应从海域使用权中独立出来，就其性质来看，填海造地权为用益物权。因此，笔者建议在未来《民法典》的立法解释或其他单行立法中确认填海造地权为一种新型的用益物权，明确规定填海造地权的概念、设立方式、登记、权利内容、权利行使和消灭等方面内容。通过将填海造地权纳入物权法体系，将填海造地权与其他不动产物权进行统一登记，实现填海造地权的类型法定、内容固定、转移程序法定，从而使填海造地权成为与土地承包经营权、建设用地使用权、宅基地使用权等并列的一种新型用益物权。此外，可以制定“填海造地管理法”并修订《海域使用管理法》等相关法律法规来促进填海造地物权制度的立法完善。

（二）制定“填海造地管理法”

如第四章中对我国填海造地的法律规制现状分析部分所述，目前我国立法对填海造地的规定还比较简单。鉴于填海造地的重要性，全国人大应制定专门的“填海造地管理法”，详细规定填海造地规划、填海造地行政许可、填海造地出让金管理、填海造地中生态环境保护，以及相关物权征收、补偿等内容，为填海造地行为提供系统、科学的制度保障，规范填海造地行为。

（三）修改《海域使用管理法》等相关规定

进一步修改《海域使用管理法》《土地管理法》《城乡规划法》等相关规定，删除现行立法中与填海造地权相冲突的规定，将填海造地规划与土地规划、城乡规划等相衔接，使填海造地管理融入现行不动产管理体系当中。

二、填海造地权的设立

（一）填海造地权的设立方式

与其他用益物权一样，填海造地权也是在他人物上设定的他物权，

---

〔46〕 参见石佳友：《产权保护制度的基石——民法典物权编草案评析》，载财新网，http://opinion.caixin.com/2018-08-30/101320441.html。

要通过创设行为产生填海造地权。但与其他用益物权不同的是，填海造地权的母权具有复合性，并且受到公法更严格的限制。

填海造地权是在国家海域所有权和国家土地所有权上设立的权利。填海造地是将海域变为土地的行为，既要对海域进行使用，也要对填海而来的新增土地进行使用，涉及海域和土地两种资源。由于海域、土地等自然资源具有高度的公益性等特征，需要国家对自然资源利用进行积极的干预。一方面通过宪法规定海域资源为国家所有以排除私人所有的可能，使国家可以对海域资源利用行使“积极干预”之权，通过立法权、管理权等手段推进自然资源整体的“合理利用”和实现“公共利益”；另一方面通过把海域资源国家所有权从宪法权利转换为民事权利，国家由此取得就资源物的支配贯彻自我意志的权利，通过设定为公物或通过民事方式对海域资源进行具体的开发利用。填海造地涉及海域资源转化为土地资源，比一般的利用海域资源自身进行收益的行为涉及更多的利益，国家一方面通过立法权、管理权等手段管理填海造地行为，另一方面对具体的填海造地行为，主要通过行政许可交给民事主体来实施，因而填海造地权主要通过“申请—审批—登记发证”的程序取得。我国《行政许可法》第 12 条对有限自然资源开发利用、公共资源配置的许可已经作出了明确的规定，国家海域所有权和国家土地所有权是填海造地权的母权，而填海造地许可成为填海造地权“催生”、“准生”与确认的手段。另外，需要区分区域性填海与项目性填海、公益性填海与经营性填海来确定不同的填海造地权主体及设立制度。

对项目性、经营性填海造地应采取竞争方式设立。填海造地权既包括对海域的利用，也包括对新增土地的利用，按《行政许可法》第 53 条的规定，自然资源开发利用、公共资源配置许可的实施，行政机关应当通过招标、拍卖等公平竞争的方式作出决定。这样既能保障填海造地行为符合公共利益，同时通过公平竞争的方式也有利于实现海域资源、土地资源的优化配置。

（二）填海造地权的取得条件

从填海造地人的角度而言，要取得填海造地权，需要符合以下几个方面的条件：一是要提交填海造地的必要性和可行性论证报告。在必要性方面，要严格控制填海造地行为，必须要穷尽其他用地方案，如果还有其他的土地可供利用就不能实施填海造地行为。在可行性方面，要证明填海造地符合区域经济规划、海洋规划，要具备经济上的合理性和符合环境保护的要求，并且填海造地人自身要具备填海造地和土地利用开发的技术和资金要求。二是必须提供填海的具体方案和新增土地规划，并且该方案和规划必须得到有关部门的批准。三是该填海造地计划必须通过环境影响评价。四是必须支付填海造地权出让金。

（三）填海造地权出让金

填海造地以取得填海后的土地使用权为主要目的，对海域的使用只是为获得土地的过渡行为，因此填海造地权出让金应以新增土地为准，根据新增土地的性质、用途、使用年限等因素，参照同类型的土地使用权的市场价格合理确定，并适当增加海洋生态损害价值及适当扣除填海造地的成本。如此，以期解决现行制度中填海新增土地出让金和海域使用金比例不合理的难题。区域性填海形成的土地一般通过土地储备方式进行总体开发，主体一般是土地储备中心、工业园区等，区域性、公益性的填海造地在填海造地权出让金的构成、征收方式等方面与项目性、经营性填海造地应有所不同，可以设置缓减免制度，但其许可、审查、管理和公众监督方面的标准应更为严格。

三、填海造地权的转让与消灭

（一）填海造地权的转让

填海造地权属于用益物权的范畴，填海造地人取得填海造地权后，既可以自己实施填海造地并取得新增土地的使用权，也可以将填海造地权依法转让给他人，其转让的方式包括让渡、抵押出租、继承、出资等。填海造地权转让要符合一定的条件：一是自取得填海造地许可之日起要满2年。二是已经依法缴纳填海造地权出让金。三是要完成规定的最低开发投入（其标准可以使用目前建设用地使用权转让的规定）。这三项规定对遏制投机行为以达到填海造地的目的很有必要。

四是填海造地权属没有争议。五是只能整体转让而不能将其中的海域使用权或土地使用权分割转让。六是受让人要符合填海造地的要求。

(二)填海造地权的消灭

与其他用益物权一样,填海造地权因下列原因而消灭:一是填海造地权的抛弃;二是填海造地权的期限届满;三是填海造地许可证被吊销。填海造地权消灭的法律后果与其他用益物权消灭相同,可以适用其他用益物权消灭的规定。

四、填海造地权的内容及与相关物权的区别

(一)填海造地权的内容

填海造地权的内容是指填海造地权法律关系主体依法享有的权利和承担的义务。与其他用益物权一样,填海造地权的义务主体是不特定的,因此这里只讨论填海造地权法律关系权利主体的权利和义务。

1. 被许可人取得填海造地许可后,成为填海造地人,享有以下权利:一是可以依据填海造地许可确定的面积、范围、方式等采取必要的措施实施填海造地民事法律行为,并可根据实施填海造地的需要建设必要的生产和生活设施;二是可以依法对填海范围内的海域进行占有、使用,但这是为实施填海造地行为而进行的一种过渡性、临时性的使用,不能单独转让;三是获得对填海造地新增土地的使用权,其用途、期限、内容等由填海造地许可根据区域经济政策、海洋规划、物权法、土地管理法等的有关规定合理确定;四是对公益性和边远地区的填海造地,可以依法申请减免缴纳填海造地权的有关费用;五是可以依法转让填海造地权,填海造地权是一种新型的用益物权,可以依法整体转让,但要符合一定的条件。

2. 填海造地人负有以下义务:一是依法缴纳填海造地权出让金,其标准应比照同类型的土地出让金合理确定,并可以适当扣除其填海造地的相关成本支出;二是按填海造地许可批准的方案进行填海造地;三是在填海造地过程中要遵守工程管理规定,并注意保护海域资源和海洋环境;四是要按土地管理的要求合理使用新增土地;五是要接受管理机构的监督管理。

（二）填海造地权与相关物权的区别

1. 填海造地权与现行立法中的海域使用权不同。一是填海造地权与普通的海域使用权不同，虽然填海造地权也包括对被填海域的使用，但这种使用是一种临时性、过渡性的使用，其使用的目的在于消灭海域，将海域转化为土地以最终获得土地使用权，其主要目的、主要内容都在于获得填海新增土地的使用权，而不是通过对海域的使用获得收益，这与普通的海域使用权不同。普通的海域使用权是对海域本身的利用，其目的都是在于通过对海域的使用获得收益，而不能对海域进行破坏性利用。二是填海造地权与填海造地海域使用权不同，填海造地权利基础包括国家海域所有权和国家土地所有权两方面，因而根据填海造地权就直接取得对新增土地的使用权；而现行的填海造地海域使用权的重点在于海域利用，其权利基础是国家海域所有权，虽然也可以转换为土地使用权，但在填海完成后需要经过独立的“换证”程序，难以包括新增的土地使用权，无法合理解释从海域到土地的变化。

2. 填海造地权与目前理论界所讲的“填海权”有本质区别。填海造地权与阶段性权利性质的填海权，一是权利内容有根本区别，填海造地权既包括填海造地行为，也包括海域使用和新增土地的使用，而阶段性权利性质的填海权不包括海域使用和新增土地的使用。二是期限不同，阶段性权利性质的填海权主要依据海域使用权确定，期限较短，而填海造地权的期限主要依据新增土地的使用权确定，期限较长。针对填海造地权与不动产“添附”性质的填海权的区别，虽然由于前述学者对“添附”性质的填海权的性质、内容论述不够明确而无法做详细的比较，但由于其将填海行为作为添附行为，与填海造地权将其作为行政许可下的权利就已经有本质的区别。

3. 填海造地权与土地承包经营权、建设用地使用权等一般土地使用权有很大差别。一是取得方式、取得过程不同，土地承包经营权通过承包、建设用地使用权通过出让或划拨方式直接取得土地权利，取得过程比较简单；而填海造地权主要通过行政许可方式取得，虽然填海造地权最终也是为了取得土地使用权，但并非直接就能取得土地使用权，而是要经过把海域填成土地的复杂过程。二是权利客体、权利内容不同，土地承包经营权和建设用地使用权都是对土地的占有、使用、收益等，权利客体和权利内容都比较单一，而填海造地权既包括对海域的占有、使用，也包括对土地的占有、使用、收益，权利客体和权利内容都具有复合性。

4. 填海造地权与矿业权等准用益物权也有很大差别。以矿业权中的采矿权为例，虽然矿业权包含了在特定矿区或工作区内勘探、开采矿产资源之权和其矿区及工作区的地下使用权〔47〕，其权利构成方面有一定的复合性，但矿业权的主要目的是通过开采将矿产品从国家矿产资源中分离出来变为采矿人的财产而获得相应收益，并没有改变矿产的形态，没有将矿产资源和土地资源变成其他资源；而填海造地权是将海域资源转化成土地资源，涉及两种资源的转换，因而其权利基础和权利内容等是复合性的。此外，采矿权属于准用益物权，在填海造地完成后，填海造地人获得的新增土地使用权与现行立法规定的其他土地使用权等一样，属于典型的用益物权性质的权利。

可见，填海造地权虽然最终是对填海新增土地进行使用、收益的用益物权，但与现行立法中的海域使用权、土地使用权等典型用益物权以及矿业权等准用益物权都有所区别，是一种新型的用益物权，应在《民法典》物权编中加以规定，使之符合物权法定原则，成为一种法定用益物权，从而规范填海造地中的物权关系。

第四节　填海造地权视角下填海造地物权总体制度构架

在引入公产理论，重新阐释我国国家所有权理论的本质和内涵及创设填海造地权来规范、固定填海造地中的物权关系后，填海造地总体制度应围绕填海造地权来进行重新设计，实现理念更新和制度转换。理念方面，应从以经济利益为中心向经济、社会、生态协调发展理念转

〔47〕　参见崔建远、晓坤：《矿业权基本问题探讨》，载《法学研究》1998年第4期。

变,注重公私利益的平衡;制度架构上,应首先通过公私多重立法来规范,再对填海造地物权权利制度和填海造地管理制度进行设计,同时,还要对填海造地进行重新分类,并归纳出填海造地中原有物权消灭和新物权产生的主要类型。

一、我国填海造地物权制度建构理念的更新

填海造地对推动区域经济发展具有重要的作用,有着重大的现实需求。但目前的填海造地以经济利益为中心,对环境保护和沿海居民的生存保障不够重视,从而带来了诸多的环境问题和社会问题,影响到了我国海域资源的可持续利用和经济、社会的可持续发展,必须进行理念的更新,坚持经济与社会、生态利益平衡,公私利益平衡等原则,以促使填海造地制度沿着科学、理性的方向发展。

(一)从以经济利益为中心向经济、社会、生态协调发展理念转变

传统的经济发展观以个人为本位、以经济利益为中心,认为填海造地等对海洋资源的利用是人类对自然的胜利,是人类“控制自然”的途径,使得对各种资源的开发、攫取过渡,成为造成诸多生态环境问题的根源。[48] 经济利益的驱动是我国进行填海造地的重要原因。我国沿海省市交通发达,人口比较稠密,一些雄厚的产业比较多,享受的优惠政策也相对较多。受这一系列因素的影响,地区经济较为发达。但是随着人口越来越多,人均土地面积越来越少,人地矛盾突出,一些产业需要进一步拓展发展空间,紧缺的土地逐渐成为制约沿海地区经济发展的障碍。填海造地是沿海城市缓解人地关系紧张局面的一个重要出路,一些地方政府通过土地出让金等会获得较大的经济收益,使土地的资本属性得到较大的发挥。不仅如此,填海造地活动还会增加土地面积,使建设用地紧张的状况得到缓解。另外,填海造地活动还能够有效地实现耕地占补总量的平衡,扩大城市近郊耕地的实际占用。地方政府在这种经济利益的驱使下,对填海造地的规划与审批通常以短期经

[48] 参见程娜:《可持续发展视阈下中国海洋经济发展研究》,吉林大学2012年博士学位论文,第41页。

济发展需要、以海域转化为土地的经济价值作为依据，而很少将长远的海洋生态环境影响纳入决策考虑范围内，即便是考虑到生态环境影响因素，为了地方财政收入的增加，如前所述，我国政府主导的违法填海造地屡见不鲜，海洋生态环境的负外部性凸显往往具有滞后性，而一旦这种负外部性的效果出现，其原本的生态系统基本不具备可恢复性。公共利益、海域习惯性利用人等群体的合法权益将受到严重影响。现行法律法规对填海造地生态环境保护的要求规定过于原则性，这也是地方政府在填海造地审批程序中漠视海洋生态的一个重要原因，对生态价值考量的忽视必然会造成海洋环境的恶化，最终会导致海洋经济与生态环境发展失调。

可持续发展观强调个人利益与社会利益的协调，强调资源开发利用的代际平衡，强调经济、环境与社会的协调发展，已经被现代社会普遍接受，成为国际社会的基本准则。〔49〕 在资源开发利用方面，可持续发展观既强调资源开发利用中的经济利益、使用效率，也注重资源利用与资源环境保护的协调。人类对资源的开发利用不能以破坏人与自然相互依赖和相互作用的整体生态平衡为前提，经济的发展必须是与自然生态环境相协调的可持续的发展，以尊重和维护生态系统稳定有序为着眼点，不能破坏海洋生态环境的“新陈代谢”能力，只有把人与社会都融合于生态自然，才能实现真正的生态和谐。

具体到填海造地方面，由于海域具有经济价值、生态价值和社会价值等多重价值，对其的开发利用必须对这些价值进行综合考量。一是填海造地是促进经济发展的客观需要。通过对海域资源本身的利用能产生良好的经济效益，但填海造地工程也是缓解土地压力、促进经济发展的重要措施，古今中外很多沿海国家都进行了填海工程。特别是我国目前正处于经济、社会快速发展阶段，人地矛盾又非常尖锐，通过填海造地的方式来缓解人地矛盾是经济发展的客观需要，要放弃填海造地是不现实的。二是填海造地要注意海域经济价值、生态价值、社会价值的平衡。一方面，海域具有重大的生态功能，形态多样的海域的存在

---

〔49〕 参见孙佑海：《法制建设：可持续发展的重要保障》，载《中外法学》1994 年第 3 期。

对海洋生物、海洋环境等都作用巨大。虽然填海造地能带来巨大的经济效益,但填海造地也会导致海域的消失,影响到海洋生态环境,由此引发诸多问题。海域资源的稀缺性、海洋环境的脆弱性和不可逆转性都决定了对待围填海造地必须持极其谨慎的态度,在注重经济发展的同时,必须将由此带来的生态环境问题摆在同样重要的地位,坚持填海造地的经济性与生态保护协调发展的原则。另一方面,海域是很多居民生产、生活的基本依靠,具有重要的生存保障价值,因此在填海造地过程中还要妥善解决当地居民的生计问题。经济发展、环境保护、公民的生存保障等都息息相关,对海域的利用必须既有助于实现海域的经济价值,也有助于海域生态、社会等价值的有效实现。因此,填海造地要转变目前以经济利益为中心的观念,确立可持续发展的理念,将填海造地放在可持续发展的框架内进行综合考量,注重海域多重价值的平衡,注重填海造地与海洋环境保护、居民生存利益保障之间的协调,从而推动海域资源的可持续利用和经济、环境、社会的协调发展。

总体上看,虽然可持续发展理念已被普遍接受,并且在立法中也有体现,在民事立法中,如本书第三章所述,《民法典》总则编规定了绿色原则,要求民事主体从事民事活动,应当有利于节约资源、保护生态环境。该原则是可持续发展理念的体现。但实践中,为追求经济利益最大化,并未完全遵循该原则。笔者认为,填海造地使得“海变地”,自然资源的转换几乎是不可逆的,并且会对生态环境造成重大影响,因此,在填海造地方面,更应当坚持可持续发展理念,贯彻绿色原则,落实物权制度生态化。2020 年 5 月 28 日通过的《民法典》物权编第 346 条规定:“设立建设用地使用权应当符合节约资源、保护生态环境的要求……”该条实质上是对总则部分规定的绿色原则在物权编中的重申和具体应用,对于填海形成的土地上产生的建设用地使用权应当同样具有规范意义,在填海造地的具体规范方面还应对节约资源、保护环境的绿色原则进行细化。

(二)注重公私利益的平衡

与经济驱动型填海造地相一致,目前我国填海造地在制度上是作为海域使用权的一种类型,以推动区域经济发展为主要目的,以物尽其用为主旨，通过出让方式设定填海造地海域使用权，国家海域所有权的私权属性被放大，财产属性、经济功能不断增强，成为地方政府增加地方财政收入的重要工具，而国家海域所有权的公权属性被忽视，填海造地缺乏严格、有效的公共利益审查，使得填海造地过多、过滥而损害环境和公民生存保障等公共利益。由于填海造地行为涉及经济发展计划、生态环境保护、生存权保障等重大公共利益，已经超出了海域民事权利的范畴，无论是海域国家所有权还是海域使用权都无法包含填海造地的内容。一方面，应用填海造地权取代填海造地海域使用权以理顺填海造地中的物权关系、保护填海造地人的利益；另一方面要通过行政规划、行政许可等措施加强对海洋环境、沿海居民生存权等公共利益的保护，并注重对填海造地权的限制，从而达到公私利益平衡。

行政管理权等国家公共权力是一个国家范围内成员的私权让渡后形成，并以强制力保证实施的管理国家事务和社会公共事务的权力。[50] 经济学理论中，"市场失灵"理论和"庇古税"等政府管制理论论证了政府干预市场的合理性。[51] 国家通过公权力的形式规范社会事务发展，使其沿着符合公众利益与国家利益的轨道前进，避免私人所有制下的经济利益驱动形成国民经济体系的缺陷和社会严重分化的状态，尤其是在一些基础设施建设领域和市场利益较小的行业，以及与生态环境相关的自然资源利用等领域，若国家不加以管制，则很容易导致地方政府在利益上的短视，忽视长远生态利益价值。海域带有强烈的公共物品属性，其利用涉及全体公众的利益，填海造地更是涉及经济、环境、生存权，需要将其纳入公共管理的范畴，通过公法进行严格规制以维护公共利益，具体而言，应主要通过行政规划、行政许可、行政征收等方式管理填海造地行为。

---

〔50〕 参见李余华、丁汪洋：《公共权力范围之重构及其意义》，载《齐齐哈尔大学学报（哲学社会科学版）》2014 年第 9 期。

〔51〕 See Harrison Anthony J., *Economics and Land Use Planning*, Croom Helm Ltd., 1977, p. 62 – 130.

二、我国填海造地物权制度的总体架构

(一)通过公私多重立法来规范海域物权制度

我国《宪法》第9条第1款规定矿藏、水流等自然资源属于国家所有,《民法典》《海域使用管理法》等规定了海域等自然资源属于国家所有,并且规定海域所有权由国务院代表国家行使。但目前我国立法并没有对国有财产的性质做进一步的区分,导致了诸多问题。与其他自然资源一样,海域不同于传统民法上一般的“物”。一方面,海域具有经济价值,大多数海域可以作为生产资料进入市场,按市场机制进行配置从而成为一种特殊的物质产品,和一般商品一样具有使用价值和价值;另一方面,海域作为自然资源还具有生态、安全等价值,具有自然资源的整体性和公共性特征,特别是有些海域是社会生产和生活的自然载体与保障,不宜作为商品进行交易,应纳入公物的范畴。应根据属性与功能的不同将海域分为国有私物和国有(自然)公物,并确定不同的使用规则。如前所述,应将公益性强的海域纳入国有公物的范畴,对具有竞争性和排他性又没有纳入公物范畴的海域纳入国有私产的范畴。通过国有公物、国有私产的划分,为海域国有财产法律制度的设定奠定了基础,应对海域国有公产和国有私产制定不同的规则。

1. 对公物性质的国有海域主要适用公法规则

公物的主要目的在于维护公平,确保每个公民最低限度的自由和自主的物质保障,将其直接服务于公共用途,而政府作为行政管理者的职责在于仲裁或调解使用者之间的利益冲突,维护使用秩序。[52] 对公物的法律规制应主要适用公法的相关规定。我国目前缺少公物(公产)制度,为更好地规范公物利用,应当尽快确立这方面的制度。从比较法视野来看,大陆法系的德国、法国、日本等国家或地区的公物制度主要由行政法规范,对国家公产制度的研究也主要是由行政法学来完

---

〔52〕 参见肖泽晟:《自然资源国家所有权的宪法限制》,载《南京工业大学学报(社会科学版)》2011年第4期。

成。[53] 那么,在我国,是否也遵从此种路径呢?笔者认为,公物制度主要应由公法来完成,但也不排斥由私法和公法相衔接并协同建立公物制度体系。一方面,我国可以在相关物权立法中建立类似"公物"的基础性概念,为公物法提供客观的基础。[54] 从法律体系层面上看,民法典虽然是典型的私法,却也不乏公法性规范[55],特别是我国实行的是土地等自然资源公有制,使得我国的物权制度较其他私有制下的物权制度更多地体现社会利益和公共政策,在一定程度上存在民法与行政法等公法的交织作用关系。[56] 因此,在私法中规定公物的概念与我国物权法的体系建设并无违和感。从学术研究层面上看,我国晚近以来,不少民法学家提出"公物"相关概念,主要体现在一些民法典和物权法草案的建议稿中。[57] 另一方面,通过制定"公物管理法""国有资源法"等单行法,确定我国公物和资源的总体制度;在此基础上,进一步修改《海域使用管理法》,通过海洋功能区划划定国有公物性质海域的具体范围,确定其具体用途,并就公物性质海域的使用、保护、管理、政府职责等方面做出具体的制度安排,以保障其上公共利益的有效实现。

2. 对国有私产性质的海域主要适用私法规则

与公物性质海域的直接实现公共利益不同,国有私产性质的海域可以竞争性、排他性使用,在确定其国家所有、维护海域生态价值和有序开发的总体要求的基础上,要注重通过市场机制来提高资源的配置效率,实现国库收入的最大化,并将其收益用于公共目的以间接实现公

---

〔53〕 参见张建文:《转型时期的国家所有权问题研究:面向公共所有权的思考》,法律出版社 2008 年版,第 226 页。

〔54〕 参见刘艺:《公物法中的物、财产、产权——从德法公物法之客体差异谈起》,载《浙江学刊》2010 年第 2 期。

〔55〕 譬如,《民法典》物权编第一章关于基本原则的规定,第五章关于国家所有权和集体所有权的规定以及第十一章和第十二章关于土地承包经营权和建设用地使用权的规定。

〔56〕 参见刘家安:《物权法论》,中国政法大学出版社 2009 年版,第 3 页。

〔57〕 譬如,梁慧星老师在民法典草案第 273 条提出了"公有物与公用物"概念,参见梁慧星:《中国民法典草案建议稿附理由》,法律出版社 2004 年版,第 2 页;王利明老师在物权法草案第 749 条提出了"公用财产"概念,参见王利明:《中国民法典学者建议稿及立法理由》,法律出版社 2005 年版,第 151 页。

共目的。因此,对国有私产性质的海域主要通过出让等有偿使用的方式交给市场主体使用,使用人因此取得了对海域进行开发利用的相关权利,从而实现对自然资源的“公有私用”。[58] 需要强调的是,海域国家所有权只是为国家积极干预海域资源的利用提供了合法性,但国家对海域资源利用的干预只是体现在对海域资源利用秩序的确定(海域资源立法)和监管(海域资源管理)上,而不是直接以民事主体的身份去亲自支配和使用海域资源。无论海域资源的公共性有多么突出,在实践中多数海域都只能被分割为特定的“物”,由民事主体进行支配和利用;当这种支配达到独占和排他的程度时,就构成民法上的物权。海域国家所有权只是“形成秩序”的前提,而海域使用权等物权才是形成海域资源利用秩序的关键。当海域国家所有权由宪法所有权转化为民法所有权后,与土地出让一样,也可以通过海域国家所有权而产生物权性质的海域使用权。当然,与私有财产的使用不同,国有财产带有很强的公共性,要强调出让程序的公平、公开、公正,要注重公众参与和社会监督。

(二)构建以填海造地权为中心的填海造地物权权利制度

填海造地会产生一些风险与负面影响,也会带来很多收益,会涉及国家、填海造地人和原海域权利人、土地权利人的众多利益,其中最重要的是作为海域所有权人、土地所有权人的国家和填海造地人之间的利益关系,因此首先需要通过设立填海造地权来合理确定填海造地过程中的权利义务关系,为合理分享填海造地带来的利益奠定基础,填海造地权成为填海造地权利制度的核心。此外,填海造地还涉及原有海域的征收,会导致原有海域上相关权利和环境利益的消灭,在设立填海造地权的基础上,还应进一步完善海域财产征收制度和环境损失补偿制度。这在前面已经详细论述,不再重复。

---

〔58〕 学者税兵提出对自然资源应区分“对物采掘类”资源与“非对物采掘类”资源从而确定其是否适合设定用益物权,该观点得到很多学者的赞同。参见税兵:《自然资源国家所有权双阶构造说》,载《法学研究》2013 年第 4 期。

（三）完善以行政许可为中心的填海造地管理制度

1. 填海造地涉及多方面公共利益

填海造地涉及的公共利益主要体现在：首先，填海造地行为是区域经济政策的重要内容。一方面，填海造地对区域经济具有重大影响。当前我国沿海地区人地关系紧张，城市的快速发展导致工业区扩展、居民住宅需求增加，土地日益成为制约经济发展的“瓶颈”。而填海造地具有工程期短、经济成本低、改造难度低等诸多优点，尤其是免去地方陷入征地困局不能自拔的风险，因而在实践中，沿海城市多采用此方式来解决经济快速发展带来的土地供需矛盾，填海造地成为增加土地、改变人地关系的重要手段，是区域经济政策的重要内容，涉及重大经济公共利益。另一方面，填海造地也是公益事业、公共基础设施如码头、填埋区、开采区、海水淡化、风景区等建设用地的重要来源，对于保障公众的通行需求、观光需求、用水需求、能源需求等有重大影响，涉及广泛的社会公共利益。其次，填海造地行为涉及重大的生态利益，是环境政策的重要内容。海洋蕴含了大洋生态系统、火山口生态系统、河口生态系统、海湾生态系统等，同时也存在红树林生态系、珊瑚礁生态系、海草床生态系等，对于区域生态具有重要的影响，是人类共同的宝贵生态财富。而填海造地行为会改变海域的自然形态，必将对上述生态系统造成破坏性的影响，甚至具有不可逆性，因而对填海造地应慎重对待、多方考量。最后，填海造地还涉及生存保障等重大公共利益。填海造地会影响到以海域为生的人群的基本生存保障。沿海海岸带自古是人类重点利用的对象，沿海渔民世代以沿海资源为生，从事捕捞、近海养殖、沿海观光旅游服务业等是其群体生存的主要方式，是社会保障的一个重要方面，也是社会稳定的重要方面。而填海造地会消灭该群体赖以生存的海域，对填海造地应慎重对待。

2. 应采取多种行政管理措施保护填海造地中的公共利益

行政管理活动方式有很多，根据不同管理对象的需要，行政管理部门通常会采取包括行政规划、行政许可、行政征收、行政给付、行政奖励、行政裁决、行政处罚、行政强制措施等在内的行政措施。通过上述行政管理手段，保障与促进社会公共事务的有效开展以及优化资源配置。填海造地涉及宏观的经济政策、环境政策、社会政策,应纳入公法规制的范畴。

(1)填海造地必须符合海洋规划。填海造地是海域利用的特殊形式,总体上属于海洋资源利用的范畴,填海造地的总体方向、规模、位置、进度,以及填海造地的环境保护、经济利益协调等必须与海洋开发利用的整体要求相一致,在海洋开发利用的总体规划中要包含填海造地方面的内容,填海造地规划应成为海洋规划的重要组成部分,海洋规划直接决定填海造地的总体方向和内容,通过海洋规划中填海造地规划的编制,加强对填海造地的宏观调控和微观规制。

(2)填海造地要符合经济政策和环境保护的要求。一方面,填海造地的主要目的在于为经济发展提供必要的土地,填海造地的正当性在于符合经济政策的要求,在经济政策制定过程中,必须对发展经济而需要的填海造地规模、进度等进行论证,使之符合公共利益的需要。另一方面,在推动经济发展的同时,填海造地对生态环境的影响很大,要经过环境评价环节,要符合环境保护的要求。因此,在填海造地规划、海洋规划编制过程中,要注意与区域国民经济发展规划、土地利用总体规划、环境保护规划之间的衔接、协调,以实现经济和环境保护的协调发展以及公私利益的平衡。

(3)通过行政许可推动填海造地的具体实施。在填海造地规划确定填海造地的规模、位置、进度等总体方向后,每一具体填海造地行为还要取得行政许可。填海造地行政许可不同于一般的登记、认可等普通许可,是在区域规划的前提下,对确定的填海造地区域的具体填海造地行为的具体实施,主要从填海造地范围、速度、具体地点、周边设施建设、强度、具体实施主体等方面对填海造地行为进行控制。

(4)必要时可以实施行政征收。在填海造地规划、填海造地许可实施过程中,如果被填海域上已设定相关权利,或者涉及国有滩涂和集体土地、滩涂,则需要通过行政征收手段清空这些权利以保障填海造地的顺利实施,需要对土地征收特别是海域征收(现行立法中的海域使用权提前收回)的时间、征收的范围、征收的补偿标准等作出具体规定。

(5)对违法的填海造地行为,可以采取行政强制、行政处罚等措施进行处理,确保填海造地行为符合填海造地规划、行政许可等的要求。

在这些行政管理措施中,主要是通过填海造地行政许可方式对具体的填海造地行为进行规制,以保护公共利益并赋予被许可人实施填海造地行为的资格,因而填海造地行政许可是填海造地管理制度的核心。

(四)填海造地权视角下填海造地的重新分类

在将填海造地从海域使用权转变为填海造地权后,对填海造地行为应进行重新分类。

1. 区域性填海造地与项目性填海造地

如果填海造地规划中确定的填海造地的规模较大,特别是覆盖了某一区域时,那么政府既可以采取统一对某个区域进行整体填海、对新增土地进行综合开发的方式,也可以通过单个的项目填海造地、分别进行开发的方式,具体落实填海造地规划。如果填海造地规划中确定的填海造地的规模较小、较分散,则主要通过单个的项目填海造地的方式落实填海造地规划。因此可以将填海造地分为区域性(也可以称为整体性开发、政策性开发)填海造地和项目性填海造地两类。

(1)区域性填海造地的规模较大,是由政府根据经济政策或社会政策而对某个区域进行的整体性填海造地,其主要目的在于通过填海造地来解决区域性经济发展等产生的土地“瓶颈”问题。政府根据相关政策,确定填海的区域、范围,并且主要采取授权土地储备中心、工业园区、经济开发区等单位代表政府的方式具体实施填海工程,其主体范围较小。作为填海造地人的土地储备中心等通过许可取得填海造地权,并通过招标等形式确定具体的填海工程施工人,完成填海工程。土地储备中心等作为委托方和施工方之间只是委托代理关系,填海造地的相应法律后果由土地储备中心等承担,填海工程完成后形成的新土地纳入土地储备中心按土地管理的相关规定进行整体、统一开发而不是单一的项目开发。区域性填海造地强调的是新增土地的整体性开发,以推动区域经济的整体发展,其土地利用既包括公益项目也包括经营性项目。区域性填海造地依然要通过行政许可的方式实施,而土地储备中心等是以民事主体的身份而不是土地管理者的身份实施填海造地行为,区域性填海造地只是具体落实区域经济政策的手段,因此在填海造地环节可以不收取填海造地权出让金,而在后续的开发利用储备土地的环节再向市场主体收取土地出让金。

(2)项目性填海造地,是指为实现特定项目建设而进行的填海造地。这种填海造地的规模一般都不大,并且与特定的建设项目相联系,为实现特定项目而填海造地,需要进行项目建设的主体凭借建设项目申请填海造地许可,其主体范围较广。在获得填海造地许可后,项目建设人成为填海造地人,取得填海造地权,填海造地形成的土地由填海造地人进行项目建设。项目性填海造地强调的是新增土地用于特定项目,其建设项目既可以是公益性的也可以是经营性的。项目性填海造地还可以进一步分为原有项目填海造地和新增项目填海造地。

原有项目填海造地是指为了促进原有项目的有效利用而进行的小规模填海造地,又可以细分为两种类型:一是原海域使用权人利用原来使用的部分海域进行的填海造地。这种填海造地是原有海域使用项目的延续,其主要目的在于为原有海域的使用提供配套设施用地,填海的规模较小(如果原海域大部分转为土地的话,则不是原项目填海而是新增项目填海了)。原海域使用权人通过申请填海造地许可获得填海造地权,将原有海域使用权中的小部分海域转化为土地,填海造地人与原海域使用权人为同一人。二是原有项目主要是对集体土地的利用,为增进对集体土地的有效利用而附带填埋相邻的部分海域进行的填海造地,填海的规模较小且处于附属地位(如果填海规模较大且居于主导地位的话,则不是原项目填海而是征收集体土地进行新增项目填海了)。集体通过申请填海造地许可获得填海造地权,将与集体土地相邻的小部分海域转化为土地,并取得新增土地的使用权。[59]

新增项目填海造地是指为进行新项目建设而进行的填海造地。新增的项目与原海域使用项目不是同一项目,原海域上的海域使用权因征收而消灭,新增项目建设人与原海域使用人一般都不是同一人。在

---

〔59〕 这种情况虽然很少见,但实践中也确实存在。

获得填海造地许可后，新项目建设人成为填海造地人，取得填海造地权，填海造地形成的土地由填海造地人用于新的特定项目建设。同时，在设立填海造地权制度后，不管是原有项目填海造地还是新增项目填海造地，填海造地行为都不是海域使用权行使的结果，而是填海造地人行使填海造地权的结果，与现行立法有本质的区别。

(3)相应地，从管理角度而言，填海造地行政许可分为区域性填海造地许可和项目性填海造地许可两种类型，这有助于区分、控制不同规模的填海造地，使填海造地的公法规制具备可操作性。总体而言，这两种填海造地许可的内容都要包括填海造地的目的和填海的主体、范围、时间、方式、施工要求、附属设施建设以及新增土地的用途等方面，只是具体的内容有所差别。同时，对通过填海造地形成新土地的使用都包含在填海造地权当中，只是区域性填海形成的土地一般通过土地储备方式进行总体开发，而项目性填海形成的土地一般由填海造地人直接用于项目建设。

2. 公益性填海与经营性填海

从新增土地的用途来看，填海的新增土地既可以用于单一的公益项目、经营性项目，也可以同时对公益项目、经营性项目进行综合开发，因此填海造地又可以分为公益性填海造地、经营性填海造地和综合性填海造地。公益性填海造地必须用于公益项目，其填海造地权出让金较低。而经营性填海造地的使用则要采取市场化配置的方式进行，强调资源的配置效率，填海造地权出让金按市场价格确定。此外，区域性填海造地有可能同时包括了公益项目、经营性项目用地，在政府许可给土地储备中心等实施填海造地时可能没法做出具体区分，但在后续的利用储备的土地时则应根据公益性、经营性的不同而确定不同的出让金。

此外，无论哪种类型的填海造地，政府填海造地都要接受是否符合公共利益的严格审查，并且填海形成的收益都要严格管理并接受公众监督；特别是在填海造地过程中要对原海域使用权人、公物使用人和环境利益进行公平合理的补偿，以降低政府基于财政收入而大量填海造地的可能。

（五）填海造地权视角下相关物权消灭与产生的总体分析

填海造地涉及填海造地人、被征收的海域使用权人和土地相关权利人等的众多利益，用填海造地权取代填海造地海域使用权后，应对填海造地过程中涉及的原有物权的消灭和新物权的产生重新进行系统梳理。

1. 国家海域所有权的消灭和国家土地所有权的产生。国家基于海域所有权人和土地所有权人的双重身份，通过填海造地规划确定填海造地的范围，并通过填海造地许可将海域资源转化为土地资源，国家海域所有权被消灭，国家土地所有权产生。由于所有权主体同一，国家海域所有权不需要补偿，只需要办理相关移交、变更登记手续。

2. 被填海域上原有使用权利和土地权利的消灭。如果被填海域为国有私产性质，要通过海域征收行为先行消灭被填海域上的海域使用权，如果有需要也可以附带征收相邻的集体土地使之变成国有土地，以扫除填海造地的权利障碍。财产征收成为被填海域上海域使用权、集体土地所有权等财产权利消灭的原因，对这些财产权利应进行合理补偿。但以下两种情况下，一是主要利用集体滩涂进行填海，二是主要利用集体土地而附带利用国有海域填海的特殊情形，则原集体土地或滩涂的所有权性质不变，新增的国有土地通过划拨或出让方式交给集体使用，并分别办理国有海域所有权到国有土地所有权的相关手续和国有土地使用权划拨或出让的相关手续。如果该海域为公物性质，则在经过公物消灭程序和海域征收程序后，海域上的公权力、公权利和私权利同时消灭。公权力的消灭不存在替代、补偿问题。而对该公物性质海域的习惯性利用等权利，原则上应进行转换或补偿。如果该公物上存在私权利，也应进行相应补偿。

3. 填海造地人通过填海造地许可取得了填海造地权，包含了对被填海域和新增土地的使用权。与现行立法将填海造地作为海域使用权权能之一、海域使用权在填海造地后转化为土地使用权不同，在新的填海造地权视角下，被填海域上的原海域使用权在征收后消灭，不可能再向新增土地的使用权转化；填海造地权中对被填海域的使用只是过渡性权利，随着填海造地的完成而消灭，而新增土地使用权则包含在填海造地权当中,不存在转化的问题。只是在利用原海域使用项目中的一小部分海域进行填海的原有项目性填海中,原来的海域使用权大部分继续存在,而填海新增土地归原海域使用权人使用,由于原海域使用权人与填海造地人为同一人,为简化手续而允许在原有海域使用权和新增土地使用权之间进行费用抵扣,虽然也可以称为转化或承接,但与现行立法已经有本质区别。

4. 海域进行填海造地后,会导致该地区的生态环境发生变化,一方面在海洋规划编制和填海造地行政许可过程中必须考虑到如何对生态环境进行修复或补偿,另一方面应引进独立的环境保护组织作为利益主体代表参与到填海造地过程之中以维护环境利益。

可见,填海造地涉及众多权利,对这些权利的消灭、补偿、产生等应做出具体的制度安排。

第七章　我国填海造地物权制度的完善与创新

填海造地涉及众多原有权利的消灭和新权利的产生，主要包括国家海域所有权的消灭和新增土地所有权的产生、海域之上既有的海域使用权的消灭、对海域的习惯性利用的“海域利用”权利的消灭，以及公众对公物性质的海域进行利用的公物利用权利的消灭等，在将填海造地由填海造地海域使用权转变为填海造地权后，对这些权利的消灭与产生应重新做出具体的制度安排，完善和创新我国填海造地物权制度及相关权利人的权利保护程序方面的制度。

第一节　我国填海造地中所有权消灭与转化制度的完善

总体而言，填海造地会导致海域所有权的消灭和土地所有权的产生，但公物性质的海域主要适用公法规则，国有私产性质的海域主要适用私法规则，从而导致二者的所有权的内容、消灭的原因、消灭的程序都有所不同，特别是公物与国有私产在使用方式、使用主体方面有根本区别，在其消灭时的补偿对象、补偿内容也有很大不同。因此，海域国家所有权制度的完善是填海造地中各种权利消灭与补偿问题完善的基础，首先应根据属性与功能的不同将海域分为国有私物和国有（自然）

公物,并确定不同的使用规则,在此基础上进一步细化不同性质的国家海域在消灭过程中相关权利的消灭、转换与承接制度。

一、填海造地中不同性质海域所有权消灭的原因及后果

公物性质的海域与国有私产性质的海域在所有权消灭的原因、消灭的程序及其产生的后果方面都有所不同,应分别考察。

(一)公物性质海域所有权的消灭

公物性质的海域主要由公法调整,其消灭要符合公物消灭的基本原理。所谓公物的消灭,是指公物丧失其作为公物的性质。[1] 其原因与方式主要有以下几种:(1)基于法律上的原因,是指由公物主管机关依职权或依申请以意思表示,明示废止公用,属于法定废止。[2] 也就是说,虽然公物还具有使用价值,但由于公物设置机关作出了废止公物的行政决定而使其丧失公物的法律属性。以法律行为成立的公物,原则上即以相同的法律行为废止公用,并经过与设定相对应的程序。这是因为公物"废止"是"设定"的相反处理方法,所以其法律基础及方式、程序应该相对应。在这方面,我国已经有了一些相应的法律规定。例如我国《铁路法》第40条规定:在城市规划区内设置平交道口或者人行过道,由铁路运输企业或者建有专用铁路、铁路专用线的企业或者其他单位和城市规划主管部门共同决定;拆除已经设置的平交道口或者人行过道,由铁路运输企业或者建有专用铁路、铁路专用线的企业或者其他单位和当地人民政府商定。(2)基于事实原因,是指公物因物体灭失,或因形态变更无法恢复,不能用以达成设立该公物的目的时,即丧失其公法特别地位,这种情形称为自然废止。公物以其具备可能供一般公众利用之形体为要件,该形体要件因自然力或人的行为而减失,其回复为一般社会观念认为不可能或有显著困难之情形,则可以因为丧失其为公物的性质而废止。这种丧失必须是永久性而非暂时性

---

〔1〕 参见周佑勇主编:《行政法学》,武汉大学出版社2009年版,第75页。

〔2〕 参见金江磊、金石、赵前前:《公物的设定、转换与废止》,载《兰州交通大学学报(社会科学版)》2006年第10期。

的。例如,公有建筑物因地震毁损,公用车辆因年久而损失,都是因物体形态丧失而公物随之消灭。(3)公物默示消灭,是指公物客体因一长久未供公共使用的目的,主管机关也未进行适当的维护管理,致使其丧失公用性质和功能。例如某大桥因修建年代久远,不符合现代交通工具通行要求,被有关行政部门封闭而另行修建新桥梁供公众使用即为此情形。

同理,公物性质的海域要通过公物设置机关的法律行为设定给公众使用,其消灭也应由公物设置机关通过行政决定的方式使其丧失公物的法律属性。同样地,因公共利益原因或者重大经济利益原因而需要实施填海造地,会导致公物性质的海域消灭,行政机关要采用行政规划和行政许可的方式,通过法定的程序,并经过正当的公示程序后,才能作出变海域为土地的决定。由于我国公物性质海域的设置机关与填海造地行政规划和行政许可机关同为海洋资源行政管理部门,因此消灭公物性质海域的行政决定和填海造地海域规划、行政许可可以合而为一,通过填海造地行政规划和行政许可而使海域的公物性质和行政法特殊地位归于消灭。需要特别强调的是,由于公物性质海域的消灭影响到公众的利益,因此在填海造地行政规划编制时,除了要符合经济政策、环境政策,还要听取公物使用者的意见,这是公物性质海域消灭的必经程序。

此外,就公物消灭的后果而言,一般情况下公物因废止公用而消灭其公法特别地位时,该公物的使用权(公权利)即归于消灭,因公物使用权的消灭,因其本质上关系到公共利益,与此相关联的公物附近居民的习惯性利用权受到破坏,从而导致部分公众的生存权受到影响,因而相关主体需要对此进行合理补偿;而公物的私法所有权原属于行政主体者,因废止公用而成为该行政主体的财政财产;公物的私法所有权不属于行政主体者,其私法所有权人或其他物上权利人,其权利因设定公物而受的各种限制,因废止公用而解除。[3] 由于我国海域都是国家所

〔3〕 参见金江磊、金石、赵前前:《公物的设定、转换与废止》,载《兰州交通大学学报(社会科学版)》2006年第10期。

有,不存在集体和私人海域所有权,因此公物性质的海域废止公用后依然属于国家所有的海域,不存在所有权的补偿问题。同时,在填海造地的情况下海域会转化为土地,原有海域不可能再成为海洋行政管理部门的财政财产,而新的土地一般会成为国有土地,个别情况下还会转化为集体土地。

(二)国有私产性质海域所有权的消灭

与公物性质的海域不同,国有私产性质的海域主要适用私法规则,其消灭要符合物权的基本原理。按照物权理论,所有权消灭的原因主要包括买卖、权利人之抛弃、第三人之原始取得、灭失、混同和征收等。[4] 由于我国海域只有国家所有权一种类型,因此国有私产性质的海域国家所有权消灭的原因即海域的灭失。填海造地属于在国有海域之上设定填海造地权,通过实施海洋规划、行政许可审批允许权利人将海域填埋形成土地从而导致的海域灭失,此种海域灭失会导致海域上的各种权利消灭。由于我国海域都是国家所有,因此国有私产性质的海域被填海造地形成的土地一般属于国家所有,也不存在所有权的补偿问题,个别情况下还会转化为集体土地,后面再详细探讨。但对国有私产性质海域上的海域使用权等权利,国家则应进行补偿。可见,公物性质的海域与国有私产性质的海域在所有权消灭的原因、消灭程序、特别是对相关权利的补偿方面有所不同,但都会导致从海域转变为土地。

二、填海造地中海域所有权消灭与土地所有权产生的类型

国家基于海域所有权人和土地所有权人的双重身份,通过填海造地规划确定填海造地的范围,并通过填海造地许可具体实施,海域资源转化为土地资源,由此导致被填海域范围内的海域所有权的消灭和国家土地所有权的产生。同时,填海造地除了要使用海域,还经常要填埋邻接的滩涂和使用邻接的集体土地,虽然我国的海域只有国家所有权一种类型,但土地、滩涂则存在国有和集体所有两种类型,这就必须根据不同的类型采取不同的措施。

---

〔4〕 参见史尚宽:《物权法论》,中国政法大学出版社2000年版,第55页。

（一）单独利用国有海域进行填海造地时所有权的消灭与产生

如果填海造地只涉及海域，那么此种情形下填海造地在物理形态上就是将海域变为陆地，海域从形态上灭失，转变为土地。由于海域都属于国家所有，转变为土地后新生的土地所有权自然属于国家所有，这种情形下所有权的主体相同，即国家所有——国家所有，权利归属较为明确。从具体的内容而言，虽然海域所有权与填海造地后新生土地所有权均为国家所有，但权利客体、具体的代表主体等方面存在需要注意的问题：一是所有权的客体发生了变化，填海造地前所有权的客体为海域，填海造地后为土地；二是具体的所有权行使部门的协调问题。在2018年国务院机构改革之前，按国务院及行政机关职能的分工，我国海洋行政管理部门具体行使国家海域所有权，而填海造地形成的新生土地所有权则变更为由土地行政管理部门具体行使，不同的所有权行使部门之间具体事项的衔接法律法规并未有太多涉及。值得关注的问题是，在我国2018年国务院机构改革方案提出以后，对国务院组成部门进行了调整，组建了自然资源部，自然资源部整合了原国土资源部、国家海洋局以及国家测绘地理信息局的职责，并将国家发改委、住建部原有的规划方面的职责，水利部、农业部、林业局等有关资源调查和确权登记管理的职责一并整合。原国土资源部、国家海洋局、国家测绘地理信息局不再保留，但自然资源部对外保留国家海洋局牌子。[5] 与此相适应，各地政府组成部门总体上与中央和国家机关机构对应。各省、自治区组建了自然资源厅（一些地方为省自然资源和规划厅，如海南省），各市县政府分别对应组建了规划和自然资源局（或自然资源和规划局）等。组建自然资源部的主要目的是缓和长久以来广受诟病的各类自然资源资产所有者行使主体不统一，国家自然资源所有者不到位，国土空间用途管制、生态保护修复职责不统一，空间规划重叠，不动产确权登记管理部门分散等问题，实现山水林田湖草整体保护、系统修复、综合治理。

---

〔5〕 参见《国务院机构改革方案》，载中华人民共和国中央人民政府网，http://www.gov.cn/xinwen/2018-03/17/content_5275116.htm。

可以预见的是，2018 年国务院机构改革以后，自然资源部及地方自然资源厅（局）整合了原国土管理部门和海洋管理部门的职责，对相关的权利行使和管理将会趋向统一，但对于具体的海域所有权消灭、新生土地所有权产生，目前我国现行立法对此的规定过于简略，还是需要对从海域国家所有权到土地国家所有权的转变做出详细的制度安排。

（二）涉及滩涂、土地的填海造地时所有权的消灭与产生

如果填海造地除了要填埋海域，还要使用邻接的集体所有的土地或填埋集体所有的滩涂时，则情况会复杂一些，需要进一步区别对待。

1. 明确“滩涂”的性质和归属

滩涂是连接海域与土地的重要物理形态。我国海岸线漫长，沿岸滩涂面积极为广大，实践中填海造地难以避免会发生围填滩涂的情形。滩涂在法律属性上定义为海洋还是土地、与海域的界限、属于国家所有还是集体所有，对于填海造地权利承接与转换有着较大的影响。如第一章所述，由于我国《土地管理法》和《海域使用管理法》的规定不一致，海洋行政主管部门将平均高潮线以下低潮线以上的沿海滩涂（潮间带）界定为海域，而土地管理部门却将沿海大潮高潮位与低潮位之间潮浸地带的沿海滩涂界定为土地，导致滩涂的归属不明、管理错位和利益纷争。2018 年国务院机构改革以后，海洋行政管理部门和土地行政管理部门合二为一，均为自然资源行政主管部门对海域和土地资源进行管理，只是具体的处室不同，这也为统一明确滩涂的性质奠定了基础。滩涂性质和归属的不确定性对于填海造地权利承接与转换有着重大的影响，需要在明确其属性的基础上完善其归属和消灭、转换制度。一方面，按目前学界的多数观点，应当区分沿海滩涂的潮上带、潮间带和潮下带在法律上的不同性质和所有权定位。对于潮上带属于土地，潮下带属于海域学界基本无异议。而对潮间带，笔者赞同潮间带属于土地的观点，并认为我国土地和海域在法律上的界线，应当是海水的低潮线；立法上应当明确滩涂作为土地的一种形态，只是指其位于低潮线以上的部分。另一方面，对于滩涂所有权，按国家所有权的理论，除了设定给公众直接使用的公物，应尽量缩小国家所有权范围，对有争议的滩涂尽量确权给集体所有，既可以保障沿海居民的生活，也可以减少国

有财产带来的低效率。

2. 细分填海造地中所有权消灭、产生的情形

(1)对利用国有滩涂和海域进行的填海造地。如果填海造地除了要填埋海域,还要填埋国家所有的滩涂或使用邻接的属于国家所有的土地,那么此种情形下填海造地在物理形态上是将海陆相接处的海域变为陆地,使得陆地局部快速向海域延伸,局部海域从形态上灭失。由于海域都属于国家所有,国有滩涂也属于国家所有,此种情形下填海(滩涂)造地新生的土地所有权自然属于国家所有。其中利用国有滩涂进行填海造地的,由于滩涂本身就是国有土地的一种类型,因此不用再办理所有权变更手续,但对国有滩涂上设立的土地承包经营权和国有海域上的海域使用权、习惯性利用权利进行征收时,应给予合理的补偿。对国有滩涂上设立的土地承包经营权的补偿,可以参照现行集体土地征收补偿的相关规定,对此不再赘述,而只论述海域使用权等的补偿问题。

(2)对利用集体滩涂、土地以及国有海域进行填海的,对集体滩涂、土地则不宜一律规定转变为国有土地,而应视集体滩涂、土地与海域之间的关系而定。

首先,在区域性填海的情况下,填海造地面积一般较大,地理位置较为集中,政府采用主动“征海”的方式进行填海,也会附带征收邻接的集体滩涂、土地,对整个填海造地工程而言,主要利用国有海域进行填海,集体滩涂、土地居于附属地位,则集体土地与国有海域一起变成国有土地。对原属于集体所有的滩涂、土地应通过征收的方式变为国有,按现行土地征收的补偿标准与程序进行补偿。同样,对于主要利用国有海域进行的项目性填海造地,集体滩涂、土地也居于附属地位,应通过征收的方式变为国有,与国有海域一起变成国有土地,并需要进行补偿,但基于附近居民对原海域或被占用土地的习惯性利用权,应赋予附近居民对新生土地的优先利用权。

其次,对于个别规模不大的经营性项目性填海造地而言,由于该项目填海使用的国有海域面积较小,可能存在两方面的特殊情况:第一,对整个填海造地工程而言,主要利用集体滩涂进行填海,国有海域居于

附属地位;第二,某个项目主要是对集体土地的利用,而附带利用国有海域进行填海,并且填海后新生土地被邻接的集体土地包围,新生土地主要还是为原集体村民所使用,如海港利用、配套供水设施的利用等。在第一种情况下,集体滩涂属于集体土地的一种形态,对集体滩涂而言,是“由地变地”而非“由海变地”,是由集体土地(滩涂)变为经营性土地,其实质是对集体土地用途的改变,其客体并没有发生实质改变,与填海造地有本质的区别。在第二种情况下,其主要是对集体土地的利用,填海同样处于附属地位,与填海造地也有根本的不同。在这两种情况下,都只是为了促进集体土地的有效利用而将面积较小、处于附属地位的国有海域填为土地,其填海造地仅仅适用于国有海域的范围,而不适用于集体土地、滩涂;在通过填海造地行政许可将国有海域填成土地后,与原有的集体土地相比,面积相对较小、处于附属地位,因而应以集体滩涂、土地的利用为主,而不能本末倒置,将集体滩涂、土地征为国有。因此,原有的集体土地、滩涂和填海新增土地之间的关系,就变成了土地与土地之间的关系,由于集体土地利用处于主要地位,可以将新增的国有土地采取划拨或有偿使用的方式交给集体使用。由于新增土地归集体所有仅会出现在一些经营性项目性填海造地情形中,并不常见,规模也很小,因此采取划拨的方式对公共利益以及国有财产的影响甚微,完全可行。

(三)利用海岛周边进行填海造地时所有权的消灭与产生

除仅涉及国有海域和涉及滩涂、土地的填海造地外,需要附属讨论的问题是利用海岛周边进行填海造地时所有权的消灭和产生问题。我国《海岛保护法》第2条第2款对海岛的定义为“四面环海水并在高潮时高于水面的自然形成的陆地区域”,并依据是否属于居民户籍管理的住址将海岛分为无居民海岛和有居民海岛。其中,无居民海岛是指不属于居民户籍管理的住址登记地的海岛〔6〕,有居民海岛则是指属于居民户籍管理的住址登记地的海岛。众所周知,在我国300万平方公里的海域中,分布着11 000多个海岛,各岛屿面积大小不一,大至几

〔6〕 参见《海岛保护法》第57条第2项的规定。

万平方公里，小到几平方米，可谓海岛众多，星罗棋布。在面积大于500平方米的7300多个海岛中，有居民海岛460多个，无居民海岛6000多个。[7] 在海岛周边填海具有得天独厚的天然地理条件。

如果仅涉及有居民海岛周边的填海以及填海连岛时有居民海岛与有居民海岛相连，那么与本书所论证的普通的单独利用国有海域、滩涂或集体滩涂进行填海差别不大，因为一些有居民海岛在行政区划上是独立的省，如海南岛。即便是其他的各省级行政区划内较小的有居民海岛，目前有关法律制度也是在有居民海岛上延伸执行，其城乡规划、生态环境、自然资源、水利等有关部门各负其责。只是按照《海岛保护法》第27条第1款的规定，要严格限制填海、围海等改变有居民海岛海岸线的行为，严格限制填海连岛工程建设，确需填海、围海改变海岛海岸线，或者填海连岛的，项目申请人应当提交项目论证报告、经批准的环境影响评价报告等申请文件，依照《海域使用管理法》的规定报经批准。

如果填海造地在无居民海岛周边进行，那么此时除了要填埋海域，还可能涉及无居民海岛。此处涉及三种情形：第一种情形是填海造地在物理形态上是将与无居民海岛相接处的海域变为陆地，使得无居民海岛陆地地块快速向海域延伸，局部海域从形态上灭失，无居民海岛面积扩大，即“无居民海岛＋填埋海域⇒无居民海岛”；第二种情形是填海连岛，使得两个无居民海岛中间的海域消失变为陆地，两个无居民海岛变为一个整体，即“无居民海岛＋填埋海域＋无居民海岛⇒无居民海岛”；第三种情形是填海连岛，使得无居民海岛与陆地或有居民海岛相连，无居民海岛与陆地或有居民海岛中间的海域消失，即“无居民海岛＋填埋海域＋陆地（或有居民海岛）⇒土地（或有居民海岛）”。如前所述，我国法律法规严格限制填海连岛工程，2011年国家海洋局发布的《无居民海岛保护和利用指导意见》第1条确定了“严格限制填海连岛工程，保护海岛自然属性，防止海岛灭失。填海造地工程涉及海岛的，应通过桥梁和隧道方式连接海岛和陆地”的政策。《海岛保护法》

---

〔7〕 数据为2015年的海岛统计数据。

第30条第3款规定:“无居民海岛的开发利用涉及利用特殊用途海岛,或者确需填海连岛以及其他严重改变海岛自然地形、地貌的,由国务院审批。”

在第一种和第二种情形下,所有权的消灭与产生分析如下:由于海域属于国家所有,无居民海岛也属于国家所有[8],此种情形下填海造地新生的土地所有权自然属于国家所有,但与仅涉及有居民海岛的填海造地的不同之处在于,我国对无居民海岛进行了单独规定,扩大面积或合二为一的无居民海岛要按照我国《海岛保护法》以及《无居民海岛开发利用审批办法》等法律法规和规范性文件的规定,进行规划、开发利用、管理和保护。从具体的内容而言,虽然海域所有权、无居民海岛所有权与填海造地后新生土地所有权均为国家所有,但权利客体方面发生了变化——所有权的客体发生了变化,填海造地前所有权的客体为海域,填海造地后为无居民海岛,而非单独的土地。在我国,无居民海岛所有权属于国家,对这一点学界并无甚争议,但对无居民海岛之上权利客体存在争议:是将无居民海岛归类为山岭或是荒地,抑或是海域的底土向水面的延伸,还是无居民海岛属于《宪法》第9条中规定的“矿藏、水流、森林、山岭、草原、荒地、滩涂等自然资源”的“等”外的一种独立的自然资源,学界有不同的看法。[9] 笔者认为,无居民海岛应当属于一种独立的自然资源,可以单独作为物权的客体。首先,从生态资源系统角度上看,无居民海岛上拥有丰富的生物资源和非生物资源,包括土壤、砂石、动物、植被、淡水等,无居民海岛应该是海岛及周边各种资源的有机组合整体,不能使之割裂开来,分散成为各个权利单体。无居民海岛作为整个海洋生态系统的重要因素,由于其自身具有的独立性和封闭性的特点,单个海岛即可构成一个相对独立的闭合的生态环境地域系统,这个系统包括岛体、岛滩、岛基(礁)和环岛浅海四个小生态环境。[10] 也只有将无居民海岛作为一个有机的整体来看待,才能

---

〔8〕 参见《海岛保护法》第4条的规定。

〔9〕 参见唐俐:《无居民海岛使用权物权化析论》,载《海南广播电视大学学报》2016年第3期。

〔10〕 参见国家海洋局:《中国海洋21世纪议程》,海洋出版社1996年版,第19页。

很好地解决其权利客体范围存在的局限性。其次,无居民海岛从物的属性上来说属于事实上的集合物。无居民海岛的资源构成要素包括淡水资源(有的无居民海岛具有淡水资源)、土地资源、生物资源、矿产资源等,所有这些资源要素共同构成了无居民海岛的自然资源,其不能视同土地、海域等,应当具有独立性。最后,无居民海岛具有特定性。无居民海岛位置固定,具有特定性这一法律上的物的属性。[11] 民法学者归纳集合物作为物权客体的原则为:具有相当程度之特定性与独立性,适当之公示方法,交易上之实益即非常需求。[12] 无居民海岛作为一个整体能满足此要求,因此无居民海岛可以独立作为物权(所有权及用益物权)的客体。从立法层面上看,如前所述,我国《海岛保护法》单列一条第4条明确"无居民海岛属于国家所有",我国2020年5月28日公布的《民法典》延续了《海岛保护法》的规定,其物权编所有权分编第五章关于"国家所有权和集体所有权、私人所有权"中的第248条重申了:"无居民海岛属于国家所有,国务院代表国家行使无居民海岛所有权。"可以看出,法律是将无居民海岛单独作为物权的客体,与土地所有权分开规定的。由于无居民海岛的生态环境的特殊性,需要一体开发利用和保护,其涉及的无居民海岛使用权既不同于海域使用权,也不同于一般的土地使用权,因此,填海造地中的"海域使用权证换发国有土地使用权证"(换证制度)也难以适用于无居民海岛周边的填海造地。第三种情形可能导致海域消灭、无居民海岛消失最终变为大陆陆地的一部分或者有居民海岛,填海造地产生的陆地其所有权适用土地所有权的相关规定,涉及征收补偿时,可能会比一般的填海造地复杂一些。

三、完善海域所有权消灭与土地所有权产生制度的具体措施

(一)国家海域所有权转变为国家土地所有权的具体措施

因填海造地而引起的国家海域所有权变更为国家土地所有权,应

〔11〕 参见唐俐:《南海无居民海岛开发利用的困境与出路》,载《海南大学学报(人文社会科学版)》2015年第4期。

〔12〕 参见谢在全:《民法物权论(上册)》,中国政法大学出版社2011年版,第14页。

采取以下两点具体的转变措施。

1. 国家所有权行使主体的明确

根据我国《宪法》和《民法典》的有关规定，国务院代表国家对属于国家所有的自然资源统一行使所有权，但不同的自然资源的属性差异较大，因而不同的自然资源分别由国务院所属的专门行政管理机构具体行使所有权。2018 年国务院机构改革之前，根据我国行政机构职能的划分，国家海域所有权主要由海洋与渔业行政主管部门具体行使，负责具体实施海域的使用、收益、监管等权能。而国家土地所有权主要由土地行政主管部门具体行使，负责具体实施土地的使用、收益、监管等权能。填海造地使海域变成土地，虽然都是国有财产，但具体行使国家所有权的主体不同，因而存在完成所有权行使主体的交接的问题，海洋与渔业行政主管部门应将原有海域的相关资料移交土地行政主管部门，海洋与渔业行政主管部门因海域客体的灭失而不再行使国有海域所有权，土地行政主管部门因新土地的产生而行使国有土地所有权。但 2018 年国务院机构改革后，自然资源实施统一管理，成立了自然资源部，各省、直辖市、自治区及各市县也进行了相应调整，土地和海域等自然资源都归属于自然资源行政主管部门管理和行使所有权，自然资源行政主管部门既是国有海域、国有土地所有权的行使主体，也是海域、土地的行政管理机构，具有所有者和管理者的双重身份。

2. 国家所有权登记制度的完善

填海造地导致的客体的彻底转变，既要符合物权变动的基本原理，也要符合国有资产管理的基本要求。

(1)从物权变动角度来看，在海域变为土地过程中要完成原海域所有权的注销登记以及新土地的初始登记。海域和土地都属于不动产的范畴。不动产的登记从形式上可以分为初始登记、预告登记、变更登记、注销登记等，其中初始登记指不动产的所有权人依法在规定的时间内对其权利进行的第一次登记。[13] 遗憾的是，我国《民法典》物权编第 209 条第 2 款规定："依法属于国家所有的自然资源，所有权可以不

〔13〕 参见孙宪忠：《中国物权法总论》（第 3 版），法律出版社 2014 年版，第 365 页。

登记。”2015年实施的《不动产登记暂行条例》及其2019年3月修正版均未将国有土地、海域等自然资源国家所有权列入不动产登记范围。2016年国土资源部等七部委出台了《自然资源统一确权登记办法（试行）》（国土资发〔2016〕192号），但其规范的是“水流、森林、山岭、草原、荒地、滩涂以及探明储量的矿产资源等自然资源”的所有权统一确权登记的问题〔14〕，也并未明确到国家所有的土地和海域等自然资源。〔15〕我国《宪法》和《民法典》对自然资源的列举并非完全一致，对自然资源在法律上的定义和分类存在差异导致确权登记的对象存在差异〔16〕，也给自然资源的统一确权登记带来了难题。对于《民法典》所规定的自然资源国家所有权可以不登记，学者认为主要是因为这些资源专属于国家所有，其所有权不得转让，即使不登记也不影响这些资源的归属和交易安全；同时，在国有自然资源之上设置的他物权，如建设用地使用权等，则需要登记，所以自然资源国家所有权不登记并不影响对这些资源的效率利用。〔17〕但是，这在实践中导致了很多问题。一是在自然资源国家所有权外部，由于自然资源国家所有权不进行登记，很容易发生国家与集体之间的自然资源所有权权属争议的情况，目前是采取自然资源国家所有权推定原则的方式进行处理，即如果集体不能证明争议土地等资源归集体所有，则由国家享有该资源的所有权，这对集体非常不利。〔18〕二是在自然资源国家所有权内部，虽然都是国家所有，但由于没有进行登记，其界限和权利主体都不清晰，很容易导致不

---

〔14〕参见《自然资源统一确权登记办法（试行）》（国土资发〔2016〕192号）第3条的规定：“对水流、森林、山岭、草原、荒地、滩涂以及探明储量的矿产资源等自然资源的所有权统一进行确权登记，界定全部国土空间各类自然资源资产的所有权主体，划清全民所有和集体所有之间的边界，划清全民所有、不同层级政府行使所有权的边界，划清不同集体所有者的边界，适用本办法。”

〔15〕当然，不排除国家土地和海域所有权包括在该办法第3条规定的“水流、森林……矿产资源等”的“等”字以内。

〔16〕参见吴恒、唐芳林、曹忠：《自然资源统一确权登记问题与对策探讨》，载《林业建设》2018年第2期。

〔17〕参见王利明：《物权法研究（上册）》，中国人民大学出版社2013年版，第301页。

〔18〕参见张照栋、刘舵：《中国集体土地所有权权能探析》，载《贵州警官职业学院学报》2002年第4期。

同级别的政府之间、不同的政府部门之间在对某种自然资源的实际占有、使用、收益分配等方面存在冲突的情况。三是在特殊情况下，也存在某种国有自然资源向其他种类的资源转化以及从国有自然资源向集体自然资源转化的情况，由于不进行自然资源国家所有权登记，很容易导致界限不清和权利冲突。

值得欣慰的是，在各界的呼吁和努力下，我国近年来一直致力于推动自然资源统一确权登记方面工作。从2016年七部委出台《自然资源统一确权登记办法（试行）》之后，按照试点方案，各地积极开展了试点工作，启动了自然资源国家所有权的登记造册工作，以土地为基础，确定土地及其承载的各类自然资源所有权及其边界，明确国有自然资源所有权主体、所有权代表行使主体等。如确立了青海三江源等国家公园试点，宁夏、甘肃等地水流、湿地确权试点，福建、贵州、江西等国家生态文明试验区，以及大兴安岭地区等国有重点林区试点区域，在推动自然资源统一确权登记，探索国家所有权和代表行使国家所有权登记的途径和方式，以及不动产登记制度下的自然资源统一确权登记关联路径和方法等方面迈出了坚实的步伐。经过几年试点工作的推进，2019年7月自然资源部、财政部等5部局出台了《自然资源统一确权登记暂行办法》（自然资发〔2019〕116号），其中第3条明确规定："对水流、森林、山岭、草原、荒地、滩涂、海域、无居民海岛以及探明储量的矿产资源等自然资源的所有权和所有自然生态空间统一进行确权登记，适用本办法。"该暂行办法相较于2016年的试行办法，统一确权登记的列举范围又有所扩大，包含了海域、无居民海岛以及所有自然生态空间。可以预见，通过开展自然资源统一确权登记，对推动我国建立归属清晰、权责明确、保护严格、流转顺畅、监管有效的自然资源资产产权制度，实现山水林田湖草整体保护、系统修复、综合治理有积极作用。可见，我国的自然资源统一确权登记制度正逐步走向规范化，但自然资源部等部门规范性文件的效力层级较低，不利于自然资源资产产权制度的进一步完善，因此，笔者建议，通过完善《民法典》和《不动产登记暂行条例》等的相关规定，将土地和海域等国有自然资源所有权纳入不动产登记的范围，核发产权证书，这样有助于国家资源所有权的客体范围、具体行使主体等方面的明晰,也有助于国有自然资源资产管理和经营运作的规范。[19] 具体到填海造地中,在作出填海造地许可后,一是要按不动产登记的要求办理原海域国家所有权的注销登记手续,二是要按不动产登记的要求办理新生土地国家所有权的初始登记手续,三是相关资料移交和相关权利的衔接工作。在2018年国务院机构改革后,自然资源部整合了原国土资源部和国家海洋局的职能,各省市县均进行了相应的机构改革,目前土地和海域作为自然资源均归自然资源行政主管部门管理,海域和土地资源的具体所有权行使主体也归为同一个主体,其具体的工作分管职能在其内部进行交接。相较于机构改革前的分散管理,统一的自然资源所有权行使主体更有利于资源的节约集约利用和管理,减少了部门利益不同带来的纷争和冲突。

(2)从国有资产管理角度来看,在海域变为土地过程中要完成相关国有资产登记工作。与私人所有权相比,国家所有权带有强烈的公益性质,海域与新生土地国家所有权要受到更多的公法限制,国家所有权的行使应符合公共利益目的,而国家所有权的变动除了要符合物权原则外,还要符合国有资产管理和公物管理的要求。因此,在填海造地中,针对从国家海域所有权到国家土地所有权的转变过程,除了要从物权变动方面进行规范,其中涉及将海域和土地授予企业、单位经营使用的,还要按国有资产管理的要求进行国有资产产权登记。特别是在当前我国国有自然资源所有权统一登记制度尚不完善的情况下,在填海造地过程中应进行原海域国有资产的注销登记和新土地国有资产的占有登记,以加强对国有资产的监管。

(二)完善集体土地所有权消灭与国家土地所有权产生制度的具体措施

如果填海造地既包括国有海域转变为国有土地,也涉及使用集体的滩涂、土地的,集体所有权应服从公共利益,国家通过填海造地规划可以对集体的滩涂、土地实行征收。总体上,应包括以下措施:(1)在

---

〔19〕 参见陈小燕、郭翼飞:《我国国有土地所有权管理体制研究》,载《科学社会主义》2014年第5期。

实施填海造地行政许可前，填海造地管理主体应发布填海造地详细规划与公告，公示填海造地区域与海域、土地、滩涂权属关系的具体情况；(2)公示期满后，填海造地管理主体应制定征收计划，就预征收的集体所有的滩涂、土地进行征收谈判，确定补偿措施；(3)征收集体所有的滩涂、土地，按现行土地征收的规定进行补偿后，注销集体土地所有权；(4)完成填海造地项目验收后，注销原海域所有权；(5)完成新生土地的初始登记。

从物权角度而言，以上程序中有两个方面比较关键：一是如果填海造地涉及将集体的滩涂、土地变为国有土地的，应按不动产登记的要求办理集体土地所有权的注销登记和国家土地所有权的初始登记手续；二是在征收过程中，应按土地征收补偿的要求对土地权利人进行公平合理的补偿。

(三)保留集体土地所有权的具体措施

保留集体所有权、新增土地划拨给集体使用的情形虽然不常见，但对此也应做出具体的制度安排。

1. 突破现行《海域使用管理法》的规定

现行《海域使用管理法》明确规定了填海造地后新生的土地只能属于国家所有，因而填海造地中如果涉及使用集体滩涂、土地的，都必须将集体滩涂、土地转变为国家所有，这在多数情况下是合理、可行的。但如前所述，在主要是利用集体滩涂进行填海或者某个项目主要是对集体土地的利用而附带利用国有海域进行填海的情况下，填埋国有海域形成的土地都处于附属地位，如果将集体滩涂、土地和新生土地都笼统规定为国家所有，显然有失公平。因此，一方面要在观念上改变以往国家所有权优先于集体所有权、个人所有权的观念，树立所有权平等的理念，对所有权要平等保护；另一方面要在立法上进行突破，如果能通过市场化的方式解决的问题尽量不要采取征收等强制手段，能保留集体、私人所有权的情况下也尽量不要征收为国有财产，因为在经营性、竞争性领域国有财产的效率通常都比较低。[20] 具体到填海造地而言，应突破现行《海域使用管理法》的规定，对于集体滩涂居于主导地位或者是主要利用集体土地的填海造地，可以不征收集体的滩涂、土地，并将填海而来的新生国有土地直接采取划拨或有偿使用的方式交给集体使用。

2. 办理相关不动产登记手续

由于海域灭失，产生了土地，在不动产登记手续方面需要办理的相关手续是：一是按不动产登记的要求办理原海域国家所有权的注销登记手续及新增国有土地的初始登记手续。二是原海洋与渔业行政主管部门、土地行政管理部门要办理原海域相关资料的移交手续，海洋与渔业行政主管部门对原海域的管理权转为土地行政管理部门对新生土地的管理权。在2018年国务院机构改革以后，海域与土地等自然资源主管部门整合在一起，其交接手续简化为部门内部的机构之间的移交。三是自然资源（土地）行政主管部门按现行土地管理的规定为集体办理新增国有土地的划拨或有偿使用手续。

第二节　填海造地中“海域使用”权利消灭制度的完善与创新

除了海域所有权，海域上的其他权利也会因填海造地而消灭。从使用权角度而言，国有海域主要通过海域出让和公物利用两种方式进行利用，因而海域上的使用权利主要包括海域使用权与公物利用权两种类型，相应地，填海造地中海域使用权利的消灭也主要包括这两种类型。

一、既有海域使用权消灭与补偿制度的完善

在国有私产性质海域上设立的海域使用权是合法的财产权利，属

---

〔20〕 经营性集体建设用地可以直接入市流转而不用经过征收转为国有土地就是很大的进步。

于物权的范畴，其取得、消灭等要适用物权变动的规则。

（一）填海造地中海域使用权消灭的原因

在立法上，对于因实施填海造地而消灭原先存在的海域使用权的情形，《海域使用管理法》第 30 条采用了“提前收回”的提法，规定因公共利益或国家安全的需要，原批准用海的人民政府可以在海域使用权期满前提前收回海域使用权，但对海域使用权人应当给予相应的补偿。“提前收回”是我国立法上较为常见的一种表述，散见于《土地管理法》《城市房地产管理法》《农村土地承包法》《海域使用管理法》《城镇国有土地使用权出让和转让暂行条例》等法律法规中。提前收回的对象主要包括海域使用权、建设用地使用权、集体土地承包经营权等用益物权，而提前收回的原因既包括存续期届满前双方合意终止合同、集体成员丧失集体资格等而被收回，也包括使用人未按出让合同约定条件开发利用标的物而被收回、因不按照批准的法定用途使用标的物而被收回、闲置标的物而被收回，以及因公共利益需要提前收回等方面。根据《宪法》第 10 条以及《民法典》物权编第 358 条和第 243 条关于征收的规定〔21〕，通过文义及体系解释，提前收回在法律性质上属于一种特别的征收，而不是征收之外的另一种制度。〔22〕因公共利益需要而提前收回要具备符合公共利益需要、符合法定条件并给予合理补偿等条件，应与土地征收、国有土地上的房屋征收、国有建设用地使用权的提前收回等一起纳入财产征收制度进行统一规范。因此，目前《海域使用管理法》第 30 条规定的为了公共利益需要而“提前收回”海域使用权的行

〔21〕参见《宪法》第 10 条第 3 款的规定：“国家为了公共利益的需要，可以依照法律规定对土地实行征收或者征用并给予补偿。”《民法典》物权编第 358 条的规定为：“建设用地使用权期限届满前，因公共利益需要提前收回该土地的，应当依据本法第二百四十三条的规定对该土地上的房屋以及其他不动产给予补偿，并退还相应的出让金。”

〔22〕参见朱广新：《论建设用地使用权的提前收回》，载《华东政法大学学报》2011 年第 4 期。相同的观点参见《〈中华人民共和国物权法〉条文理解与适用》，人民法院出版社 2007 年版，第 444 页；梁慧星、陈华彬：《物权法》，法律出版社 2007 年版，第 277 页；申卫星：《物权法原理》，中国人民大学出版社 2008 年版，第 287 页；刘俊：《中国土地法理论研究》，法律出版社 2006 年版，第 356～358 页。

为，其实质是为了实施填海造地许可、为了公共利益需要而提前消灭海域使用权，应修改该条“提前收回”的表述，明确为征收海域使用权。具体而言，海域使用权作为一种用益物权，使用权人有权根据自身发展需要而对海域行使占有、使用、收益的权利，政府部门应尊重和维护使用权人的海域使用权。但为了填海造地规划、许可的实施，使得海域使用权在使用期限届满之前就提前消灭，原有的经营、养殖、生产等活动也提前终止，海域使用权人作出了特别牺牲，属于财产征收的范畴，要符合财产征收的条件和程序，并给予海域使用权人合理的补偿。但为了提高行政效率，填海造地中对海域的征收可以由填海造地主管部门根据填海造地规划、许可的实施要求而作出征收决定，不需要另外进行单独的征收审批程序。

（二）海域使用权补偿制度的完善

填海造地中海域使用权的提前收回属于财产征收的范畴，是海域征收补偿最重要的组成部分，应符合财产征收的总体要求，并根据海域使用权自身的特点确定公平合理的补偿范围和补偿标准。

1. 建立海域征收的总体制度框架

海域、土地等不动产征收补偿问题的彻底解决，有赖于整个财产征收特别是其中的不动产征收制度的完善。虽然目前我国《宪法》《民法典》《土地管理法》《国有土地上房屋征收与补偿条例》等已经有了很多关于土地、房屋等不动产征收的规定，但这些规定并没有形成统一的不动产征收制度，还存在诸多问题：(1)对土地、房屋以外的其他不动产的征收、补偿立法基本上还是空白。(2)土地、房屋的征收对象、征收程序、补偿范围、补偿标准等也没有形成规范、统一的标准。(3)在征收补偿原则方面，国内外的实践中主要有完全补偿、适当补偿、公平补偿等三种类型。国外市场体制比较完备的国家主要适用完全补偿，而我国《民法典》第117条规定，征收、征用不动产的，应当给予公平、合理的补偿，从而明确了我国不动产征收补偿的原则。这与《土地管理法》等规定的适当补偿原则相比，是一大进步，但与完全补偿原则相比还是有一定的差距。特别是由于《土地管理法》等还没做相应修改，实践中我国不动产征收还停留在适当补偿阶段，造成了征收权被滥用、被征收人利益受损等诸多问题。

针对以上我国不动产征收存在的主要问题,应从制度上进行总体完善以彻底解决这些问题。不动产征收制度的总体完善是涉及《宪法》《民法典》和相关单行法等法律法规的系统工程。首先,要制定“不动产征收法”,确立对包括集体土地所有权、集体土地承包经营权、宅基地使用权、集体建设用地使用权、国有建设用地使用权、房屋所有权、海域使用权等不动产权利在内的不动产征收的总体制度框架。特别是要对不动产征收的公共利益认定、不动产征收的主体、不动产征收的对象、不动产征收的条件、不动产征收的程序、不动产征收的补偿等作出总体性的规定,为我国不动产征收确定总体方向。其次,由于不同不动产的功能和价值有很大差别,应在统一的不动产征收制度内,对不同类型的不动产征收补偿制定单独的规定。在公平补偿原则指导下,对不同类型的财产,根据其功能、价值的不同确定相应的补偿范围、补偿标准、受偿主体等,使得征收补偿更加具体、更有针对性,也更加公平合理。

2. 合理确定海域征收补偿的范围

海域与土地、房屋等不动产相比,尤其具有独特的功能、价值,对其征收补偿的范围应单独确定。海域既是一种稀缺的自然资源,又是一种重要的生产要素,海域具有重大的经济价值,还具有重要的生态价值,以及生存、就业、养老等社会保障价值。在将国有海域做了公物性质的海域和国有私产性质的海域的区分后,首先要将国有私产性质海域的生存、就业、养老等社会保障价值功能剥离出来,这些功能主要通过沿岸居民对公物性质海域的习惯性利用权利以及建立城乡一体化的社会保障制度解决,国有私产性质的海域主要用于经营性质的产业,以提高海域的经济效益为主要目标,要按市场化方式配置,其上设立的海域使用权是对海域进行使用、收益的权利,主要体现的是海域的经济价值;公物性质的海域主要通过直接提供给公众自由使用的方式实现公共利益,其中沿海居民对海域的习惯性利用权利既有经济价值,也具有生存、就业、养老等社会保障价值;而无论公物性质的海域还是国有私产性质的海域,都是环境的要素,都是海洋生态系统的重要组成部分,都有重大的生态价值，只是目前生态价值还没有作为独立的权利纳入民事权利的范畴，还是通过环境法等公法的方式进行规制、保护。填海造地导致海域转变为土地，海域的经济、生态、社会等所有价值随之消灭。虽然我国海域所有权属于国家，因实施填海造地而对海域的消灭不涉及海域所有权的补偿问题，但填海造地是对国有私产性质海域上的海域使用权和其他民事权利，以及对公物性质海域上的公权利和利益的剥夺，也是对蕴藏于海域内的生态环境利益的剥夺，应对这些权利、利益做出公平合理的补偿。因此，总体而言，对海域的征收补偿应包括经济价值补偿，生存、就业等社会保障价值补偿和生态环境价值补偿等方面，这些价值应分别补偿给海域使用权人、公物使用权人和生态环境公共利益的代表主体等。

3. 明确海域使用权征收补偿制度的主要内容

对海域使用权的征收补偿是海域征收补偿的重要组成部分。对海域使用权的补偿主要包括以下内容：一是明确海域使用权征收补偿的原则。与《民法典》第 117 条规定的不动产征收补偿原则一致，海域使用权征收补偿也要遵循公平、合理补偿原则，要以海域使用权的市场价格为依据，并且要符合事先补偿、补偿直接损失、补偿实际损失、动态调整等公平合理补偿的要求。[23] 二是明确海域使用权征收补偿的范围。国有私产性质海域上通过市场化方式设立的海域使用权主要体现的是海域的经济价值，而剥离了生存、就业、养老等社会保障价值，因此对其补偿主要限于经济价值的范围，包括对海域使用权剩余年份价值的补偿、因征收带来的直接经济利益损失（如相关设施损失、搬迁费用和噪音污染损害等）和可期待经济利益损失补偿等方面。国有私产性质海域上的生态环境利益不属于海域使用权人，其补偿问题后面单独论述。三是明确海域使用权征收补偿的标准。由于不同时期的海域使用权的价值不同，对海域使用权剩余年份价值的补偿不应按照海域使用权设定时的标准，而应以征收时海域使用权的市场价格为依据，应以征收时

〔23〕 参见王铁雄：《征地补偿与农民财产权益保护问题研究》，载《法学杂志》2012 年第 3 期。

评估确定的海域使用权年租金乘以该海域使用权的剩余年份来确定具体的补偿数额,即海域使用权剩余年份价值的补偿数额 = 当前海域使用权年租金 × 海域使用权剩余年份。因海域征收带来的相关设施损失、搬迁费用、噪声污染损害等直接经济利益损失和可期待经济利益损失也应通过委托中立的评估机构评估后决定。四是补偿海域使用权市场价格的科学确定有赖于制定科学、规范、完善的海域分等定级和价值评估制度,应借鉴土地市场管理的经验,加强对海域价值评估机构、资质认定和海域价值评估行为的管理,加快各地海域使用规划的编制,并根据沿海地区社会经济和海洋产业发展水平、自然环境及资源状况,对海域进行分等、定级、分类与基准价评估,以合理确定海域使用金征收标准,并作为海域使用征收补偿的依据。[24] 五是明确海域使用权征收补偿的归属。对海域使用权价值的补偿和因征收带来的直接利益损失、可期待利益损失等补偿都归海域使用权人,其他单位和个人不得侵占、截留。

(三)新增土地使用权产生制度的完善

现行《海域使用管理法》将填海造地作为海域使用权的一项权能,因此在填海造地完成后,海域使用权人可以依法将海域使用权转换成土地使用权。如前所述,将填海造地作为海域使用权的一项权能存在诸多问题,应设立填海造地权来取代填海造地海域使用权,主要通过填海造地许可来实施,并通过海域征收来清空原有的海域权利。海域征收使海域使用权消灭,权利人应获得相应的补偿。但原海域使用权与填海造地权并无必然联系,原海域使用权一般情况下不再存在转换为填海造地权的情况,只是个别项目性填海造地可能存在原海域使用权人与填海造地权人为同一人的情况。

1. 新增项目填海造地中土地使用权的产生

新增项目填海造地不再是对原海域的使用,而是为了新的项目用地而填海,一方面要通过海域征收消灭原有的海域使用权,另一方面要通过填海造地许可确定填海造地的主体和新增土地的用途。如果填海

---

〔24〕 参见王建廷:《海域征收补偿制度研究》,载《中国渔业经济》2008 年第 4 期。

新增土地主要为公益性用途,则原海域使用权人不具备新增土地使用的资格和条件,不存在原海域使用权与填海造地权的转换问题。但如果填海新增土地主要为经营性用途,并且原海域使用权人具备新增土地的用地资格和条件(当然这种情况不常见),则原海域使用权人可以参与填海造地许可的竞争,并且由于原海域使用权人已经持续使用了该海域,对该海域的情况更加熟悉,让其继续使用对该海域的开发利用更加有利,因而在同等条件下应赋予原海域使用权人取得填海造地许可成为填海造地权人的优先权。如果通过竞争原海域使用权人成为填海造地人,则填海新增土地的使用权也归其所有。由于原海域使用权人与填海造地权人为同一人,为简化手续、节省成本,则可以允许在对原海域使用权的征收、补偿和填海造地权之间进行衔接,一方面可以用原海域使用权的征收补偿款折抵填海造地权出让金,另一方面应办理原海域使用权证的注销手续和填海造地权的登记手续。需要强调的是,这种情况下原海域使用权已经消灭,填海造地权中新增土地的使用与原海域使用权并无必然联系,只是为了简化手续,可以将其看作是原海域使用权与填海造地权的转换与承接。这与现行立法中在填海造地完成后的"换证"行为已经有本质差别:因为现行立法将填海造地看作海域使用权的一项权能,原海域使用权人与新增土地使用权人必然是同一人;而在填海造地权制度下,海域使用权并不包括填海造地的权能,原海域使用权与填海造地权中的新增土地使用权并无必然联系,并且绝大多数情况下原海域使用权人与填海造地权人不是同一人。

2. 原有项目填海造地中土地使用权的产生

原有项目填海造地只是为了促进原来海域或集体土地的更有效使用而进行填海造地,其规模很小,原海域使用权或集体土地使用权继续存在,新增土地的使用权也归原海域使用权人。

(1)利用原来海域使用权中部分海域进行填海的情形。在原海域使用权人利用原来使用的部分海域进行填海造地的情况下,首先,海域使用权人同样要申请填海造地行政许可,其实质还是国家基于海域所有权人和土地所有权人的双重身份并通过许政许可来实施海域资源向土地资源的转换,而不是基于海域使用权的权能。其次,填海造地使用的是原海域的一部分,原海域使用权大部分还存续,因此填海造地由原海域使用权人进行,原海域使用权人和填海造地新增土地的使用权人为同一人,因此可以不办理海域征收手续,在原海域使用权和填海造地权之间进行衔接、相关费用的折抵以及办理相关登记手续。同样,这种情况下虽然原海域使用权人与填海造地权人是同一人,但填海造地部分属于行政许可的范畴,与现行立法将填海造地看作海域使用权的一项权能已有本质的区别。

(2)主要利用集体土地而附带填海的情形。在主要利用集体土地而附带填海的情况下,如果涉及海域使用权,也要对海域使用权进行征收、补偿后消灭海域使用权,为填海造地清除障碍,不存在权利转换。但如果集体土地使用权人和原海域使用权人为同一人,则可以参照适用上面新增项目填海造地的做法进行权利衔接、相关费用的折抵以及办理相关登记手续以简化手续。

二、创建海域习惯性利用权利的消灭与补偿制度

对于公物性质的海域而言,填海造地同样需要征收而导致公物性质海域上公物使用权的灭失。如果新生土地也为公物用途,则公物性质海域上的公物使用权也可能会转化为公物性质土地上的公物使用权。由于目前我国公物制度还不完善,实践中对公物性质海域上公物使用权的消灭、补偿、转化基本上还处于空白。理论上,对公物的使用主要包括自由使用和许可使用两种方式,并且依据“折中说”,判断公民对公物的自由利用究竟属于“权利”还是仅属“反射利益”,应当以利用者对该物的依赖程度来确定,并据此分为依赖利用和事实利用两类。[25] 自由使用的公物性质的海域主要包括景观用海、游览观光或休闲游乐性质的海域,以及沿海居民依赖性养殖、捕捞、发展旅游观光等用海,其中依赖性渔业用海属于“习惯性权利”的范畴,应予重点关注。

---

〔25〕 参见翁岳生编:《行政法(上册)》,中国法制出版社2002年版,第489页。

（一）公物性质海域上习惯性利用权利的确立

1. 习惯性利用权利确立的必要性

如果某个区域的居民长期使用某一区域的自然资源，并以此为谋生的主要手段，则会形成对该资源的习惯性权利。习惯性权利是人们在长期的社会生活过程中形成的或从先前社会传承下来的，或由人们约定俗成的，存在于人们的意识和社会惯常中，并表现为群体性、重复性自由行动的一种权利。[26] 同样，传统渔民是人类开发利用海洋资源的先驱，这一特殊群体沿海而居，主要以捕鱼为生，在繁衍生息、世代更替的长期历史过程中逐渐形成了耕海牧渔的独特生活方式，形成了对邻近海域的习惯性利用。海域习惯性利用人对海域利用的“习惯性”或“世袭性”的权利得到周围生活共同体的尊重、国际习惯法的承认和多数沿海国国内法及国家间双边协定的确认。[27] 如日本《河川法》规定在对河流、海岸等自然公物进行各种管理之前，持续使用自然公物的特定人的利益，被认为属于社会所承认的权利或利益，纳入既得权保护的范围。[28] 美国许多州的河岸水权原则有一项就是沿岸居民使用水资源的权利。[29] 但我国立法层面上只有部分地方给传统渔民用海权给予了程度不同的措施予以保障，国家层面立法和国务院规章则无明确规定，使得实践中的传统渔民用海权与海域使用权存在交叉，致使传统渔民用海权处于一种“准法定权利”的尴尬状态。由此导致填海造地过程中对于传统渔民与附近居民对海域的习惯性利用造成的侵害因没有法律法规上的明确规定，又因按照法律规定，海洋和填海造地形成的新生土地属于国家，传统渔民对海域的利用并不能像集体土地一样享有优先权。实践中对习惯性利用部分的补偿不易落实，且补偿权利

---

〔26〕 参见张文显：《法哲学范畴研究》，中国政法大学出版社2001年版，第313页。

〔27〕 参见董加伟：《公法视野下的传统渔民用海权研究》，山东大学2015年博士学位论文，第1页。

〔28〕 参见陈春生：《行政法之学理与体系（二）》，台北，元照出版有限公司2007年版，第204页。

〔29〕 参见［瑞典］托马斯·思德纳：《环境与自然资源管理的政策工具》，张蔚文、黄祖辉译，上海三联书店、上海人民出版社2005年版，第91页。

也很难得到救济，并引发了群体性上访等一系列社会问题，影响渔区经济社会稳定。我国在实践中有些地方也出台了相关规定来保障传统渔民的海域利用权利，如福建省漳州市规定海洋功能区划设定为农渔业区的海域，从海岸线向海一侧延伸一定范围划定为以海为生的渔民“讨小海”用海海域；除养殖用海和取、排水口海域使用权外，在“讨小海”用海海域设置海域使用权或进行市场化配置海域使用权的宗海不得设置与以海为生渔民“讨小海”相排斥的用海类型；建立失海渔民保障基金，专门用于失海渔民社会保障等。国外和漳州市的做法值得推广，应在全国范围内确定沿海居民对特定海域的习惯性利用权利。

2. 习惯性利用权利确立的具体措施

确定沿海居民对特定海域的习惯性利用权利具体应采取以下措施：

（1）应确立习惯性利用作为公物法上的法律渊源。虽然我国在法律层面尚未明确承认习惯是行政法的渊源，但在漳州市地方实践中，沿海渔民对海域习惯性利用的事实得到了一定的尊重，应该在法律层面明确规定习惯性利用是公物法上的法律渊源，以有效减少填海造地中填海主体的权利滥用，也使得失海渔民的权利救济有法律依据。

（2）明确海域习惯性利用主体的范围。因海域附近居民用海方式不同，即与海域的联系紧密程度不同，故不同的主体享有的权利也不同。在认定海域习惯性利用的主体时，应按照以下几个原则进行判断：其一，职业限定。以养殖、捕捞、发展旅游观光等为生的居民，因为传统海域利用也只有这些用海方式与附近居民联系最为紧密，也是从事人数最多的群体，这些居民受海域的影响也最大。其二，对海域的利用是依据多年的习惯，在特定人、特定居民或团体于有限的范围内之民众之间作为特定的利益而存在。其三，对海域之利用是一种长期的、继续性的、和平的、公然的利用，社会上可一般承认为正当的使用（一般认为应对海域有 20 年以上之事实上的利用）。以此，确定海域习惯性利用主体的范围与判定标准，也是填海造地过程中习惯性利用补偿的基础与范围，是填海造地对习惯性利用进行补偿的一个重要前提。

（3）明确海域习惯性利用权利的内容。一方面，在海域被设定为公物时，对沿海居民的习惯性利用权利作出明确的规定，并禁止在该海域上设定与之相排斥的用海权利；另一方面，明确这种习惯性利用权利是对作为公众公用物的公共海域按习惯进行占有、使用以及获得相关收益的权利。这种习惯性利用要符合公物利用的目的，要限定在依其使用目的所必要的使用范围内。因此这种权利属于公权利的范畴，而非独占的、排他性利用的私权。

(4)确立填海造地后新生土地上原海域习惯性利用人的优先权。原有海域的主要使用人为传统渔民，这与其生存权保障需求一致。填海造地对该群体原世代延续的生活方式造成彻底的破坏，而传统渔民的习惯性利用具有较强的地域性，从事捕鱼、渔业养殖也是该群体近乎唯一的生存技能，应考虑将解决该群体的生存发展作为填海造地形成的新生土地用途规划的一部分，填海造地主体有义务为失海渔民寻找生存之道。对于填海造地项目附近的居民，由于其生活的地域性，就地安置对大多数人而言是最理想的解决方式。故在进行填海造地规划与项目许可时，可参照集体土地征收程序中的“留用地”制度，在新生土地上规划一定比例的土地作为解决失海渔民的生活保障留地，失海渔民有权按照规定比例在新生土地上选址，即选址优先权。并就新生土地的用途失海渔民也有优先权，如此才能够最大限度地保障失海渔民不失业。这也是维护社会稳定的一个重要方面。

(二)确立海域习惯性利用权利消灭的补偿制度

对海域的习惯性利用权利是附属于公物使用权的一种类型，填海造地需要对公物性质的海域进行征收时，该海域上的习惯性利用权利当然也消灭。一方面，作为公物的海域在程序上应符合公物消灭的要求，并办理原海域的登记注销手续和新生土地的初始登记手续以及相关资料移交手续；特别是在程序上应听取习惯性利用权利人的意见，并赋予习惯性利用权利人救济的权利以保障其习惯性利用权利。另一方面，在实体上应对海域习惯性利用权利人予以适当补偿。与通过市场化方式取得用益物权性质的海域使用权有所不同，沿岸居民对海域的习惯性利用权利既包括经济价值，也包括生存、就业等社会保障价值，因此填海造地对渔民的海域习惯性利用的影响总体上可以分为两个方面,一是对直接利益损失与可期待利益损失等经济价值的损害,二是对沿岸居民生存、就业等社会保障价值的损害,对其补偿也主要包括这两方面。

1.对经济价值损失的补偿

直接利益与可期待利益指的是沿海居民在世代生活的水域从事养殖、捕捞、发展旅游观光等活动获得的收入,在从事这些活动的过程中,会投入相当成本的时间、精力、设备、设施等内容,如从事传统近海笼箱渔类养殖或海带种植的渔民,前期需要投入笼箱、育苗、渔船、株苗、相关设备等,中期要投入人工看护、设备增补、饲料等,后期要进行捕捞、销售等劳动;而近海捕捞活动,整个行为需要一定的周期,且有的设备如渔船、灯具、渔具等均为长期投入,也有的渔类养殖如海参、扇贝等特殊海鲜,养殖周期通常需要1—3年。而填海造地会对传统渔业造成颠覆性破坏,一方面会给现有养殖、捕捞设施造成直接损失;另一方面会阻断长期投入所应获得的收益,即对传统渔民的可期待利益构成破坏。因此,应对填海造地导致的直接损失与可期待利益损失进行合理补偿,但是这种补偿又不同于土地征收补偿。我国《土地管理法》第48条规定:征收土地补偿费用包括土地补偿费、安置补助费以及地上附着物和青苗的补偿费。[30] 其中地上附着物与青苗补偿费实际上就是直接利益损失和可期待利益损失的补偿体现。传统渔民因填海造地而导致的直接利益损失与可期待利益损失也应得到相应补偿。传统渔业同土地不同,地上附着物和青苗补偿费一般按照平均年产值和平均市场价格来补偿,而渔业养殖、捕捞前期所投入的育苗、设备成本远高于土地,如深水网箱、渔船、海上照明灯具、动力设备的投入价格相对较高,渔类等海产品的价值一般也远高于土地种植的产品,并且,海上捕捞、养殖对于投入的设备、技术依赖性都比较高。因而填海造地过程中对直接利益损失与可期待利益损失的补偿应考虑投入设备成本与技术成本。综

---

〔30〕 参见《土地管理法》第48条第2款的规定:“征收土地应当依法及时足额支付土地补偿费、安置补助费以及农村村民住宅、其他地上附着物和青苗等的补偿费用,并安排被征地农民的社会保障费用。”

上，该部分补偿具体费用应包括：一是现有鱼苗、海产植物苗补偿费，二是现有设备、设施补偿费，三是预期海产品收益费等。与海域使用权补偿一样，其补偿的具体数额要经过中立的评估机构评估后确定，并且补偿费用都归海域使用权人，其他单位和个人不得侵占、截留。

2. 对生存、就业等社会保障价值的补偿

填海造地在沿海地区造成环境变化的危害并影响人类活动，但填海造地对沿海社区的影响往往被忽视。国外有学者将填海造地导致的沿海社区生活质量影响的问卷调查资料通过社会科学统计软件包进行统计分析，结果显示沿海社区的居民在财产价值、工作机会、健康等方面受到严重影响，因此建议填海造地过程中应考虑任何临时和永久性的对社区的负面影响并采取相应措施提高社区居民的生活质量。[31]这在我国也同样值得借鉴。首先，海域是习惯性利用权利人的生存保障。由于海域附近居民主要以海域为生，对海域的习惯性利用权利就具有生存保障的功能，在海域习惯性利用权利没有转化时，对海域习惯性利用权利消灭的补偿除了直接利益损失与可期待利益的损失补偿外，还应加上对生存保障价值的补偿，其具体做法可以比照《民法典》中关于征收集体土地时安排被征地农民的社会保障费用的相关规定执行。其次，由于海域附近居民主要以海域为生，对海域的习惯性利用权利具有就业保障的功能，因此还应加上对就业保障价值的补偿，其具体做法可以比照现行集体土地征收时的安置补助费的相关规定执行。

（三）海域习惯性利用权利的置换

由于海域附近居民主要以海域为生，而填海造地对该群体原世代延续的生活方式造成彻底的破坏，填海造地管理部门有义务为失海渔民寻找生存之道。对海域习惯性利用权利消灭的补偿除了经济价值和社会保障价值补偿外，在符合新增土地利用规划的前提下，还可以通过将就业安置补助费补偿转化为新增土地使用权的方式对海域习惯性利

[31] See Nadzhirah Mohd Nadzira, Mansor Ibrahima & Mazlina Mansorb, *Impacts of Coastal Reclamation to the Quality of Life: Tanjung Tokong Community*, Penang, Procedia - Social and Behavioral Sciences 153(2014), p. 159 - 168.

用权利人进行安置。对于填海造地项目附近的居民，在赖以谋生的海域被消灭后，采取就地安置的方式对大多数人而言是最理想的选择。因此在编制填海造地规划时，可参照现行集体土地征收程序中的“征收补偿安置留用地”的做法，在新增土地上规划一定比例的土地作为失海居民的安置留用地，使其有权按照规定比例在新生土地上选址，并在符合规划的前提下就新生土地的用途享有按最优用途使用的权利，这样能够最大限度地保障失海渔民的利益。这也是维护社会稳定的一个重要措施。如果采取留地安置的方式，在填海造地许可中应明确规定留用土地的比例、留用地的用途和使用条件等，并应优先办理土地利用规划许可和相关用地手续。

第三节　建立填海造地中生态价值的转移与补偿制度

在物权生态化理论指导下，物的生态价值、生态利益越来越受到重视，虽然生态利益还没有明确为一种民事权利，但也应予以合理的保护。无论是公物性质还是国有私产性质的海域都具有重要的生态价值，承载了公众享受良好的环境、自然景观等公共利益，而这些海域生态价值的彻底消灭，并不能通过简单的经济补偿使其恢复，因此在填海造地过程中首先应采取生态价值维持或转移再造措施尽量维持被填埋海域原有的海洋生态功能，而在无法采取这些措施或穷尽这些措施仍然无法补偿全部的海域生态价值损失时，则应通过合理的生态补偿的方式进行补偿。生态补偿是指“对发展导致的生态功能破坏和环境恶化进行修复，以补偿生态功能损害的行为，生态补偿的原则为：优先避免生态损害，其次减少生态损害，最后补偿生态损害”〔32〕。这在填海造地中也应得到遵守。

---

〔32〕 Cuperus R. et al., *Ecological Compensation in Dutch Highway Planning*, Environmental Management, 2001, 27(1), p. 75 - 89.

一、建立填海造地中海域生态价值的维持与转移制度

为避免填海造地造成生态损害,最根本的方法是通过填海造地规划严格控制填海造地的范围。而一旦实施填海造地,不可避免地会造成被填海域生态价值的丧失,但通过一些措施可以尽量维持原有海域的生态价值或将其转移到其他海域,从而在总体上减少海洋生态价值的减损量。

(一)填海造地中海域生态价值的维持

首先,在填海造地方式的选择上,应改变目前大量采用的近海直接围填方式,重点放在人工岛式的填海造地上,以便更好地保护近海资源,增加海岸线资源的有效利用。其次,在海岸线形态上,填海区域规划应尽量采用曲折的岸线走向,这样不仅没有消减原有岸线,而且还能新增大量岸线。最后,在围填海布局上,可以借鉴日本主要采用水道分割布局的方式,从而最大限度地维持水体交换、美化景观、小气候调节等方面的海洋生态系统功能,尽量减少围填海造地对海洋生态环境的影响。

(二)填海造地中海域生态价值的转移

填海造地中除了海域生态价值的维持,还应采取切实的措施将海洋生态功能尽量转移、再造。首先,海洋景观功能的转移与再造。海域的重要功能之一就是自然风光的欣赏,这对于满足公众基本生存需求、提升生活质量具有重要的作用。填海造地对于原海域的自然风光的灭失,填海造地人可以通过风景转移再造的方式进行补偿,例如选择附近受污染或者水土流失严重的海岸带进行修复,对海岸带采取潮汐堤加固,沙滩的填充与再造,海岸带林木的再种植等措施,以此达到海域风景的转移与再造。如果填海造地人不具备相应资质和能力,则可以通过缴纳相关费用而由有能力的第三方代为实施转移和再造任务。其次,海洋生态环境的再造。填海造地主体或承担再造任务的第三方应通过在被填海域附近进行等量海域的生态环境的修复、污染源的清理等方式补偿因填海造地造成的污染、破坏,使海洋生态环境得到一定程度的再造。最后,对于海洋生物资源的补充。填海造地会对附近红树林、水生植物和生物造成毁灭或者是对生物生存环境造成破坏,填海造

地主体或承担再造任务的第三方可以通过对海域水生植物的人工栽植进行总量上的补充，使得红树林等珍贵植物资源景观得到补充。而对于水生生物的破坏，可以通过人工育苗等方式进行投放与补充，尽量减小对于生物链破坏的影响。

（三）适当增加生态填海的数量

观察世界填海造地发展史，可以发现填海用途上大体经历了农业填海、工业填海、生态环境填海三个阶段。由于经济发展对土地的需求强烈，填海造地不失为一种成本较低的土地获取方式，这使得工业填海目前依然居于主导地位。但工业用途的填海造地所带来的负外部性恶劣影响日益凸显，很多国家逐渐增加了生态环境填海造地的比例，以此来消解填海造地对生态环境的不利影响。填海造地中生态环境填海的比例，应结合我国社会经济发展的具体情况来综合评价，并应根据社会发展不同阶段来决定填海造地用途。目前我国社会处于经济快速发展阶段，对农业用地、工业用地需求较大，人地关系矛盾紧张，对土地需求较大，还是应将填海造地规划用途指标偏向农业填海、工业用途填海。但与此同时，我国生态环境问题已经很严重，而填海造地的规模也越来越大，应对填海造地的总量规划进行缩减，并在填海造地行政规划中预留合理比例的生态填海，以修复海洋生态，达到经济、环境协调发展的目的。

二、创建填海造地生态价值补偿制度

在无法采取海域生态价值维持或转移措施，或采取这些措施仍然无法补偿全部的海域生态价值损失时，应采取海洋生态价值补偿措施。由于填海造地所涉及的海域生态利益与普通民事权利有很大差异，因而不能采用财产征收、补偿的一般方法，而应采取专门措施。

（一）将生态价值补偿列入填海造地补偿的范围

填海造地是缓解人地关系矛盾的有效措施，但由于其彻底地改变海域的自然属性，导致海湾面积减少，破坏区域海域的海洋生态系统，对于被填海区域的生物资源、生态资源影响严重，甚至造成海湾纳潮能力下降、水质日益恶化、生物多样性迅速减少等问题。生态补偿所蕴含的正义本质上为一种环境正义。环境正义指的是在环境保护问题的解决上，应确保不同国家、地区及群体间所享有的权利与负担的义务的公平性、对等性，表现出对人们在利用与保护环境过程中的投入和产出、权利和义务的一种公正评价。〔33〕目前我国对政府官员的考核依然以经济指标为中心，导致经济发展与环境保护、社会和谐的失调，环境正义缺失。在填海造地中，也同样以政府主导为主，以经济发展为主要目标，缺乏相关权利人的制约，对权利人利益的保护动力不足，对事关公众切身利益的生态价值补偿也缺乏必要的制度安排，由此带来了相关权利人利益得不到合理补偿、生态环境受到损害、政府填海造地过度等诸多严重问题。因此，如何兼顾经济和生态效益，通过制度安排加强对围填海造地的合理管控，使围填海速度和规模控制在合理的水平，成为当前推动我国沿海地区经济可持续发展亟待解决的重要问题。总体上，只有严格遵循可持续发展的原则，协调经济发展与环境保护、公民权利保护之间的关系，将生态环境保护、社会和谐纳入各级政府政绩考核的指标当中，并大幅度提高其所占比重，使各级政府重视对生态环境的保护，才能使经济、环境、社会和谐发展。在具体制度安排上，党的十八大明确提出"建立反映市场供求和资源稀缺程度、体现生态价值和代际补偿的资源有偿使用制度和生态补偿制度"。这是促使资源开发利用中经济价值和生态价值平衡的重要制度。

从法律角度而言，生态补偿是指国家或社会主体之间约定对损害资源环境的行为向资源环境开发利用主体进行收费或向保护资源环境的主体提供利益补偿性措施，并将征收的费用或补偿性措施的惠益通过约定的某种形式，转移到因资源环境开发利用或保护资源环境而自身利益受到损害的主体的过程。〔34〕生态补偿发生的典型领域有二：一是在资源开发利用过程中对资源环境的生态功能的保护和补偿，如国家对实施退耕还林的补偿政策等；二是对生态安全重要的区域或自然

〔33〕 Duarte C. M. , *Marine Biodiversity and Ecosystem Services: an Elusive Link*, Journal of Experimental Marine Biology and Ecology, 2000, 250(1－2), p. 117－131.

〔34〕 参见杜群：《生态补偿的法律关系及其发展现状和问题》，载《现代法学》2005 年第 3 期。

客体采取绝对保护时对利益牺牲者的补偿，如对自然保护区周围的群众为保护自然保护区而牺牲的财产和人身利益所进行的补偿。[35] 海洋资源生态补偿是生态补偿的一个重要组成部分，是在海洋资源开发利用过程中对其生态功能的保护和补偿。而填海造地这种对海域资源开发利用的特殊形式会造成原有海域生态价值的彻底消灭，对海域生态价值的影响十分严重，更应将生态补偿纳入海域征收补偿的范围，提高填海造地的成本，从而遏制政府填海造地的经济冲动，使得填海造地更加符合公共利益的需要。

（二）明确填海造地生态补偿的客体

总体上，海洋生态补偿的客体不是那些能容纳污染物的环境介质如海水等，也不是排放到环境介质中的污染物本身那些有形的、物质性的部分，而是无形的、非物质性的海洋环境功能性价值，如海洋的区域生态系统调节功能、适合生物繁衍功能和海洋资源的观赏性功能等。[36] 具体到填海造地，一方面，填海造地会导致海水、海床等物质甚至整个海域的灭失，包含在这些物质之中的经济价值、社会价值主要体现在对海域使用权、海域习惯性使用权利等的补偿上，不应纳入生态补偿的范围；另一方面，填海造地也会导致无形的、非物质性的海洋生态价值的损失，这主要通过填海造地生态补偿的方式来获得补偿。填海造地生态补偿的具体对象包含以下几个方面：第一，区域生态系统调节功能。海域生态系统具有抵抗自然灾害功能，如海岸带湿地对来自海洋的飓风等强风暴有较强的削弱或减缓功能。填海造地占用海岸带湿地这一天然缓冲带，使沿岸居民和企事业单位更容易遭受海浪、风暴潮等自然灾害的影响和侵害，增加居住和生产风险等，从而造成居民或企事业单位的利益受损。第二，景观资源功能。海域具有重要的景观功能，海域的精神文化价值是在历史和文化发展的长河中逐渐形成的，填

---

〔35〕 参见杜群：《生态补偿的法律关系及其发展现状和问题》，载《现代法学》2005 年第 3 期。

〔36〕 参见《关于海洋生态补偿制度建立的探讨》，载中国环境资源法学网 2016 年 10 月 20 日，http://www.110.com/ziliao/article-278257.html。

海造地可能破坏海岸带生态系统外在的景观和内在的组成部分，使当地沿海居民的精神文化失去相应的载体，从而使其利益受损。第三，海洋适合生物繁衍功能。海域是很多海洋生物生存、繁衍的空间，而填海造地危及这些生物生存、繁衍的基础，特别是容易造成对渔业资源的破坏。近海渔场历来是人类获取海洋鱼类的重要场所，如我国有舟山、东海等四大近海渔场，我国填海造地对这些历史渔场的不利影响已经逐渐体现。

（三）明确填海造地生态补偿的方式

填海造地生态补偿方式是指填海造地过程中生态补偿主体对生态受偿主体补偿的具体方式。海洋生态补偿总体上包括经济补偿、资源补偿和生境补偿三种方式，而比较通用的补偿方式为经济补偿与生境修复。[37] 由于填海造地使海域转变为土地，海域一旦被填难以恢复，因此在填海造地中首先应采取生境修复方式，通过生态转移重建，建立同等规模或更大范围的修复工程进行补偿，如建设人工红树林、保护滨海湿地来恢复、替代和获取与受损海域资源等价的生态服务，从宏观上保持海域资源生态系统服务功能的非减性，促进海洋生态自我修复能力的更新。[38] 如果实在无法采取生态转移重建方式，则应进行生态价值的经济补偿。经济补偿是海洋生态补偿最常用的补偿方式，在海洋生态价值减损或灭失时，主要是通过支付生态补偿金、补偿保证金，以及通过财政转移支付、补贴等方式来实现。在填海造地环节，则主要是地方政府或填海造地人通过支付生态补偿金的方式补偿填海造成的生态损失。2004 年建立的中央森林生态效益补偿基金，标志着我国森林生态效益补偿基金制度的正式建立。应当吸取森林生态保护的成功经验，探索建立中央海洋生态效益补偿基金，特别是填海造地会造成填海海域生态功能的彻底消灭，应将填海造地中的生态补偿金纳入中央海

---

〔37〕 参见李京梅、李娜：《填海造地生态补偿制度建立初探》，载《海洋开发与管理》2015 年第 5 期。

〔38〕 参见李京梅、李娜：《填海造地生态补偿制度建立初探》，载《海洋开发与管理》2015 年第 5 期。

洋生态效益补偿基金的范围，专项用于海洋生态效益补偿或专门的海洋生态修复、转移项目。

（四）确立科学的海洋生态价值补偿标准

对通过支付生态补偿金的补偿方式，确立科学的海洋生态价值补偿标准是个难题。目前国内外对于包括海洋生态系统在内的生态系统服务功能定量评估方法主要包括能值评价法、物质量评价法和价值量评价法等几种。其中价值量评估是主要采用的方法，又可分为三类：一是直接市场法，主要包括市场价值法和费用支出法；二是替代市场法，主要包含机会成本法、恢复与防护费用法、影子工程法、影子价格法、人力资本法、享乐价格法等；三是模拟市场法，主要包括条件价值法和选择实验法。[39] 我国经济发展水平和对海洋生态补偿的重视程度与国外均有很大差异，应订立一套适应我国实际情况的海域生态价值补偿标准。在量化海洋生态价值时，首先应当确定海洋生态价值评估应遵循的原则和一般方法，以避免由于海洋生态价值评估方法不统一，造成海域征收补偿时补偿价格参差不齐、显失公平等问题。其次，在量化海洋生态价值时应注意以下几方面的影响因素：一是保持海洋生态价值的成本，当海域被征收时，为保护海洋生态功能所投入的成本和付出的努力都应作为确定海域生态补偿费的一个标准；二是因海洋生态服务功能所带来的预期收益也应当计入海洋征收生态补偿的范围；三是海域征收对海洋生态环境破坏或生态功能丧失所造成的损失。

（五）合理确定补偿主体和受偿主体

我国生态补偿总体上确立了“谁开发谁保护、谁破坏谁治理、谁受益谁补偿”的原则，生态补偿法律关系中的主体主要包括补偿主体与受偿主体。[40] 但不同类型生态补偿的利害关系人各不相同，需要具体分析。填海造地是对海域资源的不可回复性的利用，被填海域的海洋

---

〔39〕 参见盛宪鹏、梁亚荣：《农地征收中的生态价值补偿法律问题探析》，载《海南大学学报（人文社会科学版）》2010 年第 4 期。

〔40〕 参见郑坤：《流域生态补偿法律关系主体研究——以汉水流域为例》，载《安徽农业科学》2015 年第 13 期。

生态系统功能被彻底破坏，不存在治理和恢复的问题，利益关系相对简单，涉及的主体也相对简单。按照“谁开发谁保护、谁受益谁补偿”的基本原则，填海造地人最终应作为填海造地生态补偿主体。首先，在区域性填海造地中，虽然是由土地储备中心等代表地方政府实施的，但实际上是地方政府为实施公益性或者重大经济政策而进行的填海，地方政府是填海造地权益的获得者，通过填海造地获得大量的收益，应作为海域生态补偿主体，承担起海域生态补偿的义务。其次，在项目性填海中，填海造地人直接参与到填海造地的规划、许可、征收环节，并作为新生土地实际使用人，获得土地使用的收益，应作为海域生态补偿主体，承担海域生态补偿义务。而在受偿主体方面，填海造地生态补偿主要通过生态转移重建的方式或收取生态补偿费并将其纳入海域生态补偿基金统一使用的方式进行补偿，因此在填海造地环节的直接受偿主体主要是生态重建主体或海洋生态补偿基金会，由于生态补偿基金必须专项用于海洋生态保护或专项生态修复、重建项目，因而普通公众是间接的受益主体。

通过以上措施，能有效平衡填海造地中相关主体的利益，也有利于提高填海造地的成本，遏制地方政府盲目填海造地的冲动。

第四节　填海造地中权利保护程序的完善

行政程序既有规范和制约行政权的合法、合理行使，提高行政效率的价值，也对维护行政相对人的法律地位和人格尊严有重大的作用。填海造地权利取得过程中，会涉及公法规制的内容，包含填海造地行政规划、行政许可、财产征收等。其中填海造地行政规划确定了填海造地的规模和范围，而财产征收会直接导致海域使用权、附近居民对海域的习惯性利用权利、普通公众的环境利益等的消灭，除了要从实体上加强对这些权利的保护外，还需要大力完善行政规划和财产征收程序来保护相关权利人的利益。

一、填海造地规划中权利保护程序的完善

20世纪以来，我国的空间发展决策基本上形成了以国民经济和社会发展规划为统领，以主体功能区规划为基础，以国土规划、土地利用规划、城乡规划、海洋规划、环境保护规划等为支撑，多规共管空间发展的规划体系。长期以来，我国各级各类空间规划在支撑城镇化快速发展、促进国土空间合理利用和有效保护方面发挥了积极作用，但是存在规划类型过多，综合性空间规划缺位，各规划协调性较差、内容重叠冲突的问题，各规划缺乏统一的编制和实施规范，并且地方规划变动较快。目前，我国并没有制定专门的"国土空间规划法"或"海洋规划法"，关于各种国土空间（包含土地和海域）的规划编制也没有统一的程序。具体到海洋规划和填海造地规划方面，其编制程序还存在很多不足之处。填海造地改变海域的自然属性，涉及广泛的公私利益，此种自然资源的利用方式几乎是不可逆的，其可能导致的生态损害比一般的海域利用方式更为严重，并且填海造地涉及两种自然资源——"海域"和"土地"，这就要求在编制相关规划时，要充分考虑到海域与陆域国土空间规划的相互衔接，坚持陆海统筹。因此，在"陆海统筹"的规划目标指引下应制定科学、完善的填海造地规划程序，从总体上加强对填海造地规划权的约束，特别是加强规划编制过程中的参与程序以平衡、保护规划涉及的公私利益，为新时期我国国土空间统一规划的发展提供支撑。

（一）转变填海造地规划编制的模式

目前我国无论是土地规划、城乡规划还是海洋规划的编制，都是自上而下的行政控制模式。在实际操作中，海洋规划、填海造地规划通常由市一级海洋渔业行政主管部门（海域自然资源主管部门）制定，带有强烈的行政机关单方运作的色彩，在规划编制管理主体与行政相对人之间是一种指令性、强制性、计划性的传统行政隶属关系，编制权完全集中在政府手中，往往缺乏海域使用权人、海域习惯性利用权利人和普通公众代表的参与、利益表达和保护机制，行政相对人和利害关系人无力与特定行政部门利益或特定利益集团对抗，容易造成信息失真，行政相对人和利害关系人的利益得不到有效表达、体现和保护，使公共利益

和私人利益都容易受到特定行政部门利益或特定集团利益的损害。因此应转变理念,完善填海造地规划编制的模式。

首先,由于填海造地涉及海域、土地、环境等诸多方面,我国现有的海洋规划、填海造地规划是由市级海洋与渔业行政主管部门单独编制、实施的做法,容易造成海洋管理与土地管理、环境管理的脱节,因此要发挥行政规划综合事权的功能,在填海造地规划编制时要实行多部门联合编制的方式,市级国土、环保等相关部门都要全程参与填海造地规划的编制,形成健全的填海造地规划编制制度。值得欣慰的是,2018年国务院机构改革成立自然资源部以来,各部门的规划都统一到自然资源行政管理部门,2019年5月23日中共中央国务院联合发布的《关于建立国土空间规划体系并监督实施的若干意见》中强调,“建立国土空间规划体系并监督实施,将主体功能区规划、土地利用规划、城乡规划等空间规划融合为统一的国土空间规划,实现‘多规合一’,强化国土空间规划对各专项规划的指导约束作用”。所谓“多规合一”,是将国民经济和社会发展规划、城乡规划、土地利用规划、生态环境保护规划等多个规划融合到一个区域上,实现一个市县一本规划、一张蓝图干到底,解决现有各类规划自成体系、内容冲突、缺乏衔接等问题。为贯彻该意见,2019年5月28日,自然资源部出台了《关于全面开展国土空间规划工作的通知》(自然资发〔2019〕87号),对全面启动国土空间规划编制,实现“多规合一”,做好过渡期内现有空间规划的衔接协同,明确国土空间规划报批审查的要点,以及改进规划报批审查方式等作出了规定。可以预见的是,目前我国规划编制模式已逐步向统一编制迈进,通过实施“多规合一”,在填海造地规划编制过程中,填海造地总体规划与国民经济和社会发展规划、城乡发展总体规划、土地利用总体规划、海洋经济发展规划、港口规划等相衔接等方面的问题将得到改观,原来存在的主管部门沟通不畅、部门利益纷争导致的规划冲突现象将得到极大的缓解。但是,规划编制的生效、实施、管理和修改基本上还是由政府单独控制,缺乏科学、民主的决策机制和对政府规划权的约束机制。笔者建议,特别是在填海造地规划编制出来之后,还要经过人大的审批才能生效,以彻底改变填海造地由政府单独控制的状况。

其次，应将海洋规划、填海造地规划的编制从目前单一的行政控制模式向多方利益协商的宏观调控模式转变，引入各方主体利益表达、协商、保护机制，加强海域使用权人、公权利主体和普通公众对海洋规划、填海造地规划编制权的约束，以集思广益、减少行政主体的非理性，达到公私利益平衡。

（二）明确填海造地规划编制的步骤

当前海洋规划、填海造地规划编制没有明确、规范的步骤，应从以下几个方面进行改进：

1. 填海造地规划与调研程序。注重收集与处理调研阶段相关利益主体与关联行政部门对填海造地规划及项目许可的具体意见，这是调研程序的核心内容。填海造地规划实际上是对将来填海造地的目标设定和实现目标的部署，从而避免无序的填海造地发生，也保障填海造地工程实施符合科学性与可行性。这就要求在制定填海造地规划前对海岸带客观现实情况进行深入调查与评估。填海造地规划的调研，尤其是市一级的规划，应对填海造地区域规划的可行性进行充分论证，根据区域经济发展、城市发展的需求，对基础设施的支撑能力、生态环境承载力等进行综合性评估，特别是针对存在的问题和出现的新情况，从土地、海岸带、能源、环境等沿海区域长期发展的保障出发，着眼于海洋与陆地一体化发展要求，注重区域统筹与城乡统筹。在此基础之上进行综合评估，决定填海造地规划的区域、面积等填海造地规划可行性要求论证报告。

2. 填海造地项目实施方案的编制。填海造地方案的起草是一个填海造地项目的必经程序。根据科学编制、民主编制的要求，考虑到填海造地的专业性，应将实施草案编制的专家意见作为一个重要参考，通过采用召开专家研讨会、论证会的形式，对填海造地项目制定的必要性以及项目适用技术、材料等进行必要的指导，使填海造地工程符合科学性要求。当然，相关行政机构也可以委托具有相应资质等级的单位承担填海造地的具体方案编制工作。

3. 填海造地规划方案公开及征求意见。因填海造地规划事关社会公众的利益，对区域社会可持续发展具有重要的影响，因而世界各国和地区也普遍规定了类似项目必须经过法定方式进行公布讨论。公开和听取意见是程序正当在填海造地方案中的重要体现,对于增强填海造地方案的正当性、防止规划制定权的滥用,以及保护填海造地规划涉及的相关权利都具有重要意义。

4. 填海造地规划方案的审议。填海造地规划与项目许可对一个地区长期经济发展和社会群体利益会产生重大影响,也是填海造地工程实施的一个重要依据,具有同立法相似的法律效果,为保证填海造地规划内容的科学性与可行性,有关部门在完成草案后,必须改变目前行政控制的做法,应当经过同级人大的审议。规划草案的机关要对草案的制定进行报告,规划草案的通过以同级人大审议结果为标准。

需要特别注意的是,填海造地规划属于开发利用海域的规划,其对海域的填埋将对海洋生态环境造成重大影响,按照我国《环境保护法》第19条以及《环境影响评价法》第3条、第7条等的规定,应当进行环境影响评价。未依法进行环境影响评价编制的填海造地规划,不得组织实施。[41] 编制规划过程中应当编写该规划有关环境影响的篇章或者说明;对规划实施后可能造成的环境影响作出分析、预测和评估,提出预防或者减轻不良环境影响的对策和措施,作为规划草案的组成部分一并报送规划审批机关;未编写有关环境影响的篇章或者说明的规划草案,审批机关不予审批。[42]

(三)完善填海造地规划编制中的行政相对人参与制度

规划作为人类的一项社会活动,是人类有目的地改造和利用自然与创建人为环境的具体行动,具有鲜明的社会目标导引和众多参与者的社会特征。[43] 填海造地是将包括了经济价值、生态价值、社会保障价值等多重价值的海域改变为土地的行为,虽然有利于缓解人地矛盾、

---

〔41〕 参见《环境保护法》第19条的规定:“编制有关开发利用规划,建设对环境有影响的项目,应当依法进行环境影响评价。未依法进行环境影响评价的开发利用规划,不得组织实施;未依法进行环境影响评价的建设项目,不得开工建设。”

〔42〕 参见《环境影响评价法》第7条的规定。

〔43〕 参见王万茂主编:《土地利用规划学》(第7版),中国大地出版社2008年版,第19页。

促进区域经济的发展,但其过程也会涉及海域使用权等私人权利的终止,影响到附近居民对海域的习惯性利用权利,导致生态环境改变等重大公共利益改变的情况,涉及广泛的公共利益和私人利益的冲突、选择与平衡,需要建立有效的利益表达和保护机制,行政相对人的参与应成为填海造地规划制定的一个必经程序。目前我国《海域使用管理法》等立法对于行政相对人参与的规定过于简陋,造成参与主体不明确、参与和救济程序缺失等问题,应大力加以完善。我国目前的《环境影响评价法》第5条、第11条、第21条,规定了专项规划与建设项目环境影响评价中的公众参与制度。虽有鼓励公众以适当方式参与环境影响评价的意愿,却缺乏可操作的具体规定,如规定举行论证会、听证会等形式,征求有关单位、专家和公众的意见,并且附具对上述意见采纳或不采纳的理由。但对论证会、听证会究竟该如何举行、谁应参加等程序性问题并没有具体进行规定,并且也无保障公众参与的制度性规定。

1. 扩大参与的范围和程度

填海造地关系到原海域使用权人的海域使用权、附近居民的习惯性利用权利和普通公众的环境利益,需要将海域使用权人、海域习惯性利用权利人和受益于良好生态环境的普通公众等与填海造地规划有利害关系的人作为填海造地规划的行政相对人,参与到填海造地规划法律关系中,使其享有程序抗辩权、行政介入请求权、排除违法行政请求权、申请救济权等权利,这样才能有效约束规划权,实现公私利益的平衡。因此,填海造地规划编制过程中海域使用权人、海域习惯性利用权利人等有利害关系的主体和普通公众代表均应广泛参与,不应加以限制。

同时,要扩大行政相对人参与的程度。应将填海造地的目的、规模、范围、面积、期限、用途等详细内容进行公告,并采取必要的措施告知所有行政相对人。行政相对人可以对填海造地规划提出自己的意见,或者要求就填海造地规划的必要性、合理性举行听证;更为重要的是,当行政相对人对填海造地规划的正当性、合理性有异议时,可以进一步采取如复议等救济措施,使行政相对人的权利得到有效保护。

2. 明确相关权益人参与的时间、途径和程序

具体措施包括:(1)要明确行政相对人参与的时间。在填海造地不同的环节,行政相对人参与的时间有所不同,但要遵循合理、及时原则,要在合理的时间内提前告知行政相对人详细的情况,使其有充足的时间准备,及时参与有关程序。(2)要明确行政相对人参与的途径。行政相对人可以通过递交书面意见、提供证据、要求举行听证会等方式参与。此外,行政主体也可以主动采取成立咨询委员会和通过广播电视、网络、报纸等媒体的介绍,以及电话访谈、民意调查等方式让普通公众参与。(3)要明确行政相对人参与的程序。参与的程序一般应包括参与公告和通知、资料的公布,参与人员的选定,参与人意见的表达,有关部门的回应等几步。(4)要明确保障行政相对人参与的措施。应提前公告参与人的选定方案,参与的方式、时间、途径,参与人表达意见的具体方式、步骤等问题,使公众参与切实可行。在参与人的选定方面,海域习惯性利用权利人一般都应参与,当受影响主体人数太多时,可以由海域习惯性利用权利人选派代表参加。

3. 明确行政相对人参与的具体内容

参与是行政相对人的一项基本的程序性权利,内容非常广泛。填海造地过程中行政相对人的参与权应包括以下几方面:(1)要有知情权。知情是参与的前提,知情权和参与密不可分。知情权要求规划与审批机关建立填海造地信息公开制度,向社会特别是向行政相对人公开填海造地编制、审批的有关情况,公布对海域使用有影响的决策资讯情报,包括填海造地的时间、范围、期限和面积,补偿的范围、标准和时间,填海造地实施可能的经济影响等详细资料,真正使相关权益人对整个填海造地情况知情。(2)得到告知、通知的权利。当征地机关准备实施填海造地规划编制的某个环节时(如填海造地目的的听证、规划的初步编制、规划的修改等),应确保行政相对人在合理的时间内得到告知、通知参加的权利;因填海造地编制机关没有告知或没有合理提前告知而使行政相对人无法参加的,则该程序不合法,该环节应被撤销。(3)在场的权利。在应有行政相对人参与的环节,如果行政相对人不在场,则不能对行政相对人的权益作出不利的决定,否则该决定应被撤

销。(4)发表意见的权利。行政相对人对整个填海造地规划都可以提出自己的意见,进行评论或辩论;填海造地编制机关应保障行政相对人有权提交证据论证其主张,并对行政相对人的意见作出明确的回应,回应的方式包括修改原方案(决定)或其他替代方案(决定),修改和评估原先所未慎重考虑的方案(决定),补充、改进或修正原来的分析,若对评论意见不采用应说明不采用的理由。(5)自主、自愿参与的权利。填海造地规划编制机关对参与人的人格尊严应给予尊重,不能对参与人进行威胁、胁迫,行政相对人的参与必须是自主、自愿的,否则就违背了参与者是具有主体资格的人而非被动的客体这一参与的基本原则。(6)要求听证的权利。听证的核心内容是听取参与人的意见,是参与人表达意见的正式、法定方式。应扩大听证事项的范围,包括填海造地目的、规模、范围、期限等的合法性、合理性等事项都应举行听证,充分听取各方面的意见。当前各种论证会、听证会普遍遇到的问题是参加人员会因身份不同而受到歧视,甚至连发言的时间都无法保证。因此,填海造地规划编制过程中行政相对人的参与,无论采取何种方式,参与人都应获得平等、充分表达意见的机会。特别是在听证会场合,参与人员不应因身份而受到歧视,应有平等表达意见和建议的机会,应有充足的时间来表达自己的观点。同时,要保障参与人不会因为表达意见而受到人身伤害或其他报复行为。

二、海域征收权利保护程序的完善

海域征收是填海造地的重要环节,是填海造地规划实施的重要保障,是填海造地规划影响海域权利的具体措施,会直接消灭海域上的各种权利,其程序对相关权利人的利益保护至关重要。目前我国海域征收程序还不明确,对海域相关权利的保护非常不利,应从总体上加以完善。

(一)完善海域征收的总体程序

财产征收涉及公共利益和财产权利保护之间的矛盾,因而给予公平补偿和符合正当法律程序是世界各国征收权行使的基本要件,海域征收也不例外。正当法律程序原则在各国财产征收的具体体现虽然有所差别,但一般包括公共目的的认定、征收范围的确定、损失补偿金额的确定、征收的完成等四个部分,都规定了公告、听证、裁决等必经程序,并且十分强调程序公开、透明、参与、协商等正当程序要求,对公共目的认定、征收补偿不服的都允许司法救济。[44] 因此,我国海域征收程序总体上也应包括以下几个步骤:一是海域征收的发起。填海造地许可申请人即项目性填海中的项目建设方或区域性填海中的土地储备中心提出海域征收申请,这和现在的做法大体相同。二是海域征收的初步审查。县级人民政府对海域征收的目的、范围、面积、期限、征收补偿等海域征收方案进行初步审查。审查过程要做到公开、透明,保障被征收人(包括海域使用权人、海域习惯性利用权利人和生态环境利益代表等)尽早参与海域征收过程,允许其对海域征收目的的合法性发表意见[45],允许被征收人与申请人就相关权利的补偿进行直接磋商以缩短海域征收的时间、节约征收成本。三是县级人民政府对海域征收方案初步审查后,认为符合征收条件的,可以报送填海造地规划编制机关进行审批。填海造地规划编制主管机关根据填海造地规划统一事权的原则就填海造地规划范围内确定的海域征收拥有审批权。对海域征收方案有异议,特别是对海域征收行为合法性、必要性的结论有异议的,被征收人和申请人都可以依法提起行政复议或行政诉讼。复议或诉讼一般不影响征地程序的继续进行。四是公告、登记。批准海域征收后,县级以上人民政府海洋管理部门要及时将经过批准的海域征收方案进行公告,并通知被征收人。在规定的时间内接受被征收人对有关海域权利、附属设施和环境利益等进行登记,作为补偿依据。被征收人过期不登记的,视为放弃权利。五是签订补偿协议。县级以上人民政府海域管理部门应组织填海申请人与被征收人就海域使用权、海域习惯性利用权利、生态环境价值等的补偿费直接进行协商;协商不成的,由县级以上人民政府裁决。裁决程序应公开进行,允许被征收人参

〔44〕 参见梁亚荣、刘燕:《构建正当的土地征收程序》,载《中国土地科学》2008 年第 11 期。

〔45〕 海域征收过程的公众参与问题可以参考填海造地规划编制过程中参与的做法,此处不再重复。

与,并可以要求听证。对裁决不服的,被征收人可以依法提起行政复议或诉讼。提起诉讼的,法院要根据具体情况决定补偿费用。这样既扩大了司法权对海域征收补偿的审查范围,也加强了立法对海域征收权的监督,能保证征收补偿的公平性。六是海域征收补偿费用的给付。只有在足额给付各项海域征收补偿费后才能实施征收,否则视为程序违法,这是保护被征收人利益的重要措施。七是实施征收。按补偿协议给付各项海域征收补偿费后,实施海域征收,注销各种海域权利证书。被征收人不退出被征收海域的,可以强制执行。

(二)加强对海域征收权的司法约束

确保海域征收依法行政最有效、最有活力的手段是赋予并确保被征收人享有控告征收权的权利,全面而切实地推行海域征收行政诉讼。应明确将海域征收纳入行政诉讼的范畴,引入对海域征收权的司法审查程序,允许司法机关对海域征收目的的合法性和必要性、海域征收程序的合法性、海域征收补偿的合理性等进行全面的审查。这既有利于保护被征收人的合法权利,也有利于促进海域征收权的正确行使。

三、合理确定公众环境利益的代表

总体而言,无论是公物性质还是国有私产性质的海域都具有重要的生态价值,承载了公众享受良好的环境、自然景观等公共利益,对于公众的生存与发展具有重要的意义。虽然目前海洋生态环境利益还不是私法上的权利,难以通过私法手段进行直接的保护,但公众可以通过海洋资源开发利用管理等公法手段约束对国有私产性质海域的利用,维护国有私产性质海域上的生态环境利益,也可以通过将海域设定为公物的方式实现对公物性质海域的直接利用,从而享有在良好生态环境、自然景观里生存和发展的利益。同时,当海洋生态环境利益受到各种侵害或妨碍时,公众可以请求国家动用各种可行手段来排除这些侵害或者妨碍,以保障海洋生态环境利益的维持或有效实现,而在海洋资源灭失时要求国家在物质上进行合理替换、转移或在利益上使公共利益得到合理补偿。具体到填海造地中,一方面公众可以参与填海造地规划决策而合理确定填海造地的范围、时序等,以使填海造地对生态环境、自然景观等公共利益的灭失损害的范围缩至最小;另一方面,当通过填海造地许可、海域征收等措施具体实施填海造地规划,给海域生态环境、自然景观等公共利益造成不可回复性的灭失时,公众作为受益主体有权请求国家采取措施进行物质替换、转移或生态利益补偿。

但海洋资源生态环境利益的受益主体是普通公众,范围较广,且具有不确定性,因此首先要合理确定海洋生态环境公益代表的主体。行政主体作为填海造地规划、许可,甚至是实施者,自然不适合作为环境公共利益的代表主体。而公民个人由于在专业知识、能力及财力等方面无法与公司等市场主体抗衡,且公民个人难以在公共利益与私人利益之间进行平衡,由其作为环境公共利益的代表主体也不合适。目前在英美等国家中立的公益组织普遍存在,因具有较高的专业性、组织性、特定群体或利益代表性而受到广泛推广。中立的环保社会组织是以实现环境公共利益为宗旨、不以营利为目的的非政府组织,具有相应的专业知识和财力保障,同时作为环境公共利益代表在行使相关权利时能比较好地克服私人利益偏向。〔46〕因此,由中立的环保社会组织作为环境公共利益代表是国外的普遍做法,我国可借鉴这一有益经验。立法实践上,我国在2012年修正的《民事诉讼法》第55条中也确认了环境公益诉讼制度,并明确法律规定的机关和有关组织可以作为公益诉讼的代表。〔47〕我国《环境保护法》第58条规定符合条件的社会组织可提起生态环境公益诉讼。〔48〕这是促进对公众生态环境利益保护的一个重大措施,但在生态环境利益的代表主体方面还存在不明确之处,

〔46〕参见张晓阳:《环保社会组织提起环境公益诉讼的困境与突围》,载《黑龙江省政法管理干部学院学报》2015年第5期。

〔47〕《民事诉讼法》(2012年修正)第55条规定:"对污染环境、侵害众多消费者合法权益等损害社会公共利益的行为,法律规定的机关和有关组织可以向人民法院提起诉讼。"

〔48〕《环境保护法》第58条规定:"对污染环境、破坏生态,损害社会公共利益的行为,符合下列条件的社会组织可以向人民法院提起诉讼:(一)依法在设区的市级以上人民政府民政部门登记;(二)专门从事环境保护公益活动连续五年以上且无违法记录。符合前款规定的社会组织向人民法院提起诉讼,人民法院应当依法受理。提起诉讼的社会组织不得通过诉讼牟取经济利益。"

应加以完善。具体而言,海洋资源管理和填海造地过程中,应确认环保公益组织作为海洋生态环境公共利益的代表,一方面可在海洋规划、填海造地规划制定,填海造地许可实施和海域征收的过程中,代表公众参与这些行政行为的全过程、表达相关生态环境利益诉求,并享有向作为填海造地引起的生态损害修复和求偿基本主体的环保行政机关提供信息、举报填海造地生态环境危害行为、建议提起诉讼的权利,而接到举报和建议的主体应负有查核事实、作出是否起诉的决定并公开答复的义务。[49] 另一方面,在有关行政机关和检察机关均不履行职责的情况下,则应允许环保公益组织依法提起环境公益诉讼向生态损害赔偿责任人求偿以维护公众的海洋生态环境利益。

---

〔49〕 参见竺效:《生态损害公益索赔主体机制的构建》,载《法学》2016 年第 3 期。

结　　论

填海造地在为人类提供生存发展空间、缓解人地矛盾、促进经济发展等方面发挥了重要作用,影响越来越大,引起了各界的普遍关注。本书以我国填海造地所涉及的物权法律问题为研究对象,以填海造地物权制度的理论基础及引发的主要物权争议为切入点,主要通过理论与实证相结合的方法展开研究,笔者走访了海南、广东、广西、山东、辽宁、浙江等沿海省、市、自治区的海洋渔业主管部门及土地行政主管部门,并对一些填海造地项目权利人和社会公众开展了问卷调查,了解到填海造地在实践中的管理问题、实际操作问题及公众意愿;通过对我国国家海洋局历年发布的《海域使用管理公报》及《中国海洋环境状况公报》的数据进行分析,阐述了我国填海造地给经济、环境和社会带来的正负效应;通过对我国现有的填海造地法律法规及规范性文件的梳理,总结出我国填海造地制度层面上存在的问题;通过案例数据库筛选出50个填海造地的样本案例进行分析,发现现有的填海造地制度在司法实践中存在的缺漏。通过这些实证方法,结合国家所有权理论及用益物权理论等方面进行理论分析,最后提出了我国填海造地物权理论创新及填海造地物权法律制度创新和完善的措施。通过研究,本书得出如下结论:

随着我国社会、经济的快速发展,人地矛盾越来越突出,填海造地在实践中已经大规模开展。但填海造地会造成生态环境损害、社会矛盾激化等诸多问题,需要合理的引导、规制。目前我国立法上对海域所有权、海域使用权、填海造地中新增土地的所有权归属、海域使用权转化为土地使用权等方面有了总体的规定,但相关立法还不健全,特别是对填海造地海域使用权与土地使用权的“换证”制度方面以及填海引起的征收补偿和损害赔偿等方面的规定存在缺漏和矛盾,实践中也产生了诸多问题。

从理论上看,目前我国填海造地物权制度表现为在确立海域国家所有权的基础上设立海域使用权制度,将填海造地作为海域使用权的一种类型加以规范,但填海造地并不是对海域自身的使用、收益,其主要目的在于获得土地,实质是将海域资源转变为土地资源以获得土地使用权,因而将填海造地作为海域使用权的一种类型与用益物权理论相悖,存在重大理论缺陷。填海造地是将“海变地”,既涉及海域资源也涉及土地资源,因此不能包含在国家海域所有权或者海域使用权当中,国家只有基于海域所有权人和土地所有权人的双重身份,才能将海域资源变换为土地资源,并通过行政许可实施。而从填海造地人的角度来看,在通过填海造地行政许可获得填海造地资格后,其填海造地行为成为民事法律行为,内容主要包括可以使用被填海域范围内的海域以实施填海造地行为,实施民事法律行为性质的填海造地行为使海域变成土地以及使用填海而来的新增土地等三个方面,需要创设全新的填海造地权来统摄、固定这些利益。填海造地权的权利基础、权利内容和权利客体都具有复合性,与填海造地海域使用权以及我国《民法典》所规定的典型用益物权等存在较大差异,应将其定性为一种新型的用益物权。将填海造地权作为填海造地物权权利制度的核心,通过修改《海域使用管理法》等法律建立填海造地权制度。通过用填海造地权这种新型的用益物权取代现行的填海造地海域使用权,既能在理论上合理解释海域资源向土地资源转变的权利基础、填海造地行为的性质以及相关权利消灭的原因,克服以填海造地海域使用权为权利基础的理论缺陷,也能在实践中较好地解决各种权利的补偿和原有权利的消灭及新权利的产生问题,有利于实现填海造地中的公私利益平衡。

在具体的制度设计上,填海造地权的取得、行使、消灭等具体内容需要法律予以规定。此外,应完善填海造地中海域所有权、海域使用权、海域习惯性利用权利等原有权利的消灭、补偿制度以及土地所有权、土地使用权等新权利的产生等制度，为填海造地提供系统、完备的权利制度保障。

填海造地在我国已轰轰烈烈地展开，其发展之快，涉及范围之广提示着我们相关的理论研究和制度完善已迫在眉睫，学界现有的研究主要集中在填海造地的管理制度和环境保护制度方面，对填海造地物权问题的研究涉及甚少，本书对填海造地物权法律问题的研究也仅仅是初步尝试，希望能起到抛砖引玉之作用！填海造地涉及的物权法律问题较为复杂，其物权理论的创新、制度的完善是一个漫长而艰巨的过程，需要学界和实务部门的共同努力！

附　　录

一、与本书研究的填海造地物权问题相关的适格案例

序号	案件名称（或判决书、裁定书名称）
1	台州市远征船舶修造有限公司与路桥区金清镇海滨村村民委员会合同纠纷案，浙江省高级人民法院（2008）浙民三终字第173号民事裁定书
2	三亚鹿城食品饮料有限公司与三亚市河西区榆港社区居民委员会国有土地租赁合同纠纷上诉案，海南省三亚市中级人民法院（2007）三亚民一终字第185号民事判决书
3	营口经济技术开发区明珠渔业服务有限公司与鞍钢股份有限公司物权保护纠纷案，辽宁省高级人民法院（2014）辽民一终字第49号民事裁定书
4	营口经济技术开发区明珠渔业服务有限公司与国网辽宁省电力有限公司营口供电公司等物权保护纠纷案，辽宁省高级人民法院（2014）辽民一终字第68号民事裁定书
5	佘金龙与林国清、黄天祥、莆田市涵江区某村委会承包地征收补偿费用分配纠纷案，莆田市涵江区人民法院（2014）涵民初字第1232号民事判决书
6	张海福与林国清、黄天祥、莆田市涵江区江口镇海星村村民委员会承包地补偿费用分配纠纷案，莆田市涵江区人民法院（2014）涵民初字第1231号民事判决书
7	沧州渤海新区新村回族乡狼坨村民委员会、沧州渤海新区新村回族乡新村村民委员会与刘金月、时祥、高福青用益物权纠纷案，河北省黄骅市人民法院（2014）黄民初字第2808号民事判决书

续表

序号	案件名称（或判决书、裁定书名称）
8	厦门市集美区杏林街道高浦社区居民委员会不服厦门市集美区人民政府土地权属争议处理案，福建省厦门市中级人民法院（2011）厦行终字第33号行政判决书
9	广西钦州庚柏能源有限公司与国投钦州港口有限公司海域使用权纠纷上诉案，广西壮族自治区高级人民法院（2016）桂民终190号民事判决书
10	临高县调楼镇调楼居民委员会与海南康业投资有限公司、洋浦华桑实业有限公司等船坞、码头建造合同纠纷案，海南省高级人民法院（2017）琼民终76号民事判决书
11	李全水与南安市森态木业有限公司恢复原状纠纷上诉案，福建省泉州市中级人民法院（2018）闽05民终5913号民事判决书
12	湛江经济技术开发区乐华街道平乐下社区居委会诉广东省人民政府复议纠纷案，广东省湛江市中级人民法院（2017）粤08行初217号行政判决书
13	平潭县平原镇江楼村民委员会与福建省平潭县福鑫围垦开发有限公司海域侵权纠纷上诉案，福建省福州市中级人民法院（2014）榕民终字第1534号民事判决书
14	薛瑞本、张瑞周等与青岛港口投资建设（集团）有限责任公司等海上养殖损害责任纠纷案，山东省高级人民法院（2015）鲁民四终字第4号民事判决书
15	大连金昱新能源科技开发有限公司与大连通圣海珍品有限公司海域污染损害赔偿纠纷上诉案，辽宁省高级人民法院（2009）辽民三终字第221号民事裁定书
16	日照市盛华水产集团公司诉天津航道局等水域污染损害赔偿纠纷案，青岛海事法院（2000）青海法海事初字第41号民事判决书
17	东港市长阳水产养殖公司诉东港市西南航道围堰工程办公室等海上污染损害赔偿纠纷案，大连海事法院（2010）大海事初字第65号民事判决书
18	景连喜等51户虾农诉中晨公司等在建港吹填作业中回水污染其养殖水源损害赔偿案
19	刘芳钰诉钦州国星油气有限公司等滩涂污染损害赔偿纠纷案，广西壮族自治区高级人民法院（2002）桂民四终字第21号民事判决书

续表

序号	案件名称（或判决书、裁定书名称）
20	刘日应诉钦州国星油气有限公司等滩涂污染损害赔偿纠纷上诉案，广西壮族自治区高级人民法院（2002）桂民四终字第20号民事判决书
21	戚本东、邓忠伦等与威海华滋海洋工程有限公司养殖损害赔偿纠纷案，山东省高级人民法院（2014）鲁民四终字第24号民事判决书
22	吴秉林、施玉升与中海港务（莱州）有限公司海上、通海水域养殖损害责任纠纷案，山东省高级人民法院（2015）鲁民四终字第34号民事判决书
23	王军与大连老虎滩旅游开发有限公司海上污染损害责任纠纷案，大连海事法院（2013）大海事初字第78号民事判决书
24	王井军与大连凌水湾投资有限公司、大连三丰建设集团有限公司海上污染损害责任纠纷案，大连海事法院（2015）大海事初字第192号民事判决书
25	大连凌水湾投资有限公司诉大连三丰建设集团有限公司海上、通海水域污染损害责任纠纷上诉案，辽宁省高级人民法院（2018）辽民终502号民事判决书
26	刘长连不服莱州市海洋与渔业局海监行政处罚案，山东省莱州市人民法院（2014）莱州行初字第31号行政判决书
27	福建金沙湾海洋开发有限公司不服福州市海洋与渔业局行政处罚案，福建省福州市中级人民法院（2014）榕行终字第263号行政判决书
28	霞浦县海洋与渔业局与福建省霞浦县雄隆船舶有限公司非诉执行审查案，福建省霞浦县人民法院（2015）霞执审字第24号行政裁定书
29	福安市海洋与渔业局与福建顺江船舶有限公司执行行政处罚案，福安市人民法院（2015）安执审字第137号行政裁定书
30	漳州市海洋与渔业局与林辉平非法占用海域行政处罚执行案，漳州市芗城区人民法院（2015）芗执审字第33号行政裁定书
31	海丽国际高尔夫球场有限公司与国家海洋局行政处罚纠纷上诉案，北京市高级人民法院（2013）高行终字第1622号行政判决书

续表

序号	案件名称（或判决书、裁定书名称）
32	荣成海达造船有限公司与国家海洋局行政处罚纠纷上诉案
33	三亚新机场临空产业园空港区建设发展有限公司不服三亚市海洋与渔业局行政处罚案，海口海事法院（2018）琼72行初6号行政判决书
34	上海汇华房地产有限公司诉上海市水务局行政许可案，上海市浦东新区人民法院（2011）浦行初字第42号行政判决书
35	电白县树仔镇疍海村民委员会与电白县人民政府海域使用行政许可纠纷上诉案，广东省高级人民法院（2013）粤高法行终字第536号行政判决书
36	乐清市清江镇永光村村民委员会诉浙江省人民政府行政许可案，浙江省温州市中级人民法院（2014）浙温行初字第70号行政裁定书
37	乐清市清江镇永光村村民委员会诉浙江省人民政府行政登记案，浙江省温州市中级人民法院（2014）浙温行初字第45号行政判决书
38	椒江区葭沚街道三山村民委员会与浙江省人民政府行政许可纠纷案，台州市中级人民法院（2013）浙台行初字第9号行政判决书
39	乐清市柳市镇上岩后村村民委员会与浙江省人民政府行政登记案，浙江省温州市中级人民法院（2014）浙温行初字第1号行政判决书
40	乐清市柳市镇上岩后村村民委员会与浙江省人民政府行政许可案，浙江省温州市中级人民法院（2014）浙温行初字第46号行政判决书
41	温廷修诉乳山市人民政府行政登记案，山东省高级人民法院（2018）鲁行再79号行政判决书
42	福建省中小企业信用再担保有限责任公司与福安市东明船舶修造有限公司、阮韩斌等追偿权纠纷案，福州市中级人民法院（2014）榕民初字第1541号民事判决书
43	福建古雷港口经济开发有限公司与中国水产广州建港工程公司等港口作业纠纷案，厦门海事法院（2015）厦海法事初字第4－2号民事裁定书

续表

序号	案件名称(或判决书、裁定书名称)
44	烟台顺航港湾工程有限公司与中建筑港集团有限公司航道、港口疏浚合同纠纷案,山东省高级人民法院(2015)鲁民四终字第127号民事判决书
45	王金武、朱林春等与瑞安市经济开发区发展总公司、瑞安市工业国有资产投资经营有限公司等财产损害赔偿纠纷案,浙江省瑞安市人民法院(2013)温瑞民初字第930号民事判决书
46	临高县农村信用合作联社等与哈尔滨工大集团股份有限公司等金融借款合同纠纷案,海南省高级人民法院(2015)琼民一终字第35号民事判决书
47	深圳市大铲湾港口投资发展有限公司与中检集团汽车检测股份有限公司土地租赁合同纠纷案,广东省深圳市中级人民法院(2019)粤03民终7737号民事裁定书
48	羊山与洋浦经济开发区管理委员会海上养殖搬迁补偿纠纷上诉案,海南省高级人民法院(2012)琼行终字第84号行政判决书
49	大连金普新区农业局与大连灏泰基础设施建设投资有限公司非诉执行审查案,辽宁省高级人民法院(2019)辽行审复20号行政裁定书
50	大连金普新区农业局与大连青云河建设有限公司非诉执行审查案,辽宁省高级人民法院(2019)辽行审复13号行政裁定书

二、《我国填海造地物权法律制度研究》调研问卷

(一)《我国填海造地物权法律制度研究》调研问卷(政府版)

调查说明:

您好!我们是《我国填海造地物权法律制度研究》课题问卷调查小组的成员,为了深入了解我省(市)填海造地的现状,特组织本次调查。本次调查为纯学术性质,采用无记名方式,希望您能如实提供帮助。谢谢您的真诚合作!

选择题请直接在选项上打“√”(可多选),需要进行说明和阐述的请在题后的空白处填写。

1. 我省(市)填海造地基本信息:

①2011 年至 2015 年海域使用权出让的面积分别为:

2011 年为____________公顷;　2012 年为____________公顷;

2013 年为____________公顷;　2014 年为____________公顷;

2015 年为____________公顷;　2016 年为____________公顷。

②题①中涉及填海造地的海域面积分别为:

2011 年为____________公顷;　2012 年为____________公顷;

2013 年为____________公顷;　2014 年为____________公顷;

2015 年为____________公顷;　2016 年为____________公顷。

③2011 年至 2015 年的海域使用金收入分别为:

2011 年为____________万元;　2012 年为____________万元;

2013 年为____________万元;　2014 年为____________万元;

2015 年为____________万元;　2016 年为____________万元。

④题③中涉及填海造地的海域使用金收入分别为:

2011 年为____________万元;　2012 年为____________万元;

2013 年为____________万元;　2014 年为____________万元;

2015 年为____________万元;　2016 年为____________万元。

⑤海域使用金收取标准为________万元/公顷,中央、省与市县的分配比例是________。

2. 由哪个部门代表国家出让海域使用权?

A. 海洋行政主管部门　　B. 国资委　　C. 其他

3. 我省(市)填海形成的土地,其用途主要有哪些?(可多选)

A. 工矿仓储用地　　B. 商业、旅游娱乐等用地

C. 住宅用地　　D. 公共管理和服务用地

E. 农业用地　　F. 科教文卫用地

G. 港口码头用地　　H. 其他

3.1　我省(市)填海主要采取什么方式?

A. 岸线外推式　　B. 截弯取直式

C. 人工岛式　　D. 多突堤式

E. 区块组团式

4. 在填海造地用海中,对填海申请人是否有相关资质限制?

A. 申请人无须具有相关资质,但填海施工单位必须要具有相关资质

B. 申请人和填海施工单位都必须要具有相关资质

4.1 若选 A 项,请问对填海施工单位的资质要求是:

A. 注册资本　　　　　　　　B. 在本区域填海造地的经验

C. 缴纳一定数额的保证金　D. 其他

4.2 若选 B 项,请问对申请人和填海施工单位的资质要求分别是________。

5. 取得填海造地海域使用权后是否可以直接转让?

A. 是　B. 否

6. 我省(市)是否存在在填海用海域使用权之上设定抵押的情况?是否登记?是否存在因到期不能清偿债务而由债权人实现海域使用权抵押权的情形?

7. 填海造地用海域之上已存在其他海域使用权的,如何处理?

A. 由申请填海的公司自行协商解决后再办理海域使用权证

B. 由政府有偿收回后再出让该海域

C. 其他

8. 当填海造地项目与土地利用年度计划、城市规划有冲突时,我省(市)一般的做法是:

A. 修改海洋利用规划,取消填海造地项目

B. 修改土地利用年度计划、城市规划,使其与海洋利用规划相符合

C. 由上级部门协调

D. 其他

8.1 制定"用海规划"是否会针对填海造地用海单独举行填海必要性论证会?

A. 必须举行　　B. 不举行　　C. 视情况而定

8.2 若举行填海必要性论证会,一般会邀请哪些人参加?(可多选)

A. 直接受影响的人群　　B. 政府有关部门

C. 有关专家　　D. 其他感兴趣的团体或个人

8.3 论证会的结果在填海审批中起到什么作用?

A. 填海决定依据论证会的结果作出

B. 填海决定参考论证会的结果作出

C. 论证会的结果不影响是否填海的决定

D. 其他

9. 我省(市)海域使用金主要用在哪些方面?(可多选)

A. 海域整治及保护　　B. 购买海域管理执法装备

C. 用以建立海域管理信息系统　　D. 其他

10. 我省(市)是何时办理海域使用权证换取土地使用权证(换证)工作的?

A. 按照填海进度分期分批办理

B. 填海完成后统一办理

C. 其他

11. 填海造地的海域存在抵押权的,在换取土地使用权证时,抵押权如何处理?

A. 消灭海域使用权抵押权后才能办理土地使用权证

B. 抵押权客体自动由海域变更为土地

C. 办理抵押权变更登记,将海域使用权抵押权变为土地抵押权

D. 其他

12. 换取土地使用权证时,是否还需缴纳土地出让金?

A. 直接换取土地使用权证,不需要补缴土地出让金

B. 直接换取土地使用权证,补缴土地出让金,已缴纳的海域使用金和填海成本应当予以抵减

C. 直接换取土地使用权证,对于符合国家划拨用地目录和用于工业建设项目用地的,不需要缴纳土地出让金;但是改变原批准用途的,需要补缴土地出让金,已缴纳的海域使用金和填海成本应当予以抵减

D. 直接换取土地使用权证,不需要缴纳土地出让金,但是土地使用权再次转让时需要补缴土地出让金,已缴纳的海域使用金和填海成本应当予以抵减

E. 海域使用权变更为土地使用权时需要重新办理用地审批手续,视情况决定是否缴纳土地出让金

F. 其他

13. 填海完成后,换取土地使用权证之前,海域使用权人将土地转让的,土地使用权证如何办理?

A. 禁止新土地转让

B. 受让人依据转让协议自行申请换取土地使用权证

C. 对海域使用权证主体进行变更登记后,再换取土地使用权证

D. 要求海域使用权人换取土地使用权证后,再对土地使用权主体进行变更登记

E. 其他

14. 填海后土地的使用年限如何确定?

A. 按海域使用权剩余年限确定

B. 自土地使用权证取得之日起重新起算

C. 与政府部门重新协商后确定

D. 其他

15. 填海人申请土地使用权证时,海域使用权证书如何处理?

A. 海域使用权证书由颁发部门依职权注销

B. 原海域使用权人申请注销

C. 海域使用权证书在土地使用权证获取时自动注销

D. 其他

16. 填海后土地的用途发生变化的,如何处理?

A. 政府收回后重新出让

B. 依旧由原海域使用权人使用

C. 其他

17. 填海后的土地若用于房地产开发,我省(市)有没有规定土地形成后多少年才能开发?

A. 没有规定

B. 有规定(年限为________年)

18. 因公共利益需要收回填海形成的土地时,政府如何补偿?

A. 按海域使用金和填海费用进行补偿

B. 对该项目中的所有费用进行补偿

C. 比照该区域其他相同土地的价格进行补偿

D. 参照土地征收的规定进行补偿

E. 其他

19. 我省(市)关于填海造地的纠纷主要包括哪些?(可多选)

A. 经济补偿纠纷　　　　B. 生态、环境保护纠纷

C. 人文景观保护纠纷　　D. 填海后土地使用纠纷

E. 填海后换证纠纷　　　F. 填海海域抵押权纠纷

G. 其他

20. 我省(市)解决纠纷的主要方式有哪些?(可多选)

A. 诉讼　　　　　　　　B. 协商

C. 行政复议　　　　　　D. 其他

21. 对非法占用海域进行填海造地的行为,我省(市)是如何处罚的?

A. 罚款　　　　　　　　B. 责令恢复原状

C. 责令退还非法使用的海域

D. 收回土地　　　　　　E. 其他

21.1　对违法填海造地的处罚措施执行情况如何?

22. 您认为我省(市)的填海造地管理工作存在哪些主要问题,您有何建议或意见?

(二)《我国填海造地物权法律制度研究》调研问卷(企业版)

调查说明:

您好!我们是《我国填海造地物权法律制度研究》课题问卷调查

小组的成员,为了深入了解我市填海造地的现状,特组织本次调查。本次调查为纯学术性质,希望您能如实回答我们的问题。谢谢您的真诚合作!

选择题请直接在选项上打“√”,需要进行说明和阐述的请在题后的空白处填写。

1. 贵公司的基本信息:

单位名称:________________________________;

填海造地项目名称:____________________________;

新形成土地的用地性质:__________________________;

海域使用权面积:______________________________;

填海造地后新形成的土地面积:____________________。

2. 填海造地项目的取得方式?

A. 招拍挂　　　　B. 协议　　　　C. 其他

3. 为什么选择填海造地项目?

A. 填海造地成本低

B. 土地供不应求,获取现有土地难度大

C. 填海造地可以避免征地引起的社会冲突

D. 其他

4. 贵公司所在地区关于填海造地项目的审批程序是否严格?

A. 很严格

B. 一般,和建筑用地审批一样

C. 不严格

5. 据您所知,当地政府对填海造地工程的监管是否严格?

A. 很严格　　　　B. 不太严格　　　　C. 非常松散

6. 在填海造地项目施工时,由谁来完成填海工程?

A. 公司自己完成

B. 委托具有填海资质的公司完成

C. 由政府有关部门完成

D. 其他

7. 在填海项目施工时,若发现填海工程对海洋生态环境造成不良

影响,贵公司的处理方式是:

A. 暂停施工向有关部门反映,等待政府的处理意见

B. 向有关部门反映后继续施工

C. 项目已获批准,正常施工

D. 其他

8. 在填海项目施工时,贵公司曾因为下列哪些因素而导致暂停施工?(可多选)

A. 城市规划变动　　B. 补偿纠纷

C. 生态环境保护　　D. 人文、自然景观的保护

E. 其他

9. 我市是何时办理海域使用权证换证工作的?

A. 按照填海进度分期分批办理

B. 填海完成后统一办理

C. 其他

10. 填海造地的海域存在抵押权的,在换取土地使用权证时,抵押权如何处理?

A. 注销海域使用权抵押权后再办理土地使用权证

B. 抵押权客体自动由海域变更为土地

C. 办理抵押权变更登记,将海域使用权抵押权变为土地抵押权

D. 其他

11. 换取土地使用权证时,是否需要缴纳土地出让金?

A. 直接换取土地使用权证,不需要补缴土地出让金

B. 直接换取土地使用权证,补缴土地出让金,已缴纳的海域使用金和填海成本应当予以抵减

C. 直接换取土地使用权证,对于符合国家划拨用地目录和用于工业建设项目用地的,不需要缴纳土地出让金;但是改变原批准用途的,需要补缴土地出让金,已缴纳的海域使用金和填海成本应当予以抵减

D. 直接换取土地使用权证,不需要缴纳土地出让金,但是转让土地使用权时需要补缴,已缴纳的海域使用金和填海成本应当予以抵减

E. 海域使用权变更为土地使用权时需要重新办理用地审批手续,

视情况决定是否缴纳土地出让金

12. 填海完成后，换取土地使用权证之前，贵公司若将土地转让，土地使用权证如何办理？

A. 禁止新土地转让

B. 受让人依据转让协议自行申请换取土地使用权证

C. 贵公司先换取土地使用权证，再进行土地使用权主体变更登记

D. 对海域使用权证主体进行变更登记后，再换取土地使用权证

E. 其他

13. 填海后土地的使用年限如何确定？

A. 按海域使用权剩余年限确定

B. 自土地使用权证取得之日起重新起算

C. 与政府部门重新协商后确定

D. 其他

14. 政府对新形成土地的流转有哪些限制？（可多选）

A. 同建设用地流转一样，无特别限制

B. 对受让主体有限制

C. 对流转形式有限制

D. 对交易形式有限制

E. 流转土地的必须要补缴土地出让金

F. 其他

15. 因公共利益需要收回填海形成的土地时，政府如何补偿？

A. 按海域使用金和填海费用进行补偿

B. 对该项目中的所有费用进行补偿

C. 比照该区域其他相同土地的价格进行补偿

D. 参照土地征收的规定进行补偿

E. 其他

16. 对非法占用海域进行填海造地的行为，我市是如何处罚的？（可多选）

A. 罚款　　B. 责令恢复原状

C. 收回土地　　D. 其他

17. 您认为我市的填海造地工作面临哪些主要问题，您有何建议或意见？

（三）《我国填海造地物权法律制度研究》调研问卷（公众版）

调查说明：

您好！我们是《我国填海造地物权法律制度研究》课题问卷调查小组的成员，为了深入了解我市填海造地的现状，特组织本次调查。本次调查为纯学术性质，采用无记名方式，希望您能如实回答我们的问题。谢谢您的真诚合作！

选择题请直接在选项上打"√"，需要进行说明和阐述的请在题后的空白处填写。

1. 您的基本信息：

户籍：A. 本地居民　B. 外来人员

学历：A. 小学及以下　B. 初中　C. 高中

D. 专科及本科　E. 硕士及以上

职业：A. 渔民　B. 水产养殖户　C. 沿海商贩

D. 普通市民　E. 其他

2. 您认为填海造地对人类重要吗？

A. 非常重要　B. 重要

C. 一般　D. 不重要

3. 您了解填海造地工程的有关制度吗？

A. 非常了解　B. 一般　C. 不了解

4. 您较关心填海造地工程的哪些方面？（可多选）

A. 对自然环境的影响　B. 对当地地价的影响

C. 对填海地区人民生活的影响　D. 工程补偿安置

E. 其他

5. 您是从什么渠道得知填海造地工程相关信息的？（可多选）

A. 报纸、广播、电视等　B. 政府及社区公示

C. 网络　D. 群众交流

E. 其他

6. 您认为应该如何看待填海造地工程？

A. 支持

B. 在控制规模、合理规划的情况下可以进行

C. 需要禁止

D. 无所谓

7. 填海造地工程对您是否有影响？

A. 在经营方面受到过影响

B. 在居住环境方面受到过影响

C. 在城市基础设施方面受到过影响

D. 没有影响

8. 填海造地工程若有影响，您是通过何种途径反映自己的意见的？(可多选)

A. 通过听证会等反映自己的意见

B. 主动与有关部门沟通

C. 上访

D. 采取聚众游行等形式引起政府的注意

E. 其他

9. 若有影响，政府是如何补偿的？

A. 没有任何补偿

B. 只对直接的损失予以补偿

C. 对直接损失和间接损失都予以补偿

D. 其他

10. 您是否知道政府补偿的标准？

A. 知道　　B. 不知道

11. 您通过何种渠道知道政府补偿标准的？

A. 电视　　B. 政府及社区公示

C. 网络　　D. 群众交流

E. 没有任何渠道获知有关信息

12. 在进行海洋规划时，政府是通过哪些途径征询公众意见的？

（可多选）

A. 没有征询过公众意见

B. 举行座谈会、听证会等会议

C. 网络调查

D. 实地问卷调查

E. 其他

13. 您是否参加过政府举行的听证会等会议？

A. 没有参加过

B. 参加过（您参加的听证会的主要内容是＿＿＿＿＿＿＿＿＿＿）

14. 据您所知，当地政府对填海造地工程的监管是否严格？

A. 很严格　　B. 不太严格　　C. 非常松散

15. 就当地的填海造地工程，您有何意见或建议？

参考文献

一、中文文献

(一)专著类

1. 孙宪忠:《中国物权法总论》(第4版),法律出版社2018年版。
2. 王利明:《民法总则研究》(第3版),中国人民大学出版社2018年版。
3. 郭明瑞:《物权法通义》,商务印书馆2019年版。
4. 杨立新:《民法案例分析教程》(第4版),中国人民大学出版社2018年版。
5. 杨立新:《编纂我国民法典重大问题研究》,法律出版社2018年版。
6. 陈科亮、张继伟、姜玉环:《中国海洋生态补偿立法:理论与实践》,海洋出版社2018年版。
7. 陈凤桂:《海洋生态文明区理论与定位分析》,海洋出版社2018年版。
8. 刘淑芬、徐伟等:《海域使用权抵押研究》,海洋出版社2017年版。
9. 崔建远:《物权法》(第4版),中国人民大学出版社2017年版。
10. 张双根:《物权法释论》,北京大学出版社2018年版。
11. 王利明:《物权法研究(上卷)》(第4版),中国人民大学出版社2016年版。
12. 王利明:《物权法研究(下卷)》(第4版),中国人民大学出版社2016年版。
13. 孙宪忠:《国家所有权的行使与保护研究》,法律出版社2015年版。
14. 杨华:《海洋发展战略中填海造地的法律规制研究》,法律出版社2014年版。
15. 王冠玺:《中国滨海地区法律问题研究》,浙江大学出版社2016年版。
16. 崔建远:《自然资源物权法律制度研究》,法律出版社2012年版。
17. 黄锡生:《自然资源物权法律制度研究》,重庆大学出版社2012年版。
18. 李永军:《海域使用权研究》,中国政法大学出版社2006年版。

19. 关道明:《中国滨海湿地》,海洋出版社 2012 年版。
20. 倪振峰、杨华:《填海造地法律法规全书》,复旦大学出版社 2013 年版。
21. 胡斯亮:《围填海造地及其管理制度研究》,中国海洋大学出版社 2015 年版。
22. 关涛:《海岸带利用中的法律问题研究》,科学出版社 2007 年版。
23. 徐祥民等:《中国海域有偿使用制度研究》,中国环境科学出版社 2009 年版。
24. 张惠荣:《海域使用权属管理与执法对策》,海洋出版社 2009 年版。
25. 刘容子等:《福建省海湾围填海规划社会经济影响评价》,科学出版社 2008 年版。
26. 尹田:《中国海域物权制度研究》,中国法制出版社 2004 年版。
27. 王利明、于青松:《物权法视野中的海域物权制度》,法律出版社 2008 年版。
28. 叶知年:《生态文明构建与物权制度变革》,知识产权出版社 2010 年版。
29. 崔建远:《准物权研究》(第 2 版),法律出版社 2012 年版。
30. 崔建远:《物权:规范与学说——以中国物权法的解释论为中心(下册)》,清华大学出版社 2011 年版。
31. 孙宪忠:《中国物权法总论》(第 3 版),法律出版社 2014 年版。
32. 卞耀武、曹康泰、王曙光主编:《中华人民共和国海域使用管理法释义》,法律出版社 2002 年版。
33. 于永海等:《围填海评估方法研究》,海洋出版社 2013 年版。
34. 刘修德等:《福建省海湾围填海规划环境影响综合评价》,科学出版社 2008 年版。
35. 吴振南、曾少聪:《海岸带资源开发与乡民社会变迁:以竹塔村为中心的生态人类学研究》,中国社会科学出版社 2014 年版。
36. 谢在全:《民法物权论(上册)》(修订 5 版),中国政法大学出版社 2009 年版。
37. 杨立新:《民商法理论争议问题——用益物权》,中国人民大学出版社 2007 年版。
38. 王崇敏、李建华:《物权法立法专题研究》,法律出版社 2012 年版。
39. 李宜琛:《民法总则》,中国方正出版社 2004 年版。
40. 梁慧星、陈华彬:《物权法》,法律出版社 2007 年版。
41. 江平主编:《物权法教程》,中国政法大学出版社 2011 年版。

42. 魏振瀛:《民法》,高等教育出版社 2010 年版。
43. 王泽鉴:《民法物权》(第 2 版),北京大学出版社 2010 年版。
44. 梁慧星:《中国民法典草案建议稿附理由——物权编》,法律出版社 2004 年版。
45. 王利明:《中国民法典学者建议稿及立法理由——物权编》,法律出版社 2005 年版。
46. 于谨凯:《我国海洋产业的持续发展研究》,经济科学出版社 2008 年版。
47. 邓景耀、叶昌臣、刘永昌:《渤黄海的对虾及其资源管理》,海洋出版社 1990 年版。
48. 王卫国:《中国土地权利研究》,中国政法大学出版社 2003 年版。
49.《〈中华人民共和国物权法〉条文理解与适用》,人民法院出版社 2007 年版。
50. 王泽鉴:《民法总则》(增订版),中国政法大学出版社 2001 年版。
51. 陈华彬:《物权法》,法律出版社 2004 年版。
52. 梁慧星、陈华彬:《物权法》(第 5 版),法律出版社 2010 年版。
53. 国土资源部:《中国土地资源年鉴 2009》,中国土地资源年鉴出版社 2010 年版。
54. 国家土地管理局规划司:《国内外土地整理借鉴》,中国大地出版社 1998 年版。
55. 王万茂:《土地利用规划学》(第 7 版),中国大地出版社 2008 年版。
56. 郭振仁:《海岸带空间规划与综合管理:面向潜在问题的创新方法》,科学出版社 2013 年版。
57. 林桂兰、左玉辉:《海岸带资源环境调控》,科学出版社 2008 年版。
58. 侯什儒:《环境法学与民法学的对话》,中国法制出版社 2009 年版。
59. 杨代雄:《古典私权一般理论及其对民法体系构造的影响》,北京大学出版社 2009 年版。
60. 屈茂辉:《用益物权制度研究》,中国方正出版社 2005 年版。
61. 房绍坤:《用益物权基本问题研究》,北京大学出版社 2006 年版。
62. 孟勤国:《物权二元结构论——中国物权制度的理论重构》,人民法院出版社 2002 年版。
63. 蔡程瑛、周秋麟:《海岸带综合管理的原动力:东亚海域海岸带可持续发展的实践应用》,海洋出版社 2010 年版。
64. 李展平、张蕾:《城郊绿化与造景艺术》,中国林业出版社 2008 年版。

65. 李放、阎青义主编:《经济法学辞典》,辽宁人民出版社 1986 年版。
66. 邓绶林主编:《地学辞典》,河北教育出版社 1992 年版。
67.《海洋大辞典》编辑委员会编、严宏谟主编:《海洋大辞典》,辽宁人民出版社 1998 年版。
68. 翁岳生编:《行政法(上册)》,中国法制出版社 2002 年版。
69. 肖泽晟:《公物法研究》,法律出版社 2009 年版。
70. 张杰:《公共用公物权研究》,法律出版社 2012 年版。
71. 杨建顺:《日本行政法通论》,中国法制出版社 1998 年版。
72. 陈春生:《行政法之学理与体系(二)》,台北,元照出版有限公司 2007 年版。
73. 张文显:《法哲学范畴研究》,中国政法大学出版社 2001 年版。
74. 赵蓓、王斌、宋文鹏:《环渤海区域填海造陆对滨海湿地的影响研究》,海洋出版社 2017 年版。

(二)译著类

1. [澳]罗伯特·凯、[加]杰奎琳·奥德:《海岸带规划与管理》(第 2 版),高健、张效莉等译,上海财经大学出版社 2010 年版。
2. [荷]格劳秀斯:《论海洋自由》,马忠法译,上海人民出版社 2005 年版。
3. [意]彼德罗·彭梵得:《罗马法教科书》,黄风译,中国政法大学出版社 2005 年版。
4. [瑞典]托马斯·思德纳:《环境与自然资源管理的政策工具》,张蔚文、黄祖辉译,上海三联书店、上海人民出版社 2005 年版。
5. [美]博登海默:《法理学、法律哲学与法律方法》,邓正来译,中国政法大学出版社 2010 年版。
6. [美]科斯等:《财产权利与制度变迁——产权学派与新制度学派译文集》,刘守英等译,上海人民出版社 1994 年版。
7. [美]道格拉斯·诺斯:《经济史中的结构与变迁》,陈郁、罗华平译,上海三联书店 1994 年版。
8. [日]我妻荣:《我妻荣民法讲义 Ⅰ:新订民法总则》,于敏译,中国法制出版社 2008 年版。
9. [美]理查德·A. 波斯纳:《法律的经济分析》,蒋兆康译,中国大百科全书出版社 1997 年版。
10. [美]丹尼尔·H. 科尔:《污染与财产权:环境保护的所有权制度比较研

究》,严厚福等译,北京大学出版社 2009 年版。
11. [美]罗纳德·H. 科斯:《财产权与制度变迁》,刘守英等译,人民出版社 2014 年版。

(三)中文论文类

1. 李京梅、王颖梅:《围填海造地生态补偿指标体系的建立与应用》,载《生态经济》2016 年第 6 期。
2. 沈满洪:《海洋生态损害补偿及其相关概念辨析》,载《中国环境管理》2019 年第 4 期。
3. 王克稳:《自然资源国家所有权的性质反思与制度重构》,载《中外法学》2019 年第 3 期。
4. 陈惠珍:《国家机构改革背景下海洋生态环境损害政府索赔体制研究》,载《中国政法大学学报》2019 年第 4 期。
5. 竺效:《生态损害公益索赔主体机制的构建》,载《法学》2016 年第 3 期。
6. 于永海、王鹏等:《我国围填海的生态环境问题及监管建议》,载《环境保护》2019 年第 7 期。
7. 梅宏、陈佩彤、陈克亮:《流域—海域生态补偿制度研究》,载《环境保护》2019 年第 2 期。
8. 李国平、刘生胜:《中国生态补偿 40 年:政策演进与理论逻辑》,载《西安交通大学学报(社会科学版)》2018 年第 6 期。
9. 杨黎静、何广顺:《我国海域使用权市场化配置改革面临的突出问题与对策》,载《经济纵横》2018 年第 8 期。
10. 刘保玉、吴安青:《民法典物权编的结构安排与内容设计》,载《甘肃政法学院学报》2017 年第 6 期。
11. 龚虹波、冯佰香:《海洋生态损害补偿研究综述》,载《浙江社会科学》2017 年第 3 期。
12. 刘文钊:《论我国填海权的呈现方式》,载《海洋环境科学》2016 年第 2 期。
13. 杨华:《论我国资源围填问题的权利规制》,载《社会科学战线》2014 年第 8 期。
14. 杨华:《海域使用权变更为土地使用权:实践及规制》,载《法商研究》2011 年第 3 期。
15. 杨华、王全弟:《围填海造地过程中的权利承接及其法律规制》,载《法学》

2010 年第 7 期。
16. 杨华:《香港填海造地的法律实践及其借鉴》,载《法学》2013 年第 1 期。
17. 倪振峰:《填海造地相关概念的法律解析》,载《探索与争鸣》2012 年第 9 期。
18. 彭诚信、钟建华:《海域的民法界定及其权利归属》,载《社会科学战线》2011 年第 9 期。
19. 彭诚信:《从利益到权利——以正义为中介与内核》,载《法制与社会发展》2004 年第 5 期。
20. 王利明:《试论〈物权法〉中海域使用权的性质和特点》,载《社会科学研究》2008 年第 4 期。
21. 孙宪忠:《确定我国物权种类以及内容的难点》,载《法学研究》2001 年第 1 期。
22. 朱广新:《论建设用地使用权的提前收回》,载《华东政法大学学报》2011 年第 4 期。
23. 房绍坤:《国有土地上房屋征收的法律问题与对策》,载《中国法学》2012 年第 1 期。
24. 梁亚荣、刘燕:《构建正当的土地征收程序》,载《中国土地科学》2008 年第 11 期。
25. 盛宪鹏、梁亚荣:《农地征收中的生态价值补偿法律问题探析》,载《海南大学学报(人文社会科学版)》2010 年第 4 期。
26. 张惠荣、高中义:《论海域使用权属管理制度》,载《政法论坛》2010 年第 1 期。
27. 黄秀蓉、钭晓东:《海洋生态补偿概念及其内涵辨析》,载《生态经济》2016 年第 11 期。
28. 赵晓光:《海域转化为土地的不同类型及法律适用——兼谈对〈海域法〉第三十二条的理解》,载《海洋开发与管理》2011 年第 5 期。
29. 刘伟:《围海造地热潮的驱动机制与调控分析》,载《中国国土资源经济》2008 年第 11 期。
30. 王利明:《物权法与环境保护》,载《河南省政法管理干部学院学报》2008 年第 4 期。
31. 李志文、马金星:《我国海域物权生态化新探——理念、实践和进路》,载《武汉大学学报》2013 年第 3 期。

32. 杨玉章:《"海洋证"换"土地证"之困》,载《中国土地》2008年第9期。
33. 吕建华、郑洁:《对我国围海造地管理中失海渔民利益补偿问题的探究》,载《中国行政管理》2013年第6期。
34. 刘伟、刘百桥:《我国围填海现状、问题及调控对策》,载《广州环境科学》2008年第2期。
35. 毛亚敏:《围填海造地海域使用权出让法律问题探析》,载《浙江学刊》2013年第2期。
36. 欧阳恩钱、邢敏:《海涂围垦中权力与权利的生态化配置研究》,载《法学杂志》2013年第10期。
37. 宋丽:《中国填海造地情况堪忧致岛屿加速消失》,载《世界博览》2011年第2期。
38. 金彭年、陈小龙:《海岸带可持续发展立法刍议——以填海造地为视角》,载《法治研究》2012年第2期。
39. 李京梅、李娜:《填海造地生态补偿制度建立初探》,载《海洋开发与管理》2015年第5期。
40. 徐祥民:《区域海洋管理:美国海洋管理的新篇章》,载《中州学刊》2009年第1期。
41. 谭柏平:《〈海域使用管理法〉的修订与海域使用权制度的完善》,载《政法论丛》2011年第6期。
42. 谭宇生:《新马填海争端的国际法思考》,载《国际论坛》2008年第2期。
43. 罗艳、谢健等:《国内外围填海工程对广东省的启示》,载《海洋开发与管理》2010年第3期。
44. 李京梅、刘铁鹰、周罡:《我国围填海造地价值补偿现状及对策探讨》,载《海洋开发与管理》2010年第7期。
45. 姜雅:《日本的海洋管理体制及其发展趋势》,载《国土资源情报》2010年第2期。
46. 李梅生、张春花:《探析围填海造地新法》,载《中国土地》2011年第11期。
47. 海南省人大常委会农村工作委员会:《关于海南实施〈中华人民共和国海域使用管理法〉办法的调研报告(摘要)》,载《海南人大》2012年第2期。
48. 李京梅、孙晨、谢恩年:《围填海造地经济驱动因素的实证分析》,载《中国渔业经济》2012年第6期。
49. 刘振、刘洪滨:《渤海海岸线保护法律问题研究》,载《学理论》2013年第6期。

50. 蔡悦荫、赵全民、王伟伟:《中国海域有偿使用制度实施现状及建议》,载《海洋开发与管理》2012 年第 11 期。
51. 宋歌:《中国填海第一案的是与非》,载《法人杂志》2004 年第 Z1 期。
52. 王孟霞:《填海造地——急需降温》,载《中国船检》2005 年第 4 期。
53. 郑瀛:《我国首例填海造地行政诉讼案的法律问题》,载《广东行政学院学报》2005 年第 4 期。
54. 沈促衡:《西方法哲学利益观评述》,载《当代法学》2003 年第 5 期。
55. 李荣军:《荷兰围海造地的启示》,载《海洋开发与管理》2000 年第 3 期。
56. 杜华忠:《非法占用海域法律责任的不足及完善》,载《海洋开发与管理》2007 年第 5 期。
57. 陈甦、丁慧:《试论滩涂在法律上的性质》,载《辽宁师范大学学报》2000 年第 5 期。
58. 黄国柱、朱坦、曹雅:《我国围填海造地生态化的思考与展望》,载《未来与展望》2013 年第 5 期。
59. 陈凯峰:《用海设施和海上构筑物的登记——以盐城市为例》,载《中国房地产》2013 年第 4 期。
60. 薛山、王淼:《我国海洋资源管理体制的探索》,载《中国渔业经济》2013 年第 4 期。
61. 宋慧敏、徐祥民:《无证填海行政处罚自由裁量权影响因素探讨》,载《海洋开发与管理》2008 年第 6 期。
62. 闵佳:《如何处置填海造地的土地使用权》,载《中国地产市场》2008 年第 4 期。
63. 潘建纲:《国内外围填海造地的态势及对海南的启示》,载《新东方》2008 年第 10 期。
64. 毛亚敏:《海域使用权初探》,载《杭州商学院学报》2004 年第 3 期。
65. 杨培举:《蚕食大海——关于填海问题的透视》,载《中国船检》2004 年第 4 期。
66. 苗延波:《论中国海域使用权的分类及其与其他物权、法律制度的关系》,载《安徽大学法律评论》2008 年第 2 期。
67. 胡虎林:《关于〈浙江省海域使用管理条例(草案)〉审议结果的报告》,载《浙江人大》2013 年第 1 期。
68. 石莉:《美国的新海洋管理体制》,载《海洋信息》2006 年第 3 期。

69. 张明慧、陈昌平等:《围填海的海洋环境影响国内外研究进展》,载《生态环境学报》2012 年第 8 期。
70. 张灵杰:《美国海岸海洋管理的法律体系与实践》,载《海洋地质动态》2002 年第 3 期。
71. 连娉婷、陈伟琪:《填海造地海洋生态补偿利益相关方的初步探讨》,载《生态经济》2012 年第 4 期。
72. 吕晓澜:《荷兰王国围填海造地的经验》,载《浙江国土资源》2007 年第 10 期。
73. 孙军:《荷兰的围填海造地工程》,载《新农村》1998 年第 2 期。
74. 凌启鸿:《荷兰围填海造地的经验》,载《经济社会体制比较》1985 年第 2 期。
75. 周放:《美国海洋管理体制介绍》,载《全球科技经济瞭望》2001 年第 11 期。
76. 王磊磊、张弛:《大连普湾新区的填海造地生意》,载《法人》2011 年第 4 期。
77. 林继红、蒋明利:《关于海域使用权转为土地使用权的几点想法》,载《浙江国土资源》2010 年第 5 期。
78. 谢立峰、王蕾飞等:《填海造地海域使用确权及竣工验收若干问题的探讨》,载《浙江海洋学院学报(自然科学版)》2009 年第 3 期。
79. 楚道文:《物权的生态化研究》,载《政法论丛》2008 年第 1 期。
80. 刘经靖:《从古典绝对物权到现代相对物权》,载《烟台大学学报(哲学社会科学版)》2006 年第 2 期。
81. 吕忠梅:《关于物权法的"绿色"思考》,载《中国法学》2000 年第 5 期。
82. 梅献忠:《论物权法的"生态化"》,载《齐齐哈尔大学学报(哲学社会科学版)》2007 年第 3 期。
83. 樊静、解直凤:《沿海滩涂上的物权制度研究》,载《烟台大学学报(哲学社会科学版)》2006 年第 1 期。
84. 马得懿:《基于自治与管制平衡的法律机制——以辽宁沿海滩涂保护与利用平衡为例》,载《太平洋学报》2010 年第 10 期。
85. 刘保玉:《现代物权法的发展趋势及其对我国物权立法的启示》,载《烟台大学学报(哲学社会科学版)》2005 年第 3 期。
86. 曹明德:《法律生态化趋势初探》,载《现代法学》2002 年第 2 期。
87. 史玉成:《生态补偿的理论蕴含与制度安排》,载《法学家》2008 年第 4 期。
88. 王继恒:《法律生态化及其矛盾辨思》,载《甘肃政法学院学报》2010 年第 4 期。

89. 徐祥民:《被决定的法理——法学理论在生态文明中的革命》,载《法学论坛》2007 年第 1 期。
90. 刘惠荣、刘玲:《法律生态化的重新界定》,载《中国海洋大学学报(社会科学版)》2013 年第 4 期。
91. 方印:《论民法生态化的概念及基本特征》,载《湖北社会科学》2012 年第 2 期。
92. 方印:《我国民法基本制度生态化探究》,载《学术交流》2012 年第 4 期。
93. 陈泉生:《论科学发展观与法律的生态化》,载《法学杂志》2005 年第 5 期。
94. 彭蕾蕾:《公共物品的内涵和外延综述》,载《中国市场》2011 年第 2 期。
95. 童光辉:《公共物品概念的政策含义——基于文献和现实的双重思考》,载《财贸经济》2013 年第 1 期。
96. 冉克平:《论公物的概念、权利属性及其适用》,载《重庆大学学报(社会科学版)》2009 年第 5 期。
97. 杨解君、赖超超:《公物上的权利(力)构成——公法与私法的双重视点》,载《法律科学(西北政法学院学报)》2007 年第 4 期。
98. 马俊驹:《国家所有权的基本理论和立法结构探讨》,载《中国法学》2011 年第 4 期。
99. 肖泽晟:《公物的范围——兼论不宜由国务院国资委管理的财产》,载《行政法学研究》2003 年第 3 期。
100. 梁君瑜:《作为复合型主观公权利的公物利用》,载《时代法学》2015 年第 2 期。
101. 李忠夏:《"国家所有"的宪法规范分析——以"国有财产"和"自然资源国家所有"的类型分析为例》,载《交大法学》2015 年第 2 期。
102. 巩固:《自然资源国家所有权公权说》,载《法学研究》2013 年第 4 期。
103. 税兵:《自然资源国家所有权双阶构造说》,载《法学研究》2013 年第 4 期。
104. 巩固:《自然资源国家所有权公权说再论》,载《法学研究》2015 年第 2 期。
105. 肖泽晟:《自然资源国家所有权的宪法限制》,载《南京工业大学学报(社会科学版)》2011 年第 4 期。
106. 孙佑海:《法制建设:可持续发展的重要保障》,载《中外法学》1994 年第 3 期。
107. 李余华、丁汪洋:《公共权力范围之重构及其意义》,载《齐齐哈尔大学学报(哲学社会科学版)》2014 年第 9 期。

108. 陈小燕、郭翼飞:《我国国有土地所有权管理体制研究》,载《科学社会主义》2014 年第 5 期。
109. 王铁雄:《征地补偿与农民财产权益保护问题研究》,载《法学杂志》2012 年第 3 期。
110. 刘旭芳、李爱年:《论生态补偿的法律关系》,载《时代法学》2007 年第 5 期。
111. 杜群:《生态补偿的法律关系及其发展现状和问题》,载《现代法学》2005 年第 3 期。
112. 熊鹰、王克林、汪朝辉:《洞庭湖区退田还湖生态补偿机制》,载《农村生态环境》2003 年第 4 期。
113. 王建廷:《海域征收补偿制度研究》,载《中国渔业经济》2008 年第 4 期。

二、外文文献

1. Rakhyun E. Kim, *Is Ramsar Home yet? A Critique of South Korean Laws in Light of the Continuing Coastal Wetlands Reclamation*, Columbia Journal of Asian Law Spring(2011).
2. Duarte C. M., *Marine Biodiversity and Ecosystem Services: an Elusive Link*, Journal of Experimental Marine Biology and Ecology, 2000, 250(1-2).
3. Cuperus R. et al., *Ecological Compensation in Dutch Highway Planning*, Environmental Management, 2001, 27(1).
4. Nadzhirah Mohd Nadzira, Mansor Ibrahima & Mazlina Mansorb, *Impacts of Coastal Reclamation to the Quality of Life: Tanjung Tokong community, Penang*, Procedia - Social and Behavioral Sciences 153 (2014).
5. Bradshaw & A. D., *Ecological Principles and Land Reclamation Practice*, Landscape Planning 11.1(1984).
6. Sopper & William E., *Municipal Sludge Use in Land Reclamation*, Lewis Publishers Boca Raton Fl (1993).
7. Yasser El Sayed Mostafa, *Environmental Impacts of Dredging and Land Reclamation at Abu Qir Bay, Egypt*, Ain Shams Engineering Journal (2012) 3.
8. Young Rae Choi, *Modernization, Development and Underdevelopment: Reclamation of Korean Tidal Flats*, 1950se2000s, Ocean & Coastal Management 102 (2014).

9. Karolina Krolikowska et. al. , *Institutional and Environmental Issues in Land Reclamation Systems Maintenance*, Environmental Science & Policy, 2009 (12).
10. Glaser. R. Dr, *Haberzettl. P. Land Reclamation in Singapore, Hong Kong and Macau*, Urbana: Kluwer Academic Publishers, 1991.

三、论文集

1. 吴壮、何志成:《建立填海补偿制度　保护渔民合法权益》,“中国现代渔业发展暨渔业改革开放三十年论坛”论文,2008 年 10 月于舟山。
2. 刘保玉、崔凤友等:《海域使用权制度研究》,载梁慧星主编:《民商法论丛》第 32 卷,法律出版社 2005 年版。
3. 关涛:《海域使用权问题研究》,载尹田主编:《中国海域物权的理论与实践》,中国法制出版社 2004 年版。
4. 王曙光等:《中韩围填海环境影响与管理政策研讨会论文集》,海洋出版社 2012 年版。

四、学位论文

1. 薛山:《填海造地的海洋资源产权价值流失与测度研究》,中国海洋大学 2013 年博士学位论文。
2. 王刚:《沿海滩涂保护法律问题研究》,中国海洋大学 2013 年博士学位论文。
3. 张国桥:《连云港海岸带土地资源利用研究》,中国地质大学 2013 年博士学位论文。
4. 杨宏忠:《江苏海岸滩涂资源可持续开发的战略选择》,中国地质大学 2012 年博士学位论文。
5. 鹿红:《我国海洋生态文明建设研究》,大连海事大学 2018 年博士学位论文。
6. 张牧遥:《国有自然资源特许使用权研究》,苏州大学 2017 年博士学位论文。
7. 刘文钊:《海域上的权利群研究》,大连海事大学 2016 年博士学位论文。
8. 黄秀蓉:《海洋生态补偿的制度建构及机制设计研究》,西北大学 2015 年博士学位论文。
9. 李嵩誉:《无居民海岛立法的生态保护优先原则与制度设计》,中国海洋大学 2015 年博士学位论文。
10. 陈仪:《自然资源国家所有权的公权性质研究》,苏州大学 2015 年博士学位论文。
11. 黄萍:《自然资源使用权制度研究》,复旦大学 2012 年博士学位论文。
12. 陈家辉:《澳门土地法改革研究》,中国政法大学 2011 年博士学位论文。
13. 杨潮声:《海域使用权制度研究》,吉林大学 2011 年博士学位论文。
14. 于永海:《基于规模控制的围填海管理方法研究》,大连理工大学 2011 年博士学位论文。
15. 程娜:《可持续发展视阈下中国海洋经济发展研究》,吉林大学 2012 年博士学位论文。
16. 贾欣:《海洋生态补偿机制研究》,中国海洋大学 2010 年博士学位论文。
17. 谭柏平:《我国海洋资源保护法律制度研究》,中国人民大学 2007 年博士学位论文。
18. 狄乾斌:《海洋经济可持续发展的理论、方法与实证研究》,辽宁师范大学 2007 年博士学位论文。
19. 董加伟:《公法视野下的传统渔民用海权研究》,山东大学 2015 年博士学位论文。
20. 刘明辉:《我国填海造地的法律制度研究》,中国海洋大学 2012 年硕士学位论文。
21. 李晨光:《围海造地法律规制研究》,复旦大学 2012 年硕士学位论文。
22. 孙丽:《中外围海造地管理的比较研究》,中国海洋大学 2009 年硕士学位论文。

后　　记

本书是作者主持的国家社科基金项目——“填海造地中的物权法律制度研究”(项目批准号:14BFX085;结项证书号:20201628)的成果之一。

本书得以最终完成,凝聚了许多人的心血与付出!请允许我用虽然俗气,但绝对真诚的方式表达对所有帮助、陪伴我走过这一路的人的谢意:

首先要感谢吉林大学法学院李建华教授。在本书的选题、框架的确定以及写作和完善的整个过程中,李老师都给予了悉心指导,李老师严谨的治学态度、深厚的学术底蕴让我在研究的过程中受益匪浅!

感谢海南大学的王崇敏教授、梁亚荣教授对本书的写作及调研提供的帮助!感谢国家社科基金和海南大学法学院提供的资助!

感谢课题组成员唐欣瑜副教授、余敬副教授、何玉杰博士研究生及海南大学法学院2015级硕士研究生姜磊、毛园、陈娜、王笛杨等同学在课题研究中所付出的劳动!

感谢我的家人,多年来的学习和研究生涯承载了家人几十年如一日的无私无畏的关爱和支持,正是这些爱,激励我勇往直前。

本书得以顺利出版还得益于法律出版社郑怡萍编辑的大力支持,在此,一并感谢!

一切华丽的语言都显得苍白,所有的感激之情都融为最简单的一句话——感恩一路有你们的支持与陪伴!

路漫漫其修远兮,吾将上下而求索!

唐俐

二零二一年一月于海大东坡湖畔